大道至简
经世济用

南京大学经济研究丛书

管 见 录

中国传统文化管理思想探析

蔡 一 著

南京大学出版社

图书在版编目(CIP)数据

管见录：中国传统文化管理思想探析 / 蔡一著.
一南京：南京大学出版社，2017.7
（南京大学经济研究丛书）
ISBN 978－7－305－17461－2

Ⅰ. ①管… Ⅱ. ①蔡… Ⅲ. ①管理学－思想史－研究
－中国 Ⅳ. ①C93－092

中国版本图书馆 CIP 数据核字(2016)第 196405 号

出版发行	南京大学出版社		
社　　址	南京市汉口路 22 号	邮　编	210093
出 版 人	金鑫荣		

丛 书 名　南京大学经济研究丛书
书　　名　管见录——中国传统文化管理思想探析
作　　者　蔡　一
责任编辑　唐甜甜　　　　　　　　编辑热线　025－83594087

照　　排　南京南琳图文制作有限公司
印　　刷　常州市武进第三印刷有限公司
开　　本　710×1000　1/16　印张 18　字数 245 千
版　　次　2017 年 7 月第 1 版　2017 年 7 月第 1 次印刷
ISBN 978－7－305－17461－2
定　　价　59.00 元

网址：http://www.njupco.com
官方微博：http://weibo.com/njupco
官方微信号：njupress
销售咨询热线：(025) 83594756

丛书总序

南京大学经济学系拟出版一套"经济研究丛书",希望藉此展示南京大学经济学科建设和发展的部分成就,以就教于方家、切磋于同道,并藉此纪念南京大学经济学系恢复成立40周年。

南京大学经济学科的历史最早可以追溯到1902年三江师范学堂时期的商科教学,后来虽屡经中央大学商学院、中央大学经济学系等变更,1952年全国高校院系调整,南京大学经济学科被调整至他校。直到1978年恢复,迄今已40年了。40年来,南京大学经济学系的历任老师们殚精竭虑、辛勤耕耘,凭着"嚼得菜根,做得大事"的朴实工作作风和经邦济国、经世济民的耿耿爱国情怀,在南京大学经济学科空缺的白纸上描绘出了生动活泼、色彩缤纷的美丽画卷,在我国竞争激烈的经济学科中有了一席之地!

《南京大学经济研究丛书》选录了近40年来在南京大学经济学系工作过的老师们的部分研究成果,有的已经公开发表过,有的则是首次公开发表。虽然每位老师的研究方法、行文风格和研究的问题呈现很大的差异性,但这些研究却有一个共同的特点:都是研究中国经济发展问题的。不论是对经济发展历史的研究还是对现实经济问题的研究,不论是偏重于模型构建还是侧重于文字说理,本质上殊途同归,都是服务于现实经济,都是为了促进中国经济更好更快地发展。

根据习近平总书记在全国哲学社会科学工作座谈会上的讲话精神,建设中国特色哲学社会科学应该以我们正在做的事情为中心,从我国改革发展的实践中挖掘新材料、发现新问题、提出新观点、构建新理论。① 按此要求,对中国经济发展问题的研究,应该包含在中国特色社会主义政治经济学理论体系之中,相应地解决三个方面的理论问题,由此形成中国特色的系统化经济发展新理论。第一,中国特色社会主义政治经济学的研究对象需包含经济发展问题。第二,经济发展理论的话语体系须符合马克思主义政治经济学的学术规范。第三,亟待从学理上系统总结改革开放以来中国社会主义现代化建设的丰富实践经验,回应我国进入中等收入发展阶段面临的重大发展问题挑战。

一、要构建解放、发展和保护生产力的系统性经济发展理论

经济发展理论要成为中国特色社会主义政治经济学的重要组成部分,需要明确地将生产力纳入政治经济学的研究对象。中国特色社会主义政治经济学把生产力直接作为研究对象的必要性,存在诸多不容置疑的理由。

一是由社会主义的发展任务决定。无产阶级夺取政权以后的根本任务,就是要通过社会改造"尽可能快地增加生产力的总量"。②

二是由社会主义所处历史阶段决定。处于初级阶段的社会主义的本质,就是解放和发展生产力,消灭剥削,消除两极分化,逐步达到共同富裕。

三是由中国特色社会主义的实践决定。中国用不太长的时间从贫穷落后的农业大国一跃成为世界第二大经济体;近 14 亿人口不仅摆脱了贫困,而且即将一个不落地全面进入小康社会;中国经济的增长率即使进入中高速增长的新常态,也依然是世界经济的动力源。对于如此成功的社会实践,离开了研究发展生产力为任务的经济学,是难以作出准确解释的。基于以上分析,中国特色社会主义政治经济学应将研究对象明确为:在发展变化中,研究相互联系的生产力和生产关系。这也是以人民为中心的经济学自身的发展要求。

---

① 习近平:《在哲学社会科学工作座谈会上的讲话》(2016 年 5 月 17 日),《人民日报》2016 年 5 月 19 日,第 2 版。
② 《马克思恩格斯文集》第 2 卷,北京:人民出版社,2009 年,第 52 页。

研究生产力,研究什么?邓小平说:一个是解放生产力,一个是发展生产力,需要把两个方面"讲全了"。① 习近平还提出,"牢固树立保护生态环境就是保护生产力、改善生态环境就是发展生产力的理念。"②这样,中国特色社会主义政治经济学对生产力的研究就有三个层次的内容:一是解放生产力,二是发展生产力,三是保护生产力。这三个方面合起来形成了经济发展理论,成为中国特色社会主义政治经济学的重要组成部分。中国特色社会主义政治经济学理论体系包含经济发展理论,是中国特色社会主义政治经济学理论体系的重大拓展。

二、要构建中国经济发展理论的话语体系

经济发展理论要进入中国特色社会主义政治经济学理论体系,本身也需要符合马克思主义政治经济学的学术规范,尤其是在话语体系的构建方面。中国特色社会主义政治经济学的构建,如习近平总书记指出的,要以马克思主义政治经济学为指导,总结和提炼我国改革开放以来社会主义现代化建设的伟大实践经验,同时借鉴西方经济学的有益成分。③ 按此要求,构建中国特色的经济发展理论学术体系和话语体系,主要涉及三个方面。

首先是在马克思主义经济学的理论宝库中,发掘系统的生产力发展理论,使其成为经济发展理论建构的指导思想和方法论基础。以《资本论》为代表的马克思主义政治经济学阐述的一系列关于生产力发展的原理,形成了中国特色社会主义政治经济学体系中的经济发展理论话语体系的基础。例如,关于劳动生产力要素的规定,经济发展方式的区分,社会再生产的比例关系,人和自然的关系,生产和消费的关系等。

其次是借鉴西方经济学的有益成分。发展中国家的经济发展问题是世界性问题,西方以发展中国家的经济发展为对象的发展经济学,以

---

① 《邓小平文选》第3卷,北京:人民出版社,1993年,第370页。

② 《习近平在中共中央政治局第六次集体学习时强调 坚持节约资源和保护环境基本国策 努力走向社会主义生态文明新时代》,《人民日报》2013年5月25日,第1版。

③ 《习近平主持召开经济形势专家座谈会强调 坚定信心增强定力 坚定不移推进供给侧结构性改革》,《人民日报》2016年7月9日,第1版。

经济增长为对象的增长经济学,都不乏可为我所用的积极成果。例如,二元结构理论,中等收入陷阱理论,全要素生产率理论,可持续发展理论,知识经济理论,国家创新体系理论等。这些范畴和理论进入中国特色社会主义政治经济学,使中国的发展理论可以同世界流行的发展理论,通过比较和对话为我所用。其间同样有一个如何中国化的问题。

再次是以中国的发展理论讲好中国故事,体现中国智慧。习近平在主持中共中央政治局集体学习马克思主义政治经济学基本原理和方法论时,列举了中国共产党在探索社会主义建设道路过程中提出的独创性观点,如统筹兼顾、注意综合平衡,以农业为基础、工业为主导、农轻重协调发展等重要观点,尤其是十一届三中全会以来,形成的中国特色社会主义政治经济学的许多重要理论成果。[1] 其中包括,关于确立并贯彻创新、协调、绿色、开放、共享的新发展理念,关于我国经济发展进入新常态的理论,关于推动新型工业化、信息化、城镇化、农业现代化相互协调的理论,关于用好国际国内两个市场、两种资源的理论,关于促进社会公平正义、逐步实现全体人民共同富裕的理论,等等。这些理论成果,是适应当代中国国情和时代特点的政治经济学,不仅有力地指导了我国经济发展实践,而且开拓了马克思主义政治经济学的新境界。

三、要回应进入中等收入阶段的重大发展问题

重大现实问题导向是马克思主义的鲜明特点。构建中国特色的经济发展理论,需要从当代中国所处的发展阶段出发,依其究竟是处于低收入阶段,还是中等收入阶段,或是高收入阶段,运用适当的经济发展理论揭示其经济规律。根据国际通行的标准,现在我国经济已具有明显的中等收入阶段特征。与低收入阶段相比,中等收入阶段提出了一系列新的重大发展问题,意味着低收入阶段的一些经济发展理论不再适用。准确地回应这些新的系列挑战,需要进行理论创新。

---

[1] 《习近平在中共中央政治局第二十八次集体学习时强调 立足我国国情和我国发展实践 发展当代中国马克思主义政治经济学》,《人民日报》2015 年 11 月 25 日,第 1 版。

　　首先是经济中高速增长的可持续问题。从低收入阶段进入中等收入阶段后，经济增长速度由高速转向中高速是不可避免的，但中高速增长能否建立在质量和效率的基础上，且具有可持续性，显然要看是否有科学的理论指导。

　　其次是跨越"中等收入陷阱"问题。形成"中等收入陷阱"的主要症结，在于发展方式问题。低收入阶段的发展模式，将导致中等收入阶段出现收入差距、腐败程度和环境污染分别达到库兹涅茨倒 U 型曲线的顶点的"三大至顶"威胁。实践证明，并不是所有国家和地区都会陷入这一陷阱。为此，我们要在正确的发展理论指导下，通过科学发展来化解"三大至顶"威胁，从而跨越"中等收入陷阱"。

　　再次是补齐发展的短板。中国特色的现代化是新型工业化、信息化、城镇化、农业现代化"四化同步"的现代化。全面建成的小康社会须惠及全体人民，亟待经济、社会、文化、政治和生态各个方面的协调发展。当前距离中华民族伟大复兴第一步战略目标的实现，还存在诸多短板。我国进入中等收入阶段以后，尤其需要根据"共享"和"协调"的原则，以补齐农业现代化的短板、补齐农村发展的短板、补齐贫困地区和贫困人口的短板和补齐生态文明的短板。任何一个短板的存在，都将影响我国社会主义现代化的顺利推进。

　　适应由低收入阶段转向中等收入阶段的重大转变，需要运用创新、协调、绿色、开放、共享五大新发展理念来推动经济发展理论的创新。

　　一是经济发展目标的转变。进入中等收入阶段后，经济发展具有了更广泛的含义，涉及经济社会的各个层面。因此，现阶段的发展目标不可能单一，不仅是摆脱贫困，公平分配、增加社会福利都要进入发展目标。经济发展不仅包括数量和规模的增长，还包括持续经济增长所依赖的技术进步、制度优化和文化创新。

　　二是经济发展方式的转变。进入中等收入阶段后，转变经济发展方式的方向，就是习近平概括的，"发展必须是遵循经济规律的科学发展,必须是遵循自然规律的可持续发展"。① 转变发展方式不只是转为集约型发展方式的问题,更重要的是转向内容更为丰富的创新型发展方式。为此,一要产业结构优化升级,二要实现发展驱动力转换,三要追求经济增长的最小成本化。

三是开启现代化新征程。发展中国家追赶发达国家的进程,就是现代化的过程。国际环境的变动和发展中国家的特殊国情,决定了各国现代化道路的特殊性。中国进入中等收入阶段意味着,小康社会即将全面建成,以及现代化新征程的开启。现代化新征程更加重视人的现代化。在马克思看来,人的现代化就是人的全面发展。

四是保护生产力直接成为发展目标。面对在低收入阶段所推进的工业化、城市化,尤其是重工业化所造成的资源耗竭及其供给的不可持续状况,保护生态环境从而保护生产力,应该成为中等收入阶段经济发展理论的重要组成部分。这需要从根本上改变发展理念,必须明确优良的生态环境是人类社会难以再生的宝贵财富。人类不仅需要通过发展获取更多的物质财富和精神财富,还要在发展中赢得更多的生态财富。因此,保护生态环境就是保护生产力。

四、要寻求和把握经济发展新动力

寻求和把握新时期经济发展的新动力,涉及生产关系和生产力两个层面。生产关系层面的路径是推进改革对解放生产力的反作用;而在生产力层面,过去曾经推动经济高速增长的物质要素和低成本劳动力的供给已明显衰减,经济增长的发动机因而需要转换,经济发展理论当需在供给和需求两侧揭示新的增长动力。

一方面,在供给侧的推动力衰减时,要寻求需求侧的拉动力。在由消费、投资和出口"三驾马车"协同拉动的经济增长中,尤其要重视消费需求拉动的基础性作用。之所以必须这样做,不只是因为过去对扩大

---

① 《习近平主持召开经济形势专家座谈会强调　更好认识和遵循经济发展规律　推动我国经济持续健康发展》,《人民日报》2014 年 7 月 9 日,第 1 版。

内需消费重视不够,更重要的是,消费对拉动经济发展具有以下不可替代的作用。加大消费需求对经济发展的拉动作用,关键是培育消费力,包括增加居民收入、扩大就业和完善社会保障制度。

另一方面,在供给侧的物质资源投入不足时,更要寻求新的驱动力。影响经济实际增长率的潜在增长率的供给要素很多,现阶段消退的供给侧推动力,只是生产要素中的物质资源、环境资源和低成本劳动力。在供给侧还有其他动力可以开发,如创新驱动、结构调整、提高效率、治理能力现代化等,都可形成供给侧推动经济增长的新动力。相对于需求的拉动力,供给侧对经济发展的推动力更为长期。供给侧结构性改革需要激活一系列新的驱动力。

一是科技创新的驱动力。科技创新是引领发展的第一动力和发展的基点,它在现阶段的历史地位尤为重要。(1)科技创新发展是新型的发展方式。经济发展所涉及的转方式、调结构、绿色化都需要创新来驱动。(2)科技创新的核心是自主创新。现阶段的科技创新正从过去以跟踪模仿为主,转向跟踪模仿与并跑领跑同时相存的新阶段。(3)科技创新与产业创新对接,培育新经济,推动产业结构转向中高端。(4)加快科技成果向生产力的转化,推动产学研协同创新,注重研发和孵化新技术,形成大众创新、万众创业的大氛围。(5)人才成为科技创新的第一驱动力。将科技创新作为新型的发展方式,这是中国经济发展理论的创新,也是中国特色社会主义政治经济学的理论创造。

二是提高全要素生产率。在马克思主义经济学中有要素生产率的概念,如劳动生产率、资本生产率、土地生产率等。全要素生产率概念,指的是各种要素之间有机组合所产生的集合生产率,大于各单个要素生产率的简单相加之和,其中的差额就是全要素生产率。根据定义,提高全要素生产率的关键,在于能对各种要素起集合和引导作用的要素。在投资作为集合和引导要素的场合,提高全要素生产率的着力点是提高投资配置的效率,否则就会出现要素的结构性错配。当前特别要重视企业家对提高全要素生产率的集合和引导作用。供给侧结构性改革

— 7 —

的目标之一,就是推动经营者向成为有才干企业家的转变,放手让企业家在市场决定资源配置的条件下组合生产要素,在提高供给体系质量和效率过程中,提高全要素生产率。

三是激发市场主体活力。经济学处理经济问题的核心,可以概括为"选择"和"激励"两个关注点。一般说来,需求侧的经济学关注的是选择问题。即在市场决定资源配置的条件下,由市场选择资源流向,进入哪些地区、行业和企业,由充分竞争的市场进行优胜劣汰的选择,从而对企业产生外部压力。供给侧的经济学则更关注激励问题,以激励市场主体能动的活力。中国特色社会主义政治经济学的一个重大原则,就是调动各个方面的积极性。这也应该成为供给侧结构性改革的重大原则。激励主要涉及三个方面。一是激励创新。二是在信息不完全条件下,建立激励性体制,克服影响供给质量和效率的道德风险这类机会主义行为,以从机制上改变"劣币驱逐良币"的状况。三是激发企业活力。针对微观经济的主体,政府要减轻企业负担,减少对企业的行政干预,从而激发企业活力。

四是结构调整的推动力。发展中国家的经济社会发展问题主要是结构性问题。其中,最为突出的是如何克服城乡二元结构的对立。进入中等收入阶段以后,我国的二元结构对立统一运动有了新内容:一方面是城市现代化,另一方面是城乡发展一体化。二者都蕴藏着增加需求和增加供给的巨大空间。就后者而言,城市发展要素向农村的扩散意味着,在农村中的城镇增长点增加城市要素及设施的供给,促进其逐渐具有产业发展、公共服务、吸纳就业、人口集聚等新功能。就前者而言,推进人的城镇化意味着,不但使进入城市的农村转移人口实现市民化,形成对城市住房和福利的新需求,还要使农民在分散于广大农村的小城镇实现市民化,享受市民权利,形成对当地城镇住房和福利的需求。很显然,在克服城乡二元结构的路径中,城乡发展一体化将是中等收入阶段经济发展的强大动力。

经世致用,是经济学科的最大特点。我们的经济研究及其理论发展必须来源于现实经济而又服务于现实经济。因此,我希望这套丛书的出版,既能为我国的社会经济发展又能为南京大学经济学科的建设发展作出贡献!更希望南京大学经济学系的老师们今后能有更多更好的研究成果进入《南京大学经济研究丛书》!

　　以上是为序。

洪银兴

2017 年 6 月 10 日

牟 言

　　"于乃规规然而求之以察，索之以辩，是直用管窥天，用锥指地，不亦小乎？"（《庄子·秋水》）浩瀚璀璨的华夏文明之巨海洪流中，管理思想的精华熠熠生辉，探本溯源这智慧的光芒，自不量力无异于"管窥锥指"（钱锺书，《管锥编·序》），穷尽一生都未能竟，而游目骋怀之中，老死将至！所幸的是，有生之年，能将毕生研究之"管锥之见"整理出版，是名《管见录》。期望这极微"小流"，能汇入奔腾不息的中国传统文化管理思想研究之中！

目 录

代

序

第一章 绪 言

中国传统文化的管理思想包括治国学和治生学。治国学产生于中央集权封建国家的管理实践,包括对人口、田制、生产、市场、财赋、漕运、驿递、人事、行政和军事等方面的管理学问。治生学是在生产发展和经济运行的基础上,通过官民实践而逐步积累起来,包括管理农副业、工业、运输、建筑工程、市场经营等方面的学问。这两大系统及其子系统积累的学问极其浩瀚,形成独特的中国管理文化。不同方面的管理知识各有其特殊性,作为基本的指导思想又有其共性。笔者试图将其中一些具有科学意义的共同要素做初步的探讨,这些可视为中国传统的管理哲学。

一、顺道

传统的"道"是个复合概念。属于主观范畴的"道",指治国理念;属于客观范畴的"道",指客观规律,又称"则""常""轨"等。这里用的是后一种含义,"顺道"即顺乎客观规律。古代有"道法自然"(《老子本议》,第11章)一说,认为自然界和人类社会都有其固有的规律。按《管子·形势》篇的说法:"天不变其常,地不易其则。"这是指的自然界。社会也是这样,生产、市场、财务、人事的运行,都有一定的"轨","不通于轨数而欲为国,不可。"(《管子·山国轨》)司马迁指出,商品经济有自发性,价格不绝地贵贱转化,"贱之征贵,贵之征贱",人们为求自身利益,必然"各劝其业","任其能,竭其力","若水之趋下,日夜无休时,不招而民自来,不求而民出之",这也是"道之所符",乃"自然之验"。(《史记·货殖列传》)实际上是指明商品经济是按价值规律运行的。

人们对待规律的态度,首先要承认它的客观性,要顺乎它。荀子说:"天行有常,不为尧存,不为桀亡。应之以治则吉,应之以乱则凶。"(《荀子·天论》)《管子》说规律对人是不讲情面的,"无私近",也"无私远"。人们的行为"顺"乎它,它对你就有"所助",事业就"有其功","虽小必大";反之,如果"逆"了它,它必惩罚你,即"违之",事业必"怀其凶","虽成必败",甚至一蹶"不可复振也"。(《管子·形势》)可见,按客观规律要求办事乃事业成功的前提。其次,顺乎规律不必是消极的,人可以也应该积极有为。在尊重客观规律的同时积极治理,参与事物的发展,"天有其时,地有其财,人有其治,夫是之谓能参。""参"就是发挥人的主观能动性,在认识客观规律的基础上,"骋能而化之","应时而使之","物畜而制之","制天命而用之"。(《荀子·天论》)积极地驾驭事物的发展,促进其转化,以达到管理的目标。

这是管理学的唯物主义路线,顺乎规律和积极利用规律相统一,才能得管理学要义,取得事业的成功。因此,积极地"顺道"或曰"守则""守常""循轨",是中国传统管理文化最基本的指导原则。

二、顺变

"顺变"源于"顺道"。事物按自身规律不停地发展,人们的思想必须顺应变化了的情况,改变治理内容和方式,就是古人说的乘势而治,"虽有智慧,不如乘势。"(《孟子·公孙丑上》)韩非子所讲守株待兔的比喻是对保守思想的绝好批评。诸如韩非的"世异则事异,事异则备变",《管子》的"化故从新"这些历史进化论观点,培育了我国的管理文化,使之具有崇尚化变的优良传统,并出现过大小数十次变法,及至近代,民族的危亡促使先进思想家们提出并寻找"变器""变事""变政""变法"的道路,大大发展了自古即有的化变传统。化变不等于多变,变革和稳定性应相结合。变革措施应经深思熟虑,保持相对稳定,切忌多变,这也是成功的必要条件。充满变革精神的《管子》告诫人们"毋数变易,是谓败成"。如果"号令已出又易之,礼义已行又止之,度量已制又迁之,刑法已错(措)又移之"(《管子·法法》),必把事情搞糟,达不到化变的目的。

传统管理学尚有"应变"说。如果说"顺变"是管理学之战略指导思想,那么"应变"则是战术指导方针,古代兵法有"临敌制变"说,将之运用于企业经营,当是市场应变能力,应变力乃企业的生命力。

三、求实

"求实"是由"顺道"思想产生的另一项管理学原则,即办事从实际出发,实事求是,这是思想方法,也是行为准则。儒家提倡"守正""执中",意即看问题不可偏激,也不能保守;办事情不可过头,也不可不及。《论语·先进》:"过犹不及"。过了头,超越客观形势,犯冒进错误;不及于形势,又错过时机,流于保守;都会坏事。

《管子》作者提出"量力"原则和"时空"原则。

"动必量力,举必量技"。凡事量力而行,给行动确定适当的目标,方有成功可能,"不为不可成,不求不可得"。指挥作战,要明白自己兵力和装备的承受能力,"量力而知攻","不知任,不知器,不可"。切不可不顾主客观条件而"妄行""强进"。(《管子》:"戒""牧民""乘马")

"时空"原则就是办事要注意时间(时机)、地点等客观条件。"事以时举",行为"必因于时也,时而动,不时而静"(《管子·宙合》)。不同的时间采取不同的措施,"视时而立仪"。不顾时间的变化,用老一套办法,难免失败。空间不同,政策措施亦应有异。治家、治乡、治城市、治国家的方针政策具统一性,而其实现则应因地而异,各取特殊的形式。如果"以家为乡,乡不可为也;以乡为国(城市),国不可为也;以国为天下(国家),天下不可为也"。(《管子·牧民》)因时因地制宜,是我国传统管理学的一条重要原则。

我国历史上重要的运用求实原则的管理科学成就层出不穷。如孙武总结的"知己知彼""先处战地"、把握战机,"疾而有节","因敌而制胜"等军事管理思想。赵过改革耕作制度,实行名为"代田法"的轮作制,和推广新式农具,先通过实验,取得经验以教育农民,因地制宜推广。刘晏改革漕运,因河情而分别造船,接力运输,减少了损耗和加速了运输。徐光启根据土壤、气候、水肥等条件,改革种植方法,实现甘薯北引,芜青南引,从而打破了"风土说"的保守思想。诸如此类都体现了我国自古提倡的求实精神。

四、得人

人心向背,人才归离,从来是事业成败的关键,故我国历来讲究得人之道。民本论是中国传统管理学的一大贡献,也是一大特点。《尚书·五子之歌》曰:"民为邦本,本固邦宁",未有以损民殃民为务而可以兴邦立国者。民本思想起源于先秦,汉以后被进步思想家们奉为治国的指导思想。贾谊说:"闻之于政也。民无不为本也。国以为本,君以为本,吏以为本。"(《贾谊新书·大政上》)国家的安危存亡兴衰,定之于民;君之强弱明昏成败,系之于民;吏之贤不肖、能不能,辨之于民;战争的胜败亦以能否得民之力以为准。这种思想历代都有,一脉相承,培育成中国传统管理文化的核心要素。

欲得民必先得民心,"政之所兴,在顺民心;政之所废,在逆民心"(《管子·牧民》),"得众而不得其心,则与独行者同实。"(《管子·参患》)欲得民心,必须为民谋利,"得人之道,莫如利之。"(《管子·五辅》)

得人之道运用于治生,必须树立利人的观点。中国传统治生学不是提倡利己主义,而是提倡"利他主义"。认为商品经济素来是"交相利"的,"利人者,人必从而利之"。(《墨子·兼爱中》)近代有远见的企业家多抱定服务社会的宗旨,把自身命运和人民、国家的命运联系在一起。创立民生实业公司的卢作孚,奉行"服务社会,便利人群,开发产业,富强国家"的办企业方针。他说:事业的成功取决于"事业能否切实帮助了社会,成功了社会","造成现代的社会生活的依赖关系",从帝国主义手中"收回我内河航运权",充分体现了由中国传统文化培育的企业家精神。

得"人才"是得人的核心,我国素有"求贤若渴"一说,表示对人才的尊重。能否得贤能之助,关系到国家的兴衰和事业的成败。诸葛亮总结汉的历史经验说:"亲贤臣,远小人,此先汉之所以兴隆也;亲小人,远贤臣,此后汉之所以倾颓也。"(《诸葛亮集·前出师表》)欲得人才,先得民心,众心所归,方能群才荟萃。故《管子》把顺应时代潮流、从事变革事业、注重经济建设、为人民办实事,视为主政者聚拢优秀人才的先决条件。亦即"德以合人","人以德使"。(《枢言》)

尊重人才也是治生成功的必要条件。以"巧者有余,拙者不足","能者辐凑,不肖者瓦解"。(《史记·货殖列传序》)告诉人们只有能巧才能致富。我国历来有尊重专门人才的传统,凡能工巧匠,或对生产建设有重大贡献的专门人才,如春秋时发明木作工具的鲁班,战国时修建都江堰的李冰,修建郑国渠的郑国,汉代发明二牛耦耕法和三脚楼的赵过,发明和改进炼铁鼓风器的杜诗和韩暨,对发展纺织工业有重大贡献的元代黄道婆等人,都被当做新生产力的代表人物,传颂千古,流芳百世,为人典范。

五、用人

除了得人,还有个用人的问题。传统管理实践也积累了有价值的用人之道。

我国历来提倡德才兼备的用人标准,尚贤使能,德当其位,能当其官,功当其禄。魏征说:"非才行兼备不可用也。"(《资治通鉴》,卷194)德有阶级性,历来统治阶级讲的德,多指忠君报国,但也不乏将之释为不谋私利勤于民事的。最高标准应如孟子说的:"乐以天下,忧以天下。"或如范仲淹说的:"先天下之忧而忧,后天下之乐而乐。"德和才比应占第一位,"才乎才,有德以为功,无德以为乱。……无德而才,犹资盗以兵。"(《李觏集·广潜书第十五》)

怎样发现人才?历史上多有求贤、访贤、荐贤、选贤者。如周文王访贤遇子牙,秦孝公下求贤令得商鞅,鲍叔牙荐管仲于桓公,萧何荐韩信追韩信,刘备三顾茅庐而诸葛出山等,皆传为佳话。龚自珍希望"不拘一格降人才",不拘一格,就是不拘出身、资历、年龄,唯贤能是举,破格提拔。历史上早有类似的传统,如墨子主张只要有德才,贱者应使贵,"在农与工肆之人,有能则举之"。(《墨子·尚贤》)韩非则主张注重实践经验,从基层选拔人才,"宰相必起于州部,猛将必发于卒伍。"至于由隋朝始行的科举选拔制度,即使实行中有诸多弊端,但其中体现的公平竞争、择优录用,重视知识人才的精神,则是合理的。而《管子》提出的选人方案则由基层经常调查,定期推荐,经面试、试用、考核而后任命,并注重青年人才和专门人才,以使"匹夫有善,故可得而举也。"(《管子·匡君小匡》)

至于人才的使用,知而必用,用而必信,并使能当其官,扬其所长,避其所短,使人各为其所长,尽其所能,而不可求全责备,是谓知人善任也。汉初有个下等人,人称"桀黠奴",大概脾气暴躁,人皆不愿为伍,唯刁间看重其经商才能,委以重任,"终得其力,起富数千万",司马迁赞刁间善于用人,"能使豪奴自饶而尽其力"。(《史记·货殖列传》)正如《管子·宙合》说的,对于人才"不以小、缺为伤",于事业为有利。

关于考绩,《尚书·舜典》即有"三载考绩"的规定。周以后逐渐形成一套考绩与奖惩相结合的制度。考绩的内容当然以服务于封建国家的政绩为准,但也不乏以民利为准的主张。如贾谊提出"以富乐民为功,以贫苦民为罪。"(《贾谊新书·大政上》)李觏提出考核官员政绩应"下察之人",看看"百姓康乐乎"?"百姓乐业而无冤人,则书以为功。反是,则劾以为罪。"(《李觏集·安民策第十》)

六、求和

和则兴邦,和则生财,故需致力于团结,搞好人际关系,做到上下和,左右和,官民和,军民和。我国历来把天时、地利、人和视为事业成功的三要素,而人和又是发挥天时地利的先决条件。"天时不如地利,地利不如人和",故孔子提倡"礼之用,和为贵"。(《论语·学而》)《管子》写道:"上下不和,虽安必危。"为求事业之成功,务必"和协辑睦","上下不和,令乃不行"。(《管子·形势解》)战国时将相和的故事人口皆碑,是服从大局讲团结的典范。对治生来说,人和了,就可"总方略,齐言行,一统类","亿万之众而博若一人",才能"得众动天",是谓"和则一,一则多力,多力则强,强则胜物"。(《荀子》:"非十二子""儒效""致士""王制")从而增强改造自然的能力,推进生产力。求和的关键在于当权者。当权者严于律己,严禁宗派,不任私人,公正无私,才能团结大多数。故古人提倡"无偏无党""循公而灭私",是谓"无私者容众"。切不可"以禄爵私所爱",要严禁"独举""结纽"以致"党而成群者"。(《管子·法法》)唐太宗不仅重用拥护自己的人,而且重用反对过自己的魏征,且"从谏如流",常思已短已过,广泛团结人才,形成一个效能高的人才群体结构,贞观之治才有了组织保证。近代成功的企业家多注重以和治厂,荣德生注意以《大学》之"明德",《礼记·中庸》之"明诚"对待属下,用人"必先正心诚意,实事求是,庶几有成"。否则,"有业等于无业也"。刘国钧兴办大成纺织印染公司,以"忠信笃敬"为厂训。宋裴卿悬挂孔子名言"己所勿欲,勿施于人"作厂训,他说:"你愿人怎样待你,你就先怎样待人。"这些皆反映从自我管理入手达到人和,以协力推进事业的管理学思想。

七、重器

　　生产要有工具,打仗要有兵器。"工欲善其事,必先利其器。"(《论语·魏灵公》)中国古代的四大发明及其推广应用,极大地推动了中国社会经济文化和世界文明的发展,培养了中国人民重器从而重视科学技术的优良传统。明代科学家徐光启说:科学技术"生财无穷,亟宜讲究",诸如"历算、医药、农田、水利等兴利除害之事",数学、天文、地理等基础科学,皆应"一一成书",普及教育,应用于生产。(《农政全书》)及至近代,一再出现"机器兴邦论",如魏源提出"师夷长技以制夷"的口号。郑观应提倡"商战",认为商战应依赖机器,机器可使商品"工省价廉","精巧绝伦",足以和外货竞争,因此必需制造各种机器。孙中山实业救国的核心是技术革命,"废手工采机器",实现现代化,争取驾乎英美日之上。可见,重器思想贯乎古今。

值得注意的是,从汉武帝命赵过主持改革,推广新式农具开始,凡重大的技术革新,如西汉末的水碓,东汉三国的水排,明清时代在长江下游乃至全国先后推广松江地区的纺车和织技,以至晚清引进西方军械和机械工业,通常是在国家官员主持下有组织地进行的,说明重器已成为我国国家管理的一项传统职能。

八、重法

我国法制思想源于先秦,后来逐渐演变成一套法制体系。法被视为治国之本,"天下从事者,不可以无法仪。无法仪而其事能成者,无有也。"(《墨子·法仪》)管子也说过:"巧者能生规矩,不能废规矩而正方圆;虽圣人能生法,不能废法而治国。"(《管子·法法》)这些皆说明法治的重要性。韩非论法治优于人治时举例说:子产出巡,闻一妇人哭亡夫,其声惧而不哀,疑其有奸,执而审之,果乃杀夫者。韩非认为这"不明度量,恃尽聪明劳智虑而以知奸"的"智治",不可取,因为罪犯不可能都是智者"耳目之所及"。如制定法典,公布于众,责吏施行,"因人而知人",就可"形体不劳而事治,智虑不用而奸得"。所以,人的智治不若法治。(《韩非子·难三》)

法治有三项原则:明法、一法、常法。

明法即法的公开性原则,又称布法和悬法。明则信:民明法,可防违法抗吏;吏明法,可防枉法殃民。"法制不明,而求民之行令也,不可得也。"明法使"人不敢犯",才能做到"刑省罚寡",这叫作"明赏不费,明刑不戮"。"明刑之犹(尤),至于无刑也。"(《商君书·赏刑》)明刑者省刑。故需"法禁明著"(《韩非子·六反》),"编著于图籍,设之于官府,而布之于百姓。"(《韩非子·难三》)

一法,包括法的统一性原则与平等性原则。统一性原则:"一赏、一刑、一教。"(《商君书·赏刑》)政令统一,一切"唯令是行"。如果"权度不一,则循义者惑"(《管子·君臣上》),人们将无所适从。平等性原则:法律面前人人平等，"刑过不避大臣，赏善不遗匹夫"（《韩非子·有度》）。因此要反对官员乃至君主的法外特权，任何人不得"游意于法之外"，必须"动无非法"。坚持"法不阿贵"原则，"治强生于法，弱乱生于阿。"尤其应"君体法而立"，"身先执法"。（《韩非子·外储说右下》）商鞅规定："有功于前，有败于后，不为损刑；有善于前，有过于后，不为亏法，忠臣孝子有过，必以其数断。"（《商君书·赏刑》）《战国策》赞扬"商君治秦，法令至行，公平无私，罚不讳强大，赏不私亲近"，实为古代法治的光辉榜样。

常法亦称固法，即保持法的稳定性，取信于民，从而强化法的权威。"法莫如一而固，使民知之"，"法制有常，则民不散而上合"。（《韩非子·五蠹》）按法的稳定性要求，我国财税历来重视"有常"原则，即征税有"常制""常数""常期"，以稳定负担，安定民心，有利生产。"上不征非常之物，下不供非常之求"，"国有定制，下供常事，赋役有恒，而业不废。"（傅子，《检商贾》）这是对常法原则的具体运用。

九、守信

治国要守信，办企业也要守信，信誉是国家和企业的生命，这是我国长期管理实践中产生的信条，中国人从来是重信誉的。孔子说："君子信而后劳其民。"（《论语》）韩非说："小信成则大信立，故明主积于信。"（《韩非子·外储说左上》）治理国家，言而无信，出尔反尔，政策多变，从来是大忌。故《管子》告诫主政者要取信于民，行政应遵循一条重要原则："不行不可复。""不行不可复者，不欺其民也。"（《管子·牧民》）欺骗人民只能一次，第二次，人民就不信你了。

对于治生，商品质量、价格、交货期以及借贷往来，都要讲究一个"信"字。我国历来提倡"诚工""诚贾"的传统。商而不诚，苟取一时，终致瓦解。成功的商人多是商业信度高的人。明代徽商名闻海内，致富有道，重要一条是严守商业信用。"为贾，言信情忠，游江湖间，人莫不以为诚而任之"，"虽不矜于利，而贾大进，家用亦富。"（王慎中，《遵岩先生文集·黄原梅传》）可见守信是进财之道。

十、运筹

"运筹策帷幄之中,决胜于千里之外。"汉高祖这句话是赞扬张良的,同时表明统筹规划、正确决策对于战争取胜的决定性意义,由此形成了"运筹帷幄"这句管理学成语,表示对全局性的战略进行构思和策划。治国、治军、治生和办任何事情,都有不同范围的全局性问题,都要有运筹思想,从全局出发,从长远看问题,注意整体效益和长远效益,统筹规划而后决策。图之远而验之近,图之宏而验之微,大处着眼,小处着手,不可鼠目寸光,急功近利,只图近利必有远忧。这是中国历史上受到推崇的科学的管理思想。

田忌和王公大臣赛马屡败,后来他按照孙膑的筹划,按马力的强弱进行组合,以己之下马对彼之上马,己之上马对彼之中马,己之中马对彼之下马,结果二胜一负,转败为胜。宋朝丁谓主持焚毁皇宫的修复工程,为避免远距离运送土、建材和建筑垃圾,于是就地挖开大路取土,引水成河,船运各种建材,功毕再以建筑垃圾填河复路。经综合规划的正确决策,使取土、运料、处理建筑垃圾结合起来,"一举而三役济,计省费以亿万计。"(沈括,《补笔谈》,卷2)这些成功运用运筹思想的管理典型在中国历史上不胜计。

十一、预谋

"凡事豫则立,不豫则废。"(《礼记·中庸》)预者,预测、预谋、预备,核心是预谋。为预谋必先预测,谋划出方案,落实到人力物力的预备。治国和治生都是这样。《孙子》提出未战先算,《管子》主张"以备待时",要有预见,"有道者能备患于未形"(《管子·牧民》),立于不败之地。"有道"即能遵守客观规律,有预见,由此产生了重视调查和预测的传统,政情预测、军情预测、年景预测、商情预测、气象预测等,被广泛运用于管理实践,而成为预谋策划的基础。商鞅变法中留意于掌握人、马、粮、草等十三数。范蠡经商注意于预测年景变化,推知粮食供求价格变化趋势,

"论其余不足,则知贵贱","贵上极则反贱,贱下极则反贵",进行"时断"和"智断",及时收购和发售,并提出"旱则资舟,水则资车"的"待乏"原则。诸葛亮准确地考察了敌方政治军事态势及其将士的素质,预测气象趋势,经缜密的谋划,才得以草船借箭,取得了战役的胜利。

十二、运术

运术就是管理要讲究策略方法,治国有术,治军有术,治生有术,无术而能成事者寡矣。故我国历来有重术数的传统,运用正确的策略方法而导致成功的事例比比皆是。"成事不足,败事有余",则是对那些鲁莽之徒的贬责。

立国有术,治国有术。"人主所以尊显,功名扬于万世之后者,以知术数也。"(《汉书·晁错传》)汉高祖引兵入关,与百姓约法三章,"杀人者死,伤人及盗抵罪。"争取了民心,创造了夺取天下的决定性条件。李悝的"平籴",桑弘羊的"均输""平准",创建了国家参与市场而不垄断的宏观管理模式,提供了历来行之有效的治理经济的策略思想。北魏李安世的"均田"政策,有效地解决了战乱造成的田土产权纠纷,兼及抑制兼并和赋税改革,适合社会和民生安定的需要,沿用了三百年。扬炎的"两税法",王安石的"方田均税法",张居正的"一条鞭法",则以简单明了的准则解决田赋中的矛盾,贯彻了平均负担原则。这些皆是正确的策略方法在经济治理中的运用。

治军有术。我国历史上军事管理实践创造了从严治军、重士气、攻心为上、出奇制胜、兵贵神速、一鼓作气、兵不厌诈等一整套策略思想。孙刘联军对曹军的赤壁之战,诸葛亮的空城计,孙膑的减灶骄敌,谢玄的淝水之战,皆是运术取胜的战役,说明正确的策略可以化不利为有利,转弱为强,克敌制胜。

治生有术。贾思勰的农学包括推广新式农具,顺应农业生产规律,用地和养地相结合,改良品种,科学种田,多种经营和专业化相结合等许多方面,总称为《齐民要术》。范蠡的"腐败而食之货勿留,无敢居贵"，白圭的"人弃我取，人取我予"，司马迁提倡的"廉贾归富"，明清以后工商经营中受到重视的因新产品、特色产品开发而致富的经验等，皆反映了符合商品经济规律的购销策略、价格策略和产品策略思想。

十三、勤俭

"民生在勤，勤则不匮。"(《左传·宣公十二年》)我国理财和治生，历来提倡开源节流，崇俭拙奢，勤俭持家。荀子说："强本而节用，则天不能贫……本荒而用侈，则天不能使之富。"(《荀子·天论》)纵观历史，凡国用有度，为政清廉，不伤财害民，则会国泰民安。反之，凡国用无度，荒淫奢费，横征暴敛，必生贪官污吏，戕害民生，招致天下大乱。

节俭是企业家精神，是致富的要素，司马迁说："薄饮食，忍嗜欲，节衣服"，"纤啬筋力，治生之正道也。"汉初有个经营农场的任氏，一反当时富人争侈的风气，厉行"家约"，"折节为俭"，以致"富致数世"，成为闾里的表率。近代中国的企业家也多有勤俭治厂的经验。张謇办大生纱厂，一次去上海联系业务，在街头卖字解决盘缠，以节约经费。在他带动下，全厂上下厉行节俭。他说："通厂之利，人皆知为地势使然，然开办之初始竭蹶艰维，而上下同心力求搏节，其开办之省，亦中外各厂所无。"(《实业文钞》，卷1)

十四、重效

注重于提高效率和效益，当是传统管理学的目标。政府工作要讲究办事效率，这是吏治的主要内容之一。封建官府历来机构臃肿，办事拖拉。改革家们多主张精简机构、提高效率。如荀子提出简政主张，"守至约而详，事至佚而功"，及时办理公务，使"百事不留"。(《荀子·王霸》)商鞅提出"无宿治"，积压庶民之事超过规定期限的官员，要受处分。刘晏的经济改革，以提高效率和效益为中心。漕运改革既提高了运粮速度，又大大节省了运费。盐制改革则实现了盐的生产效益、流通效益和财政效益三提高。市场管理则能通过及时掌握信息和调拨而达到市场稳定。这些皆得力于廉洁而效能高的理财班子。

对治军来说，效率是取胜的必要条件。行军打仗和后勤供给，都要讲究效率。兵贵神速，一鼓作气，以较少的伤亡代价取胜，或不战而胜，是历来受到推崇的作战原则。元董抟霄用接力运输法一日运粮百里的经验，是高效率后勤保障的成功一例。

对治生来说，"效"则指劳动生产率和经济效益，"用财不费，民德不劳，其兴利多"（《墨子·节用》），即以较少的人力物力消耗取得较多的劳动产品和利润。"效"当是生产和经营的一般原则，其他各项传统管理学要素运用于治生方面，当皆服务于这项原则。

管理目标

第二章 求 效

一、治求功效

　　中国传统文化称管理为"治","治就是管理。"(《孙中山选集》,1956 年版,下卷,第 66 页)现代管理有宏观和微观之分,按中国传统的说法,宏观管理称"治国"或"治世",微观管理称"治生""治产"或"治产业"。管理文化作为管理实践的产物,它高于管理实践,是关于管理的指导思想、原则、战略、策略的总和,服务于一定的目的,达到一定的目标。管理目标归根到底是管理者所从事的事业的目标,总是历史地决定的。不同的历史时期,人们面临不同的问题,处理不同的矛盾,便有了历史决定的特殊的管理目标。这是古今管理目标的区别性。即使在同一历史阶段,不同领域的管理目标也都有特殊的规定。但是纵观历史,不同时期不同领域的管理目标又有共性,凡管理,其直接目标都追求一个"效"字,这是古今相通的。

　　效者,古称"功""功效""成效""效用""效绩"等,今称效果、效率、效益,都是管理行为的目标概念或检验管理业绩的概念。作为管理目标的"效",在我国古代有若干层次,计有治世之效、理财之效、治政之效、治军之效和治生之效。

二、治世之效

　　从治世或治国来说,总目标是处理好相关矛盾,求得民生安定、社会稳定,实现长治久安。这是先秦以来治国者所共同追求的目标,用汉代《贾谊新书·治安策》的话来说,就是"建久安之势,成长治之业"。清代汪琬说："而其道遂出于万全,此汉宋之所以久安长治与?"(汪琬,《尧峰文钞·兵论》)"长治久安"这个治世总目标决定了治国者必须有适当的治理理论和政策措施,理论对头,措施得当(即"道遂出于万全"),方可成就数百年相对安定的长治之业;否则,就会是些苟延几十年乃至十几年的短命王朝。"成效者,须道而成。"(王充,《论衡·非韩》)"道"就是治国之道,即治国的基本指导思想和原则。它有多方面的内容,基点之一是"功业著于百姓"(《史记·殷本纪》)。替百姓办好事,使百姓得到实惠,既是治世的重要目标,又是治世得以成功的必要条件。《孟子·公孙丑上》说:"万乘之国,行仁政,民之悦之,犹解倒悬也。故事半古之人,功必倍之。"这是把解民倒悬,取得人民拥护视为治国成功的条件。李谦《中书左丞张公神道碑》写道:"今民生困敝,莫邢为甚,救焚拯溺,宜不可缓,盍择人往治,责其成效。"这是把解决"邢"这个地方"民生困敝"定为"治"的目标——"成效"。总的来说,古人讲的包括"功业著于百姓"在内的各项治国之道,都是服从于长治久安这个治世总效的。

三、理财之效

理财从属于治世的宏观层面,是治世的组成部分。狭义的理财指治理财政,《周易·系辞下》"理财正辞"中的理财即指治理财政。广义的理财则指包括财政在内的整个经济治理。汉代建立起国家干预体制以后,将治理财政和治理整个社会经济相结合,此时的"理财"一般是广义上的。王安石在《临川先生文集·答曾公立书》中说:"政事所以理财,理财乃所谓义也。一部《周礼》,理财居其半。"这里说的是广义的理财。由于我国历史的特点,国家政权自古就有经济治理的职能,传统管理文化尤重经济管理方面,有大量的"经世济民"思想,简称"经济"之学。杜甫《上水遣怀》诗:"古来经济才,何事独罕有。""经济才"就是宏观经济治理人才。史论王安石"以文章节行高一世,而尤以道德经济为己任。"(《宋史·王安石传》)这里的"经济"就是经世济民即经济治理之意。值得注意的是,我国"经济"这个传统概念和西方相比有其特殊的内涵,从它形成时起，一直突出"济民"，即关注民生问题，而成为一大特色。

从狭义上说，理财之效包括如何增加财政而又使之适度；如何节制支出而又能保障需要；如何建立财政收入和支出的平衡，并保证必要的储备；如何提高财政支出的效益诸方面。这些都是财政管理的目标。为达到这些目标，我国传统理财学通过长期的财政实践，总结正反面的历史经验，形成了一系列不仅对当时有效而且对当今都有一定积极意义的指导思想、管理原则和策略，成为我国传统管理文化的重要组成部分。如："量入以为出"的财政平衡原则；税收的公平负担和征税过程的节约原则；三而余一的储备思想；开源节流的指导方针；"百姓足，君孰与不足"的民富方能国富思想；厉行节约，严控国家机关直至皇室开支的主张和措施等。

至于财政支出效益，韩非有一段议论：

"举事有道，计其入多，其出少者，可为也。惑主不然，计其入，不计其出，出虽倍其入，不知其害，则是名得而实亡，如是者功小而害大矣。凡功者，其入多，其出少，乃可谓功。今大费无罪而少得为功，则人臣出大费而成小功，小功成而主亦有害。"（《韩非子·南面》）

国家"举事"即举办事业，韩非未指特定事业，泛指治国之事。"举事"总要有一定的"费"或"出"，即财政支出，带来一定的"功"或"入"，如以经济事业而言，即今之投入和产出，必须考核出和入、费和功的关系，即考核财政支出的效果。其目标应是出少而入多，费省而功著，以较少的财政费用，举办较多的事业，创造较多的收入。重效的理财目标，体现以财理财，要制约理财全程，举事前要预算，使用过程要监督，事成要考核。举事不可随意，不可"诱于事"而不顾后果，"诱而不察，因而多之"，其结果将是"诱于事者困于患"，于国家没有好处。（《韩非子·南面》）

从广义上说，理财之效具有广泛且复杂得多的内涵，按传统的指导思想,总要求是:立足民利,开源节流;从处理矛盾入手治理经济,使经济治理和财政治理相结合,社会效益和财政效益相结合;在发展生产、繁荣经济的基础上理财,在富民的基础上富国,实现上下俱富。理财之效集中于追求一个"富"字,富民和富国,由此形成一系列理财之道,要点如下。

1. 整治田制田赋,缓解土地矛盾和赋税不合理的状况,以利于安置流民,安定社会,在振兴农业的基础上充实财政。"理国之道,地德为首"(《管子·问》),"地德"是处理土地问题的德政,处理好与土地有关的矛盾,以利于民生。这是我国传统经济治理的首务。

2. 以李悝的"平籴论"和《管子》的"轻重论"为指导,形成中国传统的治市模式,国家积极参与市场调节,国家垄断、国家参与和一定程度的市场开放相结合,使市场管理为实现社会安定、便民利民、充实财政的目标服务,使社会效益和财政效益相结合。

3. 为处理物质财富分配中国家与人民(主要是农民)的矛盾,提倡轻徭薄赋,藏富于民,"私积之与公家为一体也"。(贾谊新书·春秋》)

4. 按统一发行权、稳定币值、控制流量的原则治币(先铸币,后纸币),防止和克服通货膨胀,以达到平抑物价、保障生产、安定民生、理好财政的目标。

5. 重视"待农而食之,虞而出之(开发山水资源),工而成之,商而通之"(《史记·货殖列传》)的职能,处理农虞工商的相互关系,对国民经济实行综合治理和开发。在重农和国家干预的前提下,开放市场机制,发展地区间和行业间的商品流通,并按互通有无原则发展和外国的商品流通,具有开放性的传统。

6. 为解决人地比例失调的矛盾,提倡和实施移民塞边,疏散人口密集地区部分人口去开发边疆,使开发土地资源、安顿游民和巩固边防相结合。

7. 为减少财政支出,减轻民负,并保障军队供给,实行军垦军屯制,培育了军队搞生产的传统。

8. 为解决人口比例失调的矛盾，减缓上层建筑对生产力的压迫，产生了统筹士农工商四业人手的安排，裁减冗吏，压缩僧道、巫医、卜相、娼妓等"冗食者"即寄生人口的政策和措施。

9. 为解决生产和消费的矛盾，形成了节俭消费观，尤其强调抑制国家高级官员以至皇室和民间富豪的豪华生活，历来反对一个"靡"字。

10. 在传统农业社会，自然资源是生产的决定性要素。商品经济的发展，在给中世纪呆滞性经济注入一定程度活力的同时，也带来了狂捕、乱采、滥伐等破坏自然资源的负效应（这种负效应在战国时期已初步显现）。为保护自然资源，我国形成了"天人合一"观，强调人和自然的和谐，历来提倡"长养时""杀生时""不合围，不掩群，不射宿，不涸泽""不麑（小鹿），不卵，不剖胎，不妖夭（不折幼苗），不覆巢"，草木禽兽鱼鸟"不绝其长"(贾谊新书·礼)《礼记·王制》)，形成了约定俗成的道德规范。

这些要素积累于整个中国中世纪。不同时期有不同的特殊矛盾，因而治理有不同的侧重点。并不是每个时期都治理得很好，有的成效卓著，有的勉强维持经济运转，有的却一团糟，但从总体来看，我国中世纪的经济在世界范围内备受瞩目。由于历代的人们（包括政府和民间人士）不得不面对当时的矛盾（实质上是生产关系和生产力的矛盾，经济基础和上层建筑的矛盾），不断地做出政策调整，并引起社会关系的调整，以缓解矛盾，促使生产力和整个社会经济发展起来，为形成中国传统的管理文化做出贡献。

四、治政之效

这是吏治的内容。《刘梦得文集·代谢墨诏》中说的"励精吏理，效用著明"，即指治政之效。其"效"表现为提高机关工作效率，有效沟通政府机关内的上下左右关系，并改善与人民大众的关系。封建官僚机关历来机构臃肿，官吏泛杂，办事拖拉，繁文缛节，贪赃枉法，扰民太甚。其政治的上层建筑与民利的保障、与生产力的发展，经常处于矛盾之中。因此,如何限制这些矛盾,就成为有识阶层和某些较开明的统治者所关注的问题,逐步形成一些讲究治政之效的原则和措施,产生了有价值的吏治文化,其基本点有勤政、廉政、简政和宽政四大要素。

关于勤政。倡勤为了治怠,提高政府办事效率。《尚书·周书·蔡仲之命》有:"克慎厥猷……克勤无怠。"《尚书·虞书·大禹谟》要求官员:"克勤于邦,克俭于家。"《宋史·王应麟传》则规劝:"克勤克俭,无自纵逸。"这些都是自古提倡的美德,是适用于治世、治吏、治军,也可用于治生的管理文化要素。历来重大的经济改革,如王安石、刘晏的变革,为提高经济治理的社会效益和财政效益,都致力于建设并得力于高效能的理财班子;为克服荒怠,促进勤政建设,历来注重考绩。如《尚书·舜典》规定"三载考绩"。《荀子·强国》提倡处理公务的及时性,"观其朝廷,其朝间,听决百事不留"。《商君书·垦令》号召"无宿治",即公务不积压,主张凡挤压民事、民情不能及时上达、超过一定期限者,要受法律处置。

关于廉政。廉者,反贪、反腐、反邪,治吏提倡廉公、廉正、廉直、廉洁。《史记·滑稽列传·优孟传》说:"奉法守职,竟死不敢为非。"在封建社会的各级官员中,贪求奸邪者众多,作为道德规范和吏治准则,崇廉仍是中华吏治文化的主流,公开提倡的是廉政,人们传颂的是公正无私的廉者,而唾弃那些诛求无厌的贪者。

关于简政。简政相对于繁政而言,包括精简政府机关和简化政务,以提高政府工作效率,减少扰民,节减财政支出,减轻民负,保护生产力的发展,体现行政效率、财政效益、社会效益相结合的原则。简政的目标是:"宦不废职于朝,国无旷官之累"(《晋书·傅玄传》);"上无苛令,官无烦治"(《淮南子·齐俗训》);"守至约而详,事至佚而功""佚而治,约而详,不烦而功,治之至也"(《荀子》:"王霸""疆国");"其作始也简,其将毕也必巨"(《庄子·人间世》)。简政的效益及于民间,就是"量时度力,举无过事"(《元史·太宗本纪》),就可少占用民力,减轻人民负担;"朝不合众,乡分治也"(《管子·权修》),顾炎武《亭林文集》有篇文章"寓封建之意于郡县之中"提倡郡县自治,中央政府减省了事务,能调动地方政府的积极性,利于因地制宜治理民事,促进经济发展;理讼简化及时,避免"民废农桑而守之";裁官省事,简化税制和手续,简化平籴手续等,可以减少差役,节省民力民时,避免"百姓废农桑,而趋府庭者",达到"为民爱日"(王符,《潜夫论·爱日》),增加民间生产劳动时间,保护生产力的功效。

关于宽政。宽政是相对于苛政、猛政而言的。作为封建统治术,其指导原则是"宽猛相济","宽以济猛,猛以济宽,政是以和"。(《孔子家语·正论》)由于古代封建政权的一般特征是苛于民,民不堪其苛,是社会动乱的重要根源,故反苛是吏治文化的主流,知识界斥苛的文章、诗词、戏剧比比皆是,提倡宽政的思想不绝于史。孔子说"苛政猛于虎"(《礼记·檀弓下》),应提倡宽政,"宽则得众"(《论语·阳货》)。宽政的基本点包括宽征、宽役、宽刑、宽商等方面,目标当是调节政府和民间的关系,创造较为宽松的政治环境,求得社会安定,以利于生产力的发展。

五、治军之效

治军之效是多方面的,中心是求得战争的胜利。治军总是为了在战争中克敌制胜,达到一定的政治目标,这可视为治军的总功效。怎么个胜法?也是要讲究的,这就是胜利的成果和代价的比较问题。应周密布置,以较少的人员伤亡和物资消耗,较快较多地消灭敌人以至全歼敌人,夺取胜利的果实。"故善用兵者,先弱敌而后战者也,故费不半而功自倍也。"如果打消耗战、疲劳战,拖延时日,损兵折将伤财,即使取得胜利,也代价高昂,元气大伤。"白刃合,流矢接,涉血属肠,舆死扶伤,流血千里,暴骸盈场,乃以决胜,此用兵之下也。"(《淮南子·兵略训》)"夫钝兵挫锐,屈力殚货,则诸侯乘其弊而起,虽有智者,不能善其后矣。"这也涉及战争的效益问题,自然以"胜乃不殆""胜乃不穷"为有利。故应"合于利而动,不合于利而止。"(《孙子兵法》:"作战""行军""火攻")最理想的目标当是"不战而屈人之兵"(《孙子兵法·谋攻》),即以强大的政治攻势和军事态势,迫使敌军望风披靡,或不战而降,收到"兵不血刃,攻无坚城"

《晋书·王浚传》），"兵不血刃，远迩来服"（《荀子·议兵》），"兵不顿，而利可全"（《孙子兵法·谋攻》）的效果。即使敌处优势我处劣势，接兵往往吃败，也有个善败不善败之分。急躁鲁莽，豁出去硬拼，必致一败涂地，不复再起。善败者不然，善于保存实力，败而少伤，创造条件，逐步消耗敌人，发展自己，以战养战，扭转敌我力量对比，再图打败敌人。故诸葛亮说"善败者不亡"（《诸葛亮集·不陈》），就是这个道理。

围绕战争取胜这个中心目标，治军还有练兵和后勤保障等方面，都存在"效"的问题。我国传统崇尚"精兵"原则，兵不在多在于精，兵精在于练。通过严格的训练，从军纪士气、指挥调度、组织编制、行军布阵、战略战术、武器使用、身体条件等方面，提高将士的素质，以达到战胜的目标。而且练兵本身也有个"效"即练兵质量和速度问题。军队后勤保障的"效"，在于物资保障的充足性、时效性和经济性。为此要求妥善处理物资的筹集、加工、运输、储藏、分配、使用和监督等一系列事务。

为达到上述治军之效，我国历史上的治军实践创造了一整套治军的指导思想和原则，诸如：治军从严、治军重将、要在治气、德威并举、官兵一体、兵贵神速、一鼓作气、疾而有节、知己知彼、料敌制胜、随机应变、出奇制胜、攻其不备、取势造势、先声夺人、以众暴寡、以逸待劳、以静待噪、以柔克刚、以少胜多、险中求生、哀兵必胜、避实就虚、兵不厌诈，以及粮草先行、因粮于敌、以战养战等。这些指导方针和原则，构成我国传统治军文化的要素。我国的历史经验和现代国内外的实践证明，这些文化要素不仅反映军事活动的规律，而且引申其意或加以改造，对于治政、理财尤其对于治生，都有广泛的适应性。

六、治生之效

传统的治生有两种类型，其效也有别。一种是非营利性治生，指自然经济下的自给性生产，包括个体农民、地主庄园的生产，政府举办或主持的官府房屋建筑、水利工程、道路建设、水陆运输、交通驿递，以及为官府服务的官窑、官矿、官冶、官织、官垦等。这些在中世纪相当长的时期内是主导的经济活动,其效的追求,是以较少的劳动耗费和费用支出,取得较多的使用价值和服务。这类效,古代有许多类似的提法,如"用力少致功大"(《韩非子·难二》),"用力少而成功多"(《齐民要术·种谷》),"用力少,见功多"(《后汉书·杜诗传》),"其用日半,其功可使倍"(《吕氏春秋·任地》),"效功,录见百工所作器物也"(《礼记·月令》)等。这种"效"的概念类似于今之提高劳动生产率的含义,其目的在于增加产品和服务以满足消费。另一种是营利性治生,其"效"是商品经济的范畴,包括各种类型、不同规模(大者至千人)的民营作坊、商号、钱庄、货栈、旅馆、经济园圃、畜牧场,以及广泛存在的以小业主、小商贩为主体的个体商品经营者。官营的有盐铁茶酒专卖商业,官办工业也有部分商品性。这类治生"效"即今之经济效益,目的在于增加利润,"治产业,力工商,逐什二以为务"(《史记·苏秦列传》),以较少的成本支出获得较多的利润,以"用财少而为利多"(《墨子·辞过》)为其目标。这两类治生不同的"效"又有共同点,即反映劳动时间节约规律的要求。

为实现治生之效,传统治生实践积累了丰富的治生文化,其要素如下:注重利器,从而注重科学技术进步的思想;天时、地利、人和三要素相结合的思想;"能巧致富""廉贾归富"、以质取胜的经营艺术;"务完物""无息币"、重预测、"乐观时变"以"待乏"的经营原则;"巧而不贼"、以诚经商、信誉第一的经营道德;从利民利社会出发,先利人后利己的经营价值取向;发展分工、组织协作、效工考绩的组织管理原则;精选材料,合理裁割,定额消耗,严控成本、质量的核算管理思想;因时制宜、因地制宜、选人用人、因人设事的求实精神;水利资源、土地资源、原材料的综合利用思想;农、林、牧、渔的生态经营思想;"按绩付食"改革劳动和分配制度,以体现物质利益原则的思想。

本章分层次研究的管理目标——"效"的内涵,和由管理目标产生的不同层次的管理文化要素,属于归纳性的总论性质,试图从总体上反映我国传统管理文化的精髓。读者从中不难发现其对于现代管理的意义。

管理哲学

第三章　顺　道

一、管理"道"为首

这里研究的是管理哲学的一个核心主题。关于哲学在管理中的作用,钱学森有个精辟阐述:"世界科学技术竞争将在一定意义上转化为经营思想、发展战略和科学决策的竞争","谁在哲学思想、领导艺术和科学决策上占优势,谁就占领了战略的制高点,就会赢得竞争的胜利"。(转引自"战略家时代",《现代化》,1989 年第 11 期)故高明的管理行家和管理学者无不注重管理哲学的研究和应用。

中国传统的"道"是个复合概念。主观范畴的"道"是指导治理行为的理论和方针;客观范畴的"道"指客观规律,又称"则""常""轨""数"。这两种意义的"道"是相联系的,认识客观的"道"才能有正确的治理之道。"守道",就是要求人们的认识和由认识产生的治理行为应顺乎客观规律。

孙武论战争取胜的条件时,提出"五事"和"七计"。"五事"的第一条是"一曰道";"七计"的第一条是"主孰有道?"(《孙子兵法·始计》)《管子》论治国须掌握七项原则,第一条就是"守则(法则,规律)"。(《管子·七法》)一个谈治军,一个谈治国,内容有异,但都是诸方面的综合治理,且都是以"道"为首(管子称"则"),可见"道"对于治理事业的成功有着首要的意义。对于一切事业的治理,都可以这样说。

我国管理体制的改革,最初是从思想路线的"拨乱反正"开始的,在唯物主义路线下,打开改革局面,这也是以"道"为首。其实,这正是我国历来社会改革的一项传统。唯物论从来都是社会改革的思想武器。

从先秦开始,凡重大的社会改革都依据唯物论思想,主张顺应历史潮流,因时顺势而治。即使日常的治理,虽不那么自觉,会办事的人总会在不同程度上顺势而为。人们从成功的经验中提炼出大量符合守道原则的行为规范,如"实事求是""脚踏实地""审时度势""胸中有数""循序渐进""顺水推舟""游刃有余""随时制宜""革故鼎新"等。对于因背道而把事情办糟的治理行为,也有许多贬斥性的概括,如"墨守成规""一成不变""故步自封""按图索骥""闭门造车""揠苗助长""守株待兔""刻舟求剑""缘木求鱼""陈陈相因"等。这些正反面的典故或褒或贬,是中华文化史的共识。它告诉人们,治理事业应提倡什么、反对什么,基本点依然是个世界观的问题,对于现代管理学的意义是不言自明的。

二、"惟道是从"

《道德经·道经第二十五章》:"人法地,地法天,天法道,道法自然。"魏源解释说:"道本自然,法道者亦法其自然而已。"(魏源,《老子本义》,第 11 章)这个解释把"道"和"自然"等同。"自然"非指"自然界",是指自然而然的客观过程,不以人的意志和动作为转移。"道"生长万物是无目的无意识的过程,它"生而不有,为而不恃,长而不宰",既不占有,又不主宰支配,任其自然而已。"

道法自然"的管理学意义,古人多有阐发,兹撷取三例。

> "道常无为而无不为。侯王若能守之,万物将自化。"(《道德经》,第 37 章)
>
> "天有常道矣,地有常数矣,君子有常体矣","如是,则知其所为,知其所不为矣。"(《荀子·天论》)
>
> "道者,万物之所然也,万理(知识)之所稽(检验)也。理者,成物之文也;道者,万物之所以成也。""夫缘道理以从事者,无不能成……弃道理而易忘(妄)举动者……迷则不能至于其所欲至矣。"
>
> (《韩非子·解老》)

这些说明客观规律是一切事物发展的依据，"万物之所然也""万物之所以成也"；也是检验人们认识的依据，"万理之所稽也"。能否遵守客观规律决定了事业最终的成败，人们应按照客观规律的要求和可能，"知其所为，知其所不为"。如果按主观愿望去"妄举动"，必定失败。可见管理行为必须"惟道是从"。（《道德经》，第21章）道存于物，"惟道"即今之惟实，而不是惟书、惟上，更不是惟古、惟外。《吕氏春秋》把遵守客观规律称为"因"，即顺应，并写有《贵因》篇："三代所宝莫如因，因则无敌"。大禹治水成功，"因水之力也"；舜受尧之禅让，"因人之心也"；汤武战胜夏桀，"因民之欲也"。"故因则功，专则拙。"《淮南子·兵略训》也说："兵失道而弱，得道而强；将失道而拙，得道而工；国得道而存，失道而亡。"《庄子·养生主》讲了一个故事，一位厨师（庖丁）替文惠君解牛，此人对牛全身的关节筋骨了如指掌，解牛时刀刃在关节间游动而有余地，片刻工夫解剖完毕。文惠君曰："技盖（盍，何也）至此乎？庖丁释刀对曰：臣之所好者道也，进乎技矣。"他进而指出，不精于道的厨师，一年甚至一个月就得换刀，而他的刀用了19年，解牛数千头，刀刃依然锋利。解牛有规律，精于它，干起来就得心应手。做任何事都如此，正如李志光在《凫藻集本传》所说："庖丁解牛，肯綮（筋肉聚结处）迎刃，千汇万类，规模同一轨。"陆游《题酒家壁》诗曰："智若禹行水，道如丁解牛"。大禹治水是宏大的管理工程，而庖丁解牛是处理具体事物的操作规范，把两者并列，可见其道相通。这个道理适用于"千汇万类"的各种事物，具有普遍性。

"庖丁解牛"典故还说："始臣之解牛时，所见无非全牛者。三年之后，未尝见全牛也。方今之时，臣以神遇，而不以目视。……依乎天理……因其固然。"开始时只看到现象（全牛），不知如何去解。经过三年的实践，摸透了牛体结构，不再停留于全牛的外表，"因其"内在的"固然"去解牛，就顺手多了。19年之后就能"不以目视"，只靠"神遇"而达到"游刃有余"的境地。由此可知，认识道有个由表及里、由现象到本质的过程，用墨子的话说，叫作"以见（现）知隐"（《墨子·非攻中》）。这个过程是实践的积累,其条件是在实践中肯动脑筋,善于总结,这就是"格物致知"的认识论原则。"致知在格物,物格而后知至"(《礼记·大学》),亲自接触事物,实做其事,才能获得真知。

格物获得的知识,不一定都达真知。"耳目之闻见,善用之,足以广其心,不善用之,适以狭其心。"因为实践获得的知识不上升至理性,不善用,就会"狭其心",成为狭隘的经验主义者,事情就办不好;如能善用,"夫神性虽灵,必借见闻思虑而知,积知之久,以类贯通,而上天下地,入于至细至精,而无不达矣"。见闻加上思虑,且经积久的反复,才能开阔思路,贯通事理,不受狭隘经验性知识的束缚,取得行动的自由,方能"广其心",有利于达到行为的目标。故曰:"广识未必皆当,而思之自得者真。"(王廷相,《王氏家藏集》:"雅述上""慎言")

总之,明于道才能致知和进技,是普遍性道理,"千汇万类,规模同一轨",任何管理都得遵循这个道理,博取象数,征之古今,通过思虑穷理索隐,再回到实践,补充新知,乃必由之途。所以,一个称职的管理者,既要勇于实践,又要有"虚"的功夫,肯于和善于动脑,才能按事物发展的规律办事。

三、天道与管理

天道指自然规律,它与管理的关系有两个层面。凡直接以自然资源为对象的生产活动,如兴修水利、开发矿藏、农林牧渔等生产事业,其管理行为须直接依据于天道行事。其他事业如工商、运输、理财、治政、治军、文教卫生等,其管理对象并非是直接的自然物,但在不同方面不同程度上受自然条件的制约,管理过程也必须考虑自然规律的作用。

(一) 天道与管理的直接关系

"天不变其常,地不易其则。……万物之于人也,无私近也,无私远也。巧者有余,而拙者不足。其功顺天者,天助之;其功逆天者,天违之。天之所助,虽小必大;天之所违,虽成必败。顺天者有

其功,逆天者怀其凶,不可复振也。"(《管子·形势》)

　　这段话是古籍中关于人的治理行为和自然规律关系的最为精彩的论述。它告诉人们,自然界对人是不讲情面的,你别想去走它的"后门",只有顺应它去办事才能有"功"。"功"指物产,"明主上不逆天,下不圹地,故天予之时,地生之财。乱主上逆天道,下绝地理,故天不予时,地不生财。"(《管子·形势解》)古人有"天道无亲,常与善人"一说,原意指有意志的天,司马迁在《伯夷列传》中对这个说法是表示怀疑的。如果解释为无意志的自然界,那就可信了。凡是顺从自然规律的人,都会得到上天的赐惠。

　　"顺天"不必是消极的,而可积极地利用自然改造自然,使之为我所用。古人由此提出了人定胜天思想,如荀子认为"天行有常,不为尧存,不为桀亡。应之以治则吉,应之以乱则凶"。人的治理应该"顺其天政,养其天情。"(《荀子·天论》)

　　但是,不能一味听天由命:

　　　　"大天而思之,孰与物畜而制之? 从天而颂之,孰与制天命而用之? 望时而待之,孰与应时而使之? 因物而多之,孰与骋能而化之? 思物而物之,孰与理物而勿失之也? 愿于物之所以生,孰与有物之所以成? 故措(放弃)人而思天,则失万物之情。"(《荀子·天论》)

　　"制天命而用之"闪耀着中华管理文化的光芒。它要求人们积极参与自然,改造自然,"天有其时,地有其财,人有其治,夫是之谓能参。"(《荀子·天论》)人们应该摒弃单纯的"思天""颂天""等天"的消极态度,焕发精神去"制天""用天""化天",坚信"人诚务胜乎天者也"(《刘宾客集·天论》),从而"骋能",即发挥自身的才能去创造灿烂的物质文化。古人又称"制天"为"役物",如《汉书·刑法志》:"夫人……必将役物以为养,任智而不恃力。"

大禹治水是远古大规模顺道从而战胜自然灾害的事迹。相传远古时洪水泛滥,鲧用堵截法治水,九年不见其功。其子禹总结父辈失败的教训,适应水性,改疏浚法,率领诸侯百姓"疏三江五湖,注之东海,以利黔首"。于是"干东土,所活者千八百国","然后中国可得而食也"。(《吕氏春秋·开春论》)这个传说表明,远古祖先至少经历两代人(应为很长的一个时代)的实践,才初步认识到水的规律,迈出了制服水患的第一步。客观规律有个特点,当你遵守它的时候,平安无事,人们甚至不觉得它的存在。当你一旦违背了它,它立即以强烈的方式表明自己的存在,使人吃尽苦头。聪明人不是不犯错误,而是善于从失败中寻找成功之途。"失败乃成功之母",是由鲧禹以来无数历史经验铸成的金石之言。

大禹治水也有历史局限性,只知除害,不知兴利;只抓浚疏,不抓治源。后来人们从长期的实践中逐步形成疏浚和清源相结合的原则,除害和兴利相结合的原则。除害则拦蓄浚配套,兴利则排灌、养殖、航运、旅游、水力开发(古代有水碓、水磨,现代有水力发电、水源地区调剂等)相结合,积极地应道是贯彻始终的基本点。

(二) 天道与管理的间接关系

任何方面的管理,或政、或军、或工、或商、或教、或医,尽管各有特定的管理对象,各有特殊的规律可循,但都是在大自然所给予的特定空间和时间范围内活动的,其管理过程和自然界的运行相互影响。不熟悉相关自然界的特性及其变化规律,并在管理行为中加以考虑,要达成管理目标是不可能的。

从治政看,"赏行罚威,则贤者可得而进也,不肖者可得而退也,能者可得而官也。若是则万物得宜,事变得应,上得天时,下得地利,中得人和,则财货浑浑如泉源,汸汸如河海,暴暴如丘山。"(《荀子·富国》)反之,"上以无法使,下以无度行,知者不得虑,能者不得治,贤者不得使。若是,则上失天时,下失地利,中失人和。故百事废,财物诎,而祸乱起。"(《荀子·正论》)法治是否健全,用人是否得当,属人事治理,直接制约着能否顺应天道以发挥天时地利,搞好生产;顺应天道生产财富多少,又反过来制约人事,影响社会稳定。

从治军看,行军作战受自然环境的强烈影响,故古今杰出军事家具备丰富的天文、地理、物候等方面的知识。《孙子兵法》论战争取胜的条件,其中有:"二曰天,三曰地。"军事学的"天"指昼夜、寒暑、气象等,决定军事行动的缓急、行止、军备筹措和战术的运用。例如火攻,《孙子兵法》有"发火有时"说,须按气象变化选择适当的时机。诸葛亮指挥火烧赤壁,就是依据气象预测选择了放火时机,才得以大败曹军。军事学上的"地"指地形、地势、地貌,表示军事行动的远近、广狭、险易,决定战术的运用。《孙子兵法》将其按地貌分为山、水、泽、平陆四类,各取不同的战术,使"兵之利,地之助也";按地势分为衢地、绝地、散地等九类,不同地势采用不同的策略,"故通于九变之地利者,知用兵矣"。可见军事管理是不可忽视自然条件及其变化的。

从治生看,分工是商品流通的基础,古代的生产分工首先是由自然条件的差异所决定的。产品不同,人们才需要交换。自然条件的变化制约着人们的经营决策,"夏则资皮,冬则资绤,旱则资舟,水则资车"《国语·越语上》;"与时俯仰,获其赢利","趋时若猛兽鸷鸟之发"《史记·货殖列传》等经营策略,由此产生。月令的变化制约人们活动的方向和内容。农业有明显的季节性,古代多部农书都随季节而安排不同经营项目,农业和采集、饲养、加工、编织交替进行,粮食和经济作物并举,生产和市场营销结合。各项工商活动也无不带有时令特色并受其影响。

其他如教育和医疗卫生事业的治理,也受自然条件的制约,不能因时因地制宜,就无法管理。学校的学期设置、教学安排、生活和交通保障,都要依照季节气候、市场环境和地理条件的变化,采取相应的规划和实施措施。医疗保健要遵从自然规律,古代中医就提倡"天人合一",保健需"道法自然",认为生理受人体内在规律和气象变化规律的支配,肌体运行由体内阴阳二气矛盾运动所支配,自然环境变化会引起人体阴阳失衡，导致生病，"阴阳乖戾，疾病乃起"。为驱病，人应"处天地之和"，"与时俱化"，防治结合，以防为主，"谭而不治是谓至治"。(《黄帝内经》)

四、人道与管理

人的社会活动规律称"人道"，是人事治理的直接依据，诸葛亮说："圆不失规，方不失矩，本不失末，为政不失其道。"(《诸葛亮集·治乱》)孟子说治国者"得道多助，失道寡助"。(《孟子·公孙丑下》)如何把握人道？《淮南子》提供了一个线索，"欲知天道察其数，欲行地道物其树，欲知人道从其欲"(《淮南子·缪称训》)，考察人道需从把握人的欲求入手。社会规律和自然规律一样，不以人的意志为转移，不同的是，它的运行表现为人们为达到欲求而采取的行动与过程，认识社会规律必须从考察人的欲求入手，古人议论人事治理往往要研究人欲，故曰"欲知人道从其欲"。亦如《慎子·因循》所说"因也者，因人之情也。"

按中国传统管理文化，依社会规律办事，首要的必须认识和顺应人情、人心、人欲。"夫为国之本，得天之时而为经，得人之心而为纪"，不仅适用于治国，治军、理财、治生等都适用。"凡治乱之情，皆道上始。故善者圉之以害，牵之以利。"(《管子·禁藏》)善于治国者，应以民利之所在去引导社会活动。

"夫凡人之情，见利莫能勿就，见害莫能勿避。其商人通贾，倍道兼行，夜以继日，千里而不远者，利在前也。渔人之入海，海深万仞，就彼逆流，乘危百里，宿夜不出者，利在水也。故利之所在，虽千仞之山，无所不上；深源之下，无所不入焉。故善者势利之在，而民自美安，不推而往，不引而来，不烦不扰，而民自富。如鸟之覆卵，无形无声，而唯见其成。"(《管子·禁藏》)

这是顺道思想在经济治理领域的最早运用，是古代开放性治理方针的理论基础。商人和渔夫这类商品生产者和经营者,凡利之所在,不避山水险阻和旅途艰辛,"不推而往,不引而来",表现为民众自发过程。国家对之应采取"不烦不扰"的方针,让民自富。可见,国家经济治理中顺应民心民情与顺应经济规律是统一的过程。古代思想家凡主张实行开放性经济治理者,都强调尊重经济过程的自发性,尊重民情民心,这是一项传统。如孔子主张"因民之所利而利之",国家应轻徭薄赋,取消关卡,开放山水资源,实行自由贸易,引导创造较为宽松的政治经济环境,让人民"择可劳而劳之"。(《论语·尧曰》)司马迁关于顺应人道的开放治理的论述较为深刻:

> "人各任其能,竭其力,以得所欲。故物贱之征贵,贵之征贱,各劝其业,乐其事,若水之趋下,日夜无休时,不召而自来,不求而民出之。岂非道之所符,而自然之验邪?"(《史记·货殖列传序》)

司马迁讲的是商品经济中人们求富所表现出的"道",调节人们行为的机制是价格的贵贱转化,表现为价值规律自发性的调节作用,形成"天下熙熙,皆为利来;天下攘攘,皆为利往"的景象。为顺应民情民心,国家经济治理,应该采取怎样的方针呢?

> "善者因之,其次利导之,其次教诲之,其次整齐之,最下者与之争。"(《史记·货殖列传》)

尊重经济过程的自发性,最好的政策是"因之"的自由开放,以保持经济运行总体的秩序性,同时运用必要的利导、教诲、整齐的国家干预措施,但是切不可采取"最下"的与民争利的经济政策。这是古人在宏观经济管理方面留下的最为宝贵的财富之一,至今依然有深刻的指导意义。

《管子》作者和司马迁是我国古代塑造宏观经济管理模式的大师,

其共同特点是国家干预和自由开放相结合。区别在于：《管子》主张在国家干预前提下的开放；而司马迁则主张自由开放基础上辅以一定范围的国家干预。我国当代的改革开放，可以说是这两种模式的有机结合，在国家宏观调控前提下实行开放，在开放基础上强化宏观调控：叫作"宏观管住，微观放开"。不是舶来品，是中国独创的模式；也不是凭空创造，而是立足于中国现实，对古代优秀管理文化的改造、继承和发展。

我国改革开放后实行公有土地的承包到户，在世界范围内是独特模式。就土地到户管理形式来说，其理论也有历史渊源，指导思想依然是顺应人道，即顺应人民利益。溯其源当从孟子"制民之产"思想开始。孟子认为，"因民利"就应将国家和地主所有的土地租给农民耕种（可称为古代的所有权和使用权分开），农民八口之家有五亩宅地和百亩耕地，得以温饱，有利生产发展和社会安定，又可保障财政收入。他把这种管理体制称为"分田制禄"。《管子》对此做了理论分析，提出"托业于民"论：田土到户，实行产品"分货"制，农民有自己的一份收入，从物质利益上关心自己的劳动成果，"审其分，则民尽力矣"。（《管子·乘马》）这就可以克服领主统一指挥生产时的"不告之以时而民不知，不道之以事而民不为"，收到"民足于产，则国家丰矣"的效果。（《管子·君臣上》）这些主张实质上反映了铁器推广条件下生产个体化的历史趋势。在社会主义初级阶段，在手工劳动仍占优势的条件下，为发展农业生产力，在公有制基础上承包到户，让农民"审其分"，在实现民利的基础上促进国利，借用《管子》的话，这项改革也是"托业于民"，社会主义的托业于民。

从治生学方面看，顺人道就是顺应消费者的欲求。消费者的购买行为受利益驱使，总是趋向求好求新求廉求便，以一定的货币支付，较为方便地取得较好较多的使用价值和服务，起支配作用的是价值规律作用中的竞争机制。治生者欲达盈利，要顺从市场上这种普遍性的人欲，才能如鱼得水，兴旺发达。《墨子》"兼爱交利论"所说"利人者，人必从而利之"，"恶人者，人亦从而害之"（《墨子·兼爱中》）的观点，是对商品经济中人们行为最恰当不过的表述。服务好，价廉物美，顾客就多，门庭若市，就赚大钱；反之，失去顾客，门可罗雀，乃衰败之道。我国古代治生学不提倡利己主义，而提倡利民主义，善治生者无不以便民利民为务。如铁器经营者"各务为善器，器不善者不集"；农忙时，"农事急，挽运衍之阡陌之间，民相与市买，得以财货五谷新弊易货，或时贳（赊销）。民不弃作业，置田器，各得所欲。"《盐铁论》保证铁器质量，农忙时送货到田间，农民缺钱，可以赊欠、用实物交换，也可以旧（弊）换新。这般灵活机动和周到服务，顺从人欲可谓至善，一定购销两旺。

传统军事学也强调顺人欲是战争取胜的前提条件。"知道，胜；得众，胜"《孙膑兵法·纂卒》，"上下同欲者胜"《孙子兵法·谋攻》。战争是政治的延续，能否顺应民意，能事先决定最终的结局，因此，战争的各方对于"人情之理，不可不察"。《孙子兵法·九地》古人把符合于民意的战争称为王道之师，即正义之师。王道之师除了顺应民情兴师，军事行动过程亦有严格的军纪，不扰民，不劫掠，不误农时，不践稼禾，以取得人民对战争的拥护和支持。

上面研究人事治理的几个方面，推而广之，可以说"欲知人道从其欲"是一切社会管理的共同准则，提供了认识社会规律的一把钥匙。

第四章　顺　变

一、化变观

中国传统唯物论和西欧古典唯物论相比，有个明显不同，也是一个长处，它不具有明显形而上学或机械论的特点，一开始就和辩证法思想结合在一起，在提供唯物论的同时也提供了发展观，培育了崇尚化变的优良传统。

古代辩证法认为"天道尚变"(王安石,《河图洛书议》),变是事物的普遍规律。《易经》有大量化变观论述，比如："生生之谓易"；"然后能变化，既成万物也"；"知变化之道者"，"以动者尚其变"；"变而通之以尽利"；"易，穷则变，变则通，通则久"等。

《庄子·秋水》说："夫物，量无穷，时无止，分无常，终始无故……道无终始，物有死生，不恃其成。一虚一盈，不位乎其形。年不可举，时不可止，消息盈虚，终则有始。是所以语大义之方，论万物之理也。物之生也，若骤若驰，无动而不变，无时而不移。何为乎？何不为乎？夫固将自化。"运动是事物的常态，万物皆处于变化之中，皆由变化而生成。从总体来看，物的运动无止境，"道无终始"，是绝对的；从个体来看，具体事物皆有生有死，"物有死生"，有终有始，又是相对的。而旧事物的"终"同时又是新事物的"始"，"终则有始"。可见"天道尚变"，道是变化的，顺道必然要顺变，对于事物的治理，应知变化之道，尚变通变，"变则通，通则久"，事业才能永续发达。故《韩非子·五蠹》以"守株待兔"的故事，《吕氏春秋·察今》以"刻舟求剑"的故事，告诫人们不可静止地形而上学地对待事物，其中包含着深刻的哲理。

事物变化的根据是什么？"动非自外"（张载,《正蒙·参两》）,不是外因是内因。内因又是什么呢？王安石提出"耦中有耦"的矛盾命题观：凡物"耦之中又有耦焉,而万物之变遂至无穷。"（王安石,《洪范传》）同时,有对立必有统一："有之与无,难之与易,长之与短,高之与下,音之与声,前之与后,是皆不免有所对。"（王安石,《道德真经集义》,卷5,第18引）叶适说："道原于一而成于两,古之言道者必以两。……凡天下之可言者皆两也……万物皆然。"（《叶适集·进卷》）古人在议论事物的特性及其发展时,形成了许多表示对立统一的概念,如阴阳、刚柔、坚脆、虚实、长短、轻重、大小、有无、多少、损益、行止、张驰、盛衰、美恶、亲疏、向背、逆顺、离合、险平、开阖……矛盾思维的传统文化,孕育了中华文明的辩证思想。

事物的变化有两种形态："渐变"和"著变"。"变言其著,化言其渐。"（《横渠易说·乾卦》）著变就是突变,和渐变相对应,即今之所谓质变和量变。事物"化"到一定程度,就要引起著变（质变、突变）,向反面转化。"曲则全,枉则直,洼则盈,敝则新,少则得,多则惑","祸兮福之所倚,福兮祸之所伏。"（《道德经》,第58章）

动和静又是互含的。"方动即静,方静旋动,静即含动,动不舍静。善体天地之化者,未有不如此者也。""动静互涵,以为万变之宗。"（《船山遗书·思问录外篇》《周易外传·震》）事物在运动中的变化状态和相对稳定状态是并存的,一个事物在其本质相对稳定状态下不绝地渐变,渐变至一定的度就会引起著变。由此产生的新事物又在其新质相对稳定的状态下继续其渐变过程。这就是事物发展的辩证法。"动静互涵"是认识事物的正确思想方式。

事物在运动中还有个变革和继承的关系问题。扬雄说："夫道,有因有循,有革有化。"事物的发展总是因革结合,治理事物既要"因而能革",又要"革而能因"。"夫物,不因不生,不革不成。故知因而不知革,物失其则；知革而不知因,物失其均。……因革乎因革,国家之矩范也；矩范之动,成败之效也。"（扬雄,《太玄·玄莹》）这里讲的是变革和继承关系的辩证法。不知革,守住旧事物不放,或者只革不因,忽视变革中的继承性,都违背客观规律,招致事业的失败。因此,正确处理变革和继承的关系,是治国和治理一切事业成败的一个关键。

事物是发展的(道尚变);发展是无止境的(终始无极);事物发展的根据是内在矛盾性(自化、动非自外、道立于两);对立面的转化表现为质量和数量变化(著变、渐化)交替往复的过程;又是"动静互涵""因革结合"的过程,即运动和静止、变革和继承相统一的过程。由传统治理实践升华而形成的这些辩证法要素,是传统文化的一项优秀遗产。吸取和发展这样的思维模式,可以帮助我们避免形而上学,比较聪明地认识和处理事物,对于创立中国式现代管理模式,无疑是有益的。

二、"日新"和"自强不息"

传统化变观培育了日新观和自强不息精神。

> 《礼记·大学》:"苟日新,日日新,又日新。"
> 《易经》:"日新其德","日新之谓盛德","天行健,君子以自强不息。"
> 《左传》:"彗所以除旧布新也。"

这些原始的朴素提法,提出了治理事业的重要指导思想。经后人的发展,逐渐形成了"推陈出新""推故致新""化故从新""精益求精"等这些治理事业的行为准则,培育了中华民族追求进步、自强不息的优良传统。这种精神在国家治理中的体现,当是"当为则为,毋以为昔未尝有;当改则改,毋以为今方循用。除百年之宿蠹,开兴王之大道。计岁月之举措,求日新之功效。"(叶适,《水心文集》)

王夫之以自然界的日变比喻人事治理的日新。他说:日月天天不同,寒暑年年有异,如果"明用昨日,则如灯如镜",灯有息,镜有昏;寒暑用昨岁,则"渐衰渐泯";都不可能长久。自然界不断推陈出新,方能长久运行。按此道理,人事治理也应"推故而别致其新"。比如治产业,"是以知其富有者,惟其日新,斯日月贞明,而寒暑贞盛也。"(《周易外传·系辞下传》)人事治理和自然界一样,"守其故物,而不能日新,虽其未消,亦槁而死。"(《船山遗书·思问录外篇》)"日新"应是企业精神,不能日新,只想保持原样,结果原样保不住,只能枯槁而死,被市场淘汰。中世纪的致富尚且提倡日新,现代企业更应具备这种精神了。在激烈市场竞争中,没有日新进取性,免不了要被淘汰的。日本松下电器集团成功之道,就有吸取《易经》生生不绝、自强不息的思想。松下所著《实践经营哲学》的编译注说:"易经说:'天行健,君子以自强不息'……君子效法自然,故当自强不息也。以此比喻我们做人处事,要依照自然法则和顺应天道。"(《管理思想探源》,1990 年版,第 105 页)推而广之,这个道理适用于一切事业的管理。

三、"惟变所适"

按顺变观,人们治理行为应该"惟变所适","功业见乎变"。(《周易·系辞下》)为取得事业的成功,措施就要适应变化了的客观情势。"墨守成规"这个成语,古人用来比喻不知适变的保守行为,认为是要不得的。"惟变所适"是一种战略意识,由此产生了"审时"和"度势"原则。"时以作事,事以厚生。生民之道,于是乎在矣。"(《左传·文公六年》)"虽有智慧,不如乘势。"(《孟子·公孙丑上》)这些是说"时"和"势"在管理学中的地位。《周礼·考工记》说:手工业生产须"审曲面埶(势)",原材料的"势"指质地优劣坚脆,形状广狭厚薄曲直,顺其势,方能正确地裁剪组合制作,"以饬五材,以辨民器"。不仅手工业,一切事业都是这个道理。就国家治理来说:"世异则事异,事异则备变","故事因于世,而备适于事","是以圣人不期修古,不法常可,论世之事,因为之备","法与时转则治,治与事宜则有功。"(《韩非子》:"五蠹""显学")"圣人者,明于治乱之道,习于人事之终始者也。其治人民也,期于利民而止。故其立齐(立法)也,不慕古,不留今,与时变,与俗化。"(《管子·正世》)

这些是把审时度势运用于治世的理论。过去是正确的政策,今天不一定管用,一切以时和势的转移为准。一定而永不变的办法是没有的。治世者须备适时乘势的素质,否则,"不达时宜,好是古非今",赶不上时代,"则不知所守,何足委任。"(《汉书·元帝纪》)审时度势思想培育了我国管理文化中崇尚化变的优良传统。思想先进的人们致力于变法图新,变法图强,如管仲、商鞅、桑弘羊、刘晏、王安石、张居正等人主持的变法和改革。及至近代,民族的厄运促使一些有识之士提出并开辟了"变器""变事""变政""变法"的道路,大大发展了化变传统。

古代治军尤为讲究因时因势的随机应变,"审势相机"而动。军事学的"势"指战场地势,敌我态势和强弱之势。审地势,《孙子兵法》有九地九变策略。敌我态势,比如"凡与敌相拒,若敌无故退归",须详加审察,如果不是"力疲粮竭",则不可追击,否则会中其计,是谓"归师勿遏"。(《百战奇略·归战》)"追奔逐北,须审真伪。"如果队伍整齐,应防其诈,"不可从之",是谓"佯北勿从"。如果审知力量对比有必胜把握,"宜速进兵以攻之",是谓"见可而进"。如果力量对比、地势皆对我不利,"当急退以避之,可以全军",是谓"知难而退"。"敌劲而居死势,必死战",强攻代价太大,且难速胜,故"切勿与战",取持久战略为有利。(《百战奇略》:"归战""逐战""进战""退战")总之,进、退、追、舍、拖,皆依势而定。在传统管理文化中,兵法是最讲辩证法的,运用也最为成功。

对治生来说,"富无经业,则货无常主,能者辐凑,不肖者瓦解。"(《史记·货殖列传序》)这是价值规律作用决定的。商场如战场,竞争迫使人们必须适变。应变能力是治生者的生存能力,富有者都是些市场适应能力强的人。不能适应市场变化的经营者,"智不足以权变",免不了要被市场规律"瓦解"的。

市场适变的基本点是适应消费者需求的变化。消费需求的变因多种多样,诸如季节推移、年景丰歉、价格升降、购买力水平、代用品比较、消费心理,以及自然条件、经济条件、宗教习俗和历史形成的民情民俗等,都制约着人们的需求结构和需求水平。适应之,方能生意兴隆。古代社会竞争不充分,市场需求变动相对平稳,人们依然从中摸索出不少审时度势的经营方略,值得今人记取。

"乐观时变"是治生祖白圭的经营诀窍。"人弃我取,人取我予。夫岁熟取谷,予以丝漆。茧出取帛絮,予之食。"被史家誉为陶朱公的范蠡经商有术,也是"与时逐而不责于人"。他们都是"与时俯仰,获其盈利"的大师,被司马迁收入《货殖列传》,声誉卓著,今世研究市场营销的学者和企业家每每提及。其实,他们"时变"的概念极其狭隘,仅指季节交替而已。现代市场的"时变"概念要丰富得多,时装、时令食品、时令补品、时令家电……众多消费品和生产资料,供需都带有时的标志,"时变"仍需"乐观",以便预作筹措。市场的新产品,一般都要经历投入、成长、成熟、衰退几个阶段,会被更新的产品取代。不同的市场生命期,要求经营者取不同的经营决策和艺术。

据《梦溪笔谈·器用》记载,古时用铜镜,工匠造的镜是平面的,大镜才能照见人的全面,小镜不能用。于是有工匠利用曲光原理做出微凸的镜面,"收人面令小",镜虽小,却可"全视人面"。经过反复试验,使凸度适当,满足了人们对小镜子的需求。既小巧,又能全视人面,使两种在当时相矛盾的需求得到统一。据传媒介绍,20世纪末日本奈良有人适应中老年妇女的审美心理,发明了一种"模糊镜子",能使人脸部皱纹在镜中隐蔽不显,女士们竞相争购。和上例相比,可谓异曲同工,设计改革角度不同,都是适应消费者的心理趋势。

明人刘伯温的寓言著作《郁离子》有《千里马》篇,说蜀地有三个药商,一个专营高档药材,进货成本高,价高利少,营业萧条,以致"日食不足"。另一人高低档兼营,顾客多些,两年富起来。第三人专营低档货,价廉又保证供应,顾客多拿一点也不计较,招来大量顾客,一年多成了大富翁。这个故事是说经商要适应顾客求廉趋势。当时购买力低,人民买药,只要能治病,唯廉是趋,故低档再加经营灵活,便成了致富之道。现代社会,社会购买力迅速提高,趋廉心理虽然存在,但对名、新、美、巧的需求在提高,经商不可单取廉的策略了。适应需求变化,依然古今同理。当代的适变即适应不同层次的需求,高中低档并举。又不可把购买力估计过高,以消费者求新的一时冲动为依据,否则决策失误。这些说明按中国国情,在反腐倡廉的情势下,在相当长的时期内,经营高中低档并举,以中低档为主,较为恰当,不宜片面追求高档化。

《韩非子·说林上》记载,鲁国有对夫妻,夫善织履,妻善织缟,欲迁去越地经营。有人对他们说,越人习惯光脚行路、披发,你们的鞋子和用于制帽的缟不会有市场。"以子之所长,游于不用之国,欲使无穷,其可得乎?"这里告诉人们,经商要适应民俗,各地自然条件和历史传统造成不同的消费习惯,研究清楚了才能有的放矢,不至于闹出向习惯于光脚的人去推销鞋子这样的笑话。民俗学是市场营销必备的学问,尤其是开辟国际市场,研究各民族的消费偏好和消费禁忌,才能因地制宜,取得成功。

到了近代,列强入侵,外资外货充斥,加上官僚资本的控制,民族工商业纷纷破产。凡能立足并有所发展的民族企业,如荣氏家族企业、宋棐卿的东亚公司,都善于和外资和官僚资本周旋,灵活多变,在夹缝中保存自己,求得发展。荣氏家族趁第一次世界大战期间帝国主义国家一度放松对我国倾销和国际面粉紧缺的时机,大力发展了自己的面粉工业。"九一八"事变后,全国掀起抵制日货高潮,宋棐卿抓紧有利时机,及时推出国产毛线,挤掉外货,赢得市场。后因太平洋战争阻断了毛线的进口,又及时转产麻袋和药品,避开了形势的不利限制,继续得到发展。这些是在特殊的历史条件下的应变经营策略。它表明一个原理:市场营销需适应国际政治形势的变化。当代中国已是全球贸易大国,国际政治军事经济形势的每一变化,都会影响我国出口和进口。企业和有关管理部门必须关注国际形势的变化,及时做出相应的调整。国际贸易中商品贸易和服务贸易的结构在迅速变化。20 世纪 80 年代起,服务贸易增长速度大大高于商品贸易,其贸易额从 1982 年的 4 500 亿美元增加到 1992 年的 10 200 亿美元,10 年增长 1.5 倍,同期商品贸易只增长 1 倍。1993 年,世界服务贸易增长 3%,而商品贸易却下降

2％。在国际服务贸易构成中,运输和旅游服务贸易比重相对下降,通信、保险、广告、技术、租赁等服务贸易比重在不断提高,尤其是高技术产品中附加值不断增加,其商品也趋向服务密集型。发达国家经济趋向"服务化",占据了70％以上的世界服务贸易。这个趋势值得发展中国家的高度重视,要急起直追。

国际贸易中还有一种趋势值得关注:对环保绿色产品的需求明显上升,推动了电器、能源、建筑、石化等工业部门的变革,防治污染、节能、信息服务等将形成庞大的产业群。据西方一些国家的调查,抵制非环保产品的人数占总人口的近80％。在进出口贸易中,多数国家实行"环保产品优先"政策,欧盟已定了"绿色输入"政策。这些表明绿色产品在国际市场的主导地位,市场前景非常广阔。这种趋势对我国企事业提供了挑战和机遇,抓住机遇,迎接挑战,必将促进环保绿色产业的大发展,在扩展国际贸易的同时,使天空变蓝、更蓝,大地变绿、更绿,实现经济、文化和社会的可持续发展。

四、顺变与矛盾管理

按"道立于两"的矛盾普遍性原理,事物总是在矛盾运动中向前发展,凡管理行为都是认识矛盾和处理矛盾的过程,故矛盾管理是管理中的哲学运用。就宏观经济治理来说,基本点是认识和处理生产关系和生产力、上层建筑和经济基础的矛盾,以促进经济的发展。古人没有这方面明确的认识,但凡属自觉的改革行为,都是面对现实矛盾,理顺经济关系,缓解生产关系和上层建筑对生产力的束缚,按客观规律办事。

以刘晏的经济改革为例。刘晏在安史之乱后受命理财,面临三大矛盾:一是效率下降,不能保障京师供给,又增加财政负担;二是积弊加深,盐市萧条;三是市场萎缩。这些矛盾皆和管理体制不当有关。刘晏对之进行了综合性改革:改革盐的国家专卖制为官民结合经营,放开产销管制;改革粮食市场,开放官营,与民营结合;改革漕运体制,以雇工代替徭役。这些改革引进了竞争机制,提高了效益,并结合进行吏治改革,建立起"通敏、精悍、廉勤"的理财班子,抑制了官僚作风,提高了管理机关的管理效率。同时,整顿市场信息传递体系,高薪雇佣劳动力替代传统差役传递,及时掌握"四方丰凶贵贱"信息,以利采取平抑物价措施。这些改革适合当时经济发展的需要,缓解了生产关系和上层建筑对生产力的压迫,促使矛盾的转化和经济财政的好转,社会趋向安定,促进了唐代的中兴。"唐中偾而复振,晏有劳焉。"(《新唐书·刘晏传》)刘晏改革体现了商品经济原则,以提高经济效益为中心,从改革管理体制入手,以官民结合方式在一定程度上搞活了经济,调动竞争机制和利益机制,使国家利益和人民利益互补,可算是传统优秀管理文化的典型。

刘晏改革是局部性的,和历史上其他重要改革一样,有其历史局限性;但其中体现的积极主动调整以解决矛盾的思想,又是历次改革的共性;既继承历史优秀传统,又给后人以启迪。我们今天的改革,是在马克思主义世界观的指导下自觉改革社会主义生产关系和上层建筑中不适合生产力的部分,为生产关系和上层建筑寻找恰当的形式。这是前无古人的宏伟事业,但并没有离开历史长河形成的优良传统,而是在新的历史条件下对优良传统的继承、重塑和发扬光大,其中包括正视矛盾、积极转化矛盾的顺变思想。

就治生来说,矛盾管理包括企业内外两个方面。企业是人财物、产供销诸要素多环节运行的有机体,在矛盾中运行,涉及人财物之间、各类人才之间、各类物资之间比例关系的协调和失调;分工协作的有序和失序;人员的团结和失和;三种资金形态空间按比例并存性的保持和打破,时间继起性的延续和停顿。这些矛盾又集中表现为管理的有效和失效。企业经营状况直接由管理的有效性所决定,而有效性又取决于矛盾管理水平。

企业面对的市场矛盾在竞争中产生,这些矛盾有:市场环境提供的机会与风险、压力与动力、阻力和助力;市场的虚实、容量的大小;供求的平衡与失衡、上升与下降、持久与短暂;价格的稳定与波动;商业债权与债务;消费者消费心理(如重质与求廉)的冲突;生产的季节性和消费的常年性,生产的长年性和消费的季节性;进口与出口;国货与洋货;企业效益和社会效益;供货来源、销售对象的集中化与分散化等。这些矛盾无时不在制约企业的行为,能否正确实行矛盾管理,直接决定企业的竞争态势和利害得失。

市场矛盾给企业带来的往往是虚和实、利和害、机会和风险并存的局面。有效的矛盾管理善于避实就虚、化害为利、抓机会避风险,变压力为动力,变阻力为助力,在矛盾转化过程中达到管理目标。比如有些商品市场供给量已趋饱和,谓之实;另一些商品供给尚有较大缺口,谓之虚;有关经营者应衡量利害,知所为和知所不为,"避实而击虚"(《孙子兵法·虚实》),根据自身的条件及时转产,由"实"处转向"虚"处,化险为夷,化害为利。是谓"涂(途)有所不由,军有所不击,城有所不攻,地有所不争。"《孙子兵法·九变》)又如让出部分国内市场,有选择地进口一些外国优质商品,会造成国内某些商品一时滞销而受点损失。但外货压力又会转化为动力,促进产品更新换代,提高商品竞争力,有助于开拓国际市场。可算是"事成而有害,权其害少而功多则为之。……出其小害计其大利也。"(《韩非子·八说》)

五、顺变与动态管理

按"天下之至动""功业见乎变"的管理哲学,和"日新""自强不息"的管理精神,管理应是开放的动态的体制。动态管理是管理单元依据环境预测对管理谋略、管理手段适时调整的一种管理模式。管理对象处于不断运动中,不断出现新的情况,有些可以预料,有些由于偶然因素触发而不可预料。只要有了应变的思想准备,和足以应变的动态管理体制,就能适时地以变应变,以变制变,达到既定的管理目标。

古兵法讲究原则性和灵活机动的统一。军事管理是封闭式的,号令统一,军令如山,有高度的纪律性。同时又强调随机应变,给下级将领一定的自主权,允许"将在军,君命有所不受",使将领便于"度形势,施权变"(《史记·孙子吴子列传》),是所谓"因敌变化而取胜"(《孙子兵法·虚实》）。

古人视"权变之士"为优秀治理人才，司马迁说："三晋多权变之士"（《史记·张仪列传》），"苏秦兄弟三人，皆游说诸侯以显名，其术长于权变。"（《史记·苏秦列传》）权变指权宜机变，观察敏锐，处理果断灵活，效率高。权变观在现代大大发展了，形成动态管理的理论。认为管理单元是一个开放的动态系统，它同环境广泛互动，管理的有效性取决于管理单元的权变机能，根据信息反馈而自行调节，权宜应变，实现管理目标。因此，强调信息收集、加工、反馈的准确性和及时性，组织结构、管理方式的多样性和可控性，保持可以灵活调节的弹性，排斥呆板的一成不变的管理方式。

实行动态管理并不意味着管理工作要不停地变，不要稳定性，应该"动静互涵"。事物变化长河中的每个阶段，都有相对稳定性。不承认相对稳定性，事物将不可认识。管理失去相对稳定状态，人们将无所适从，管理秩序将混乱不堪。"动而不知反于静，则失其主矣。"（王安石，《道德真经集义》）"治大国若烹小鲜"，"烹小鲜而数挠之，则贼其泽；治大国而数变法，则民苦之。"（《韩非子·解老》）烹炒鲜鱼，反复拨弄，鱼碎；治国多变，人民遭殃。办企业失去相对稳定状态，也不堪设想，需引以为戒。总之，办事应处理好原则性和灵活性的关系。总目标和基本指导方略不能多变，应坚持贯彻。《菜根谭》把坚定性称为"执"，执着、坚持；把灵活性称为"圆"，圆润、多变。建功立业者应该志执行圆，"一个念头持到底"，"持身如泰山九鼎，凝然不动"。"洪涛倒海，而砥柱屹然"，"有百折不回之真心"。这就是目标和原则的坚定性。而"应事若流水落花，悠然而逝"，而"有万变不穷之妙用"（《菜根谭·应酬》），这就是日常治理的灵活性。

第五章 求 实

一、求实观

求实就是实事求是,是由顺道观产生的又一管理哲学思想。《汉书·河间献王传》有"修学好古,实事求是"。何谓实事求是?颜师古注曰:"务得实事,每求真是也。"这是指治学态度。明人洪应明《菜根谭》:"立功建业,事事要从实处落脚,若慕虚名,便成伪果。"这说的是办事态度。求实观在儒家那里采取"中庸"的形式,又称"中道""中行"。孔子说:"不得中行而与之,必也狂狷乎?狂者进取,狷者有所不及也。"(《论语·子路》)"狂"和"狷"是违反"中道"的。"狂"即过激行为,办事过头。《孟子·尽心下》中狂,"谓志大而略于事","进取,谓求高望远"。"狷"即行为保守,落后于事物的发展。有所不及与"过犹不及"(《论语·先进》),这两种倾向都会把事情办糟,应该提倡"允执其中"(《论语·尧曰》)。因此,中庸是正确的思想方式和行为规范,"从容中道,圣人也"(《礼记·中庸》,第20章)。朱熹解释道:"中者,不偏不倚,无过无不及之名;庸,平常也","中者,不偏不倚,无过不及,而平常之理。"人们的行为应该"随时以处中也。"(朱熹,《中庸章句集注》)

如何才能做到中庸?

第一,"博学之,审问之,慎思之,明辨之,笃行之。"(《礼记·中庸》,第20章)这"五之"是学习、实践、思考的统一,以达事物的真相,才能"随时以处中也。"(《礼记·中庸》,第3章)

第二,重实践,验于事。"致知在格物,物格而后知至。"(《礼记·大学》)在实践中研究事物,取严谨态度,"故能戒谨不睹,恐惧不闻,而无

— 53 —

时不中。"(《礼记·中庸》,第1章注)在"格物"即实践过程中,不可忽视细枝末节,"必从格物致知始,则无凭虚泛妄之私;必从洒扫应对起,则无过高躐等之病。"(王廷相,《雅述》,上篇)欲达真知,必须下功夫。"欲折衷天下之义理,必尽考详天下之事物而后不谬。"(叶适,《水心文集·题姚令威西溪集》)"尽考详"天下之事物,实际上是不可能的,但体现的重实践重调查的精神是可贵的。至于从实践中形成的认识是否合于中道,仍需实践来检验。"无验于事者,其言不合;无考于器者,其道不化。"(叶适,《水心别集·进卷》)这就是重实践的知行合一观。

第三,"不远人",即不要脱离民众。子曰:"道不远人,人之为道而远人,不可以为道。"(《礼记·中庸》,第13章)注曰:"道者,率性而已,固众人之所能知能行者也,固常不远于人。"为大多数人能知能行的事,往往看起来是"卑近"的,如果"厌其卑近以为不足为,而反务为高远难行之事",必然脱离大多数民众,招致失败。(朱熹,《四书集注》)这和"顺道"一章"欲知人道从其欲"的提法相吻合。事情可办或不可办,取决于人民意愿(欲),大多数人是否"能知能行"。不顾广大民众的愿望和能力,勉强行事,或该办而不办,都是违反中庸原则。看来,"不远人"当是实行中道的最为重要的前提条件,换成现代话就是"不要脱离群众"。

中庸思想对中国传统管理文化的形成和发展起着重要的熏陶作用,对于现代中国管理文化的形成也有着借鉴意义。我们从三个方面研发其管理学意义。

二、求实与目标管理

管理目标包含时序目标和区位目标,是管理的中心部位。有了科学的即求实的目标管理,一个组织才能合理分配其资源,选定策略方法,以共同的目标协调其各个部分的行为,提高管理效率。

我们试以诸葛亮的《隆中对》来分析目标管理要素。《隆中对》是一篇战略谋划的出色论文,是体现目标决策求实精神的典范。后来由于形势的变化和蜀汉一再背离此项谋划,以致此项谋划未能贯彻到底,但并不伤害其目标决策的科学性。诸葛亮为刘备分析了当时的形势和力量对比：曹操占据中原，"拥有百万之众，挟天子以令诸侯"，具天时、人谋之利，势力最为强大，"此诚不可与争也"。孙权"据有江东，已历三世；国险而民附"，据有地利人和，"此可以为援而不可图也"，应作为争取团结的对象，且东吴面对强曹，没有安全感，也是可以团结的。荆州地势重要，"此用武之国"，但其主刘表昏弱"不能守"。益州险塞乃天府之土，但益州牧"刘璋暗弱……民殷国富而不知存恤，智能之士思得明君。"这两处是薄弱环节，尚可图。而刘备又是"帝室之胄，信义著于四海"，人和占优势，"若跨有荆益"建立根据地，而后"西和诸戎，南抚夷越，外结好孙权"，形成鼎足之势，再徐图向北发展，"诚如是，则霸业可成，汉室可兴矣"。（《三国志·蜀志·诸葛亮传》）

这个谋划，结合区位目标决策和时序目标决策为一体。总体战略目标是国家统一，恢复汉室。时序推进目标序列为：近期目标——取荆、益以创建根据地；中期目标——巩固和发展根据地，联吴抗曹，形成三足鼎立；终极战略目标——统一国家，恢复汉室。区位目标为：第一步——暂弃北、东，图西南；第二步——西和，南抚，东联，北抗；第三步——东联北伐图中原。总体构思，目标明确，结构清晰，层次分明，是从当时形势出发的科学目标决策。体现了如下基本要素：第一，敌友我优劣势的分析；第二，天时地利人和的环境分析；第三，目标选定；第四，策略步骤规划。既体现求实性，又体现进取精神。《隆中对》所体现的时序目标决策和区位目标决策相统一的原则，以及决策的基本要素，对于现代目标管理，当是适用的。

将求实观运用于目标管理，应体现下列原则。

1. 量力而行

办任何事，都应该"动必量力，举必量技"（《管子·戒》）。"量"就是评估。韩非说：

"天下有信数三：一曰智有所不能立；二曰力有所不能举；三曰

彊有所不能胜……故势有不可得,事有不可成。……因可势,求易道,故用力寡而功名立。"(《韩非子·观行》)

"因可势",即顺应可能而行事。古人告诫办事不可好高骛远,不要追求不可能达到的目标。孔子说:"无欲速……欲速则不达。"(《论语·子路》)下面再举几条以重其义。

"不为而成,不求而得,夫是之谓天职。"(《荀子·天论》)

"不为不可成,不求不可得……不为不可成者,量民力也。不求不可得者,不强民以其所恶也。""量力而知攻,考得而知时。""不知任,不知器,不可。""不妄行,不强进……妄行则群卒困,强进则锐士挫。""是故明君审察事理,慎观终始,为必知其所成,成必知其所用,用必知其所利害。为而不知所成,成而不知所用,用而不知所利害,谓之妄举。妄举者其事不成,其功不立。"(《管子》:"牧民""霸言""乘马""制分""版法解")

上述把韩非"因可势"具体化为三要素:"事理"即客观规律;"民力"即民众的承受能力;"器"即物质手段。这三项决定了欲达目标的极限,应在极限范围内行事。超过极限就是"妄行""强进",必然"其事不成"。而且劳民伤财,挫伤士气,有不良的滞后效应。而量力行事,"度量其力,审其技能,故立功而民不困。"(《管子·形势解》)既达到了目标,又保养民力士气,更有良好而持久的后继效应。

任何一个管理单元,可能实现的目标都受主客观的双重限制。一个企业本身的资源是有限的,又受消费者和其他企业竞争的环境限制,它的产销和利润,在一定时期内总有个极限。求实的目标管理应该依据主客观可能,发挥自身的潜能去适应市场环境,确定适当的经营目标,在可能范围内求得较高的利润水平。其中,自身的优劣势,消费群体的满足程度,竞争者的强点、弱点和盲点,是确定目标必须考虑的三要素。又如高等教育,高校的任务是为国家培养质好量多的人才,实现其目标除了受自身资源条件的限制,还得受国家宏观规划、社会基础教育水平、社会人才需求结构、各项社会保障条件的制约,因而在一定时期内,实际发展是有限度的。在主客观可能范围内求发展,才能做到质和量的统一。目标过了头,追求数量将会带来质量下降的后果。全国高校发的文凭数量上升加快,不合格的比例也扩大了。教育超前,主要是指教育面向未来,预计到社会和科技的进步,培养适合未来需要的人才,并不意味着教育事业可以超越国民经济和文化条件而孤立地发展。在这里,量力而行的求实精神还是需要的。

总之,量力而行要求实事求是地实行目标管理,调动自身的潜力去适应环境的需要和可能,办好那些经过努力可以办成的事情,不办实在办不到的事情。好高骛远从来不是科学的态度,"厌卑近而骛高远,卒无成焉"(《宋史·陈灏传》),办事"不可徒托空言,并且不可好高骛远"(清·吴趼人,《痛史》,第15回)。量力而为,对目标有所限制,看似保守,但唯此才能增加成功的机会,利于积蓄力量,去争取较大的目标。

2. 重点优先

一个管理单元为实现其既定的总目标,在其内部分解出若干个次级目标。如一个企业,生产经营方位、经营规模、预期利润水平是总目标。为实现总目标,购、销、财务、物资管理、产品开发、劳动人事各方面,都得有各自的次级目标。同样,政府部门、学校、医院等,各有总目标,又皆细分化为若干个次级目标。次级目标之间相互联系,同步实施。但并不意味着平均分配资源,在一定时期内总会有所侧重,需集中主要力量优先处理。

古代兵法主张打仗要选好突破口,抓住主攻方向。"夫五指之更弹,不如卷手之一挃;万人之更进,不如百人之俱至也。"(《淮南子·兵略训》)"并敌一向,千里杀将,此谓巧能成事者也。"(《孙子兵法·九地》)这些话体现集中兵力打歼灭战和抓突破口的原则,攻击敌之薄弱环节,打开缺口,震撼全局。"若已知其隙有可攻之势,则须并兵专力,明向敌人。"

《十一家注孙子》)或攻敌之要害部位,如擒贼先擒王,奇袭敌之首脑机关,乱其全军而歼灭之。军事平均主义是要不得的。

平均主义不合事物发展的辩证法。一个管理单元有多个矛盾并存,在一定时期内总会有个主要矛盾制约着其他矛盾的运动,解决主要矛盾就成为实现管理目标的关键。一个企业因资金短缺而使周转发生困难时,取得贷款或清理到期货款就成为需处理的主要问题;当其产品市场生命周期即将结束,或遇强大竞争对手而发生销售困难时,产品的更新换代或开发新产品,就可能处于优先位置。以农产品为原材料的生产单位如糖厂,当逢甘蔗或甜菜收获季节,筹集足够的资金,集中足够的力量收购足够的优质材料,就成为制约全年经营的中心环节。学校的中心目标是育人,但在不同时期,或招生,或充实教学设备,或调整机构,或建立教师梯队,可以成为制约全局发展的关键,需集中主要力量重点解决。

因此,求实的目标管理,不仅在于科学地确定总的发展目标,而且应该根据矛盾的演变,及时在次级目标中选定优先次序,有节奏地向总目标推进。

3. 留有余地

韩非以人的面部雕刻比喻办事业:

"桓赫曰:'刻削之道,鼻莫如大,目莫如小。鼻大可小,小不可大也。目小可大,大不可小也。'举事亦然,为其不可复者也,则事败寡矣。"(《韩非子·说林下》)

这是说办事情要留有余地,不要企求一步到位。一旦过了头,就将不可补救了。陈奇猷案语:"做事情为得怕它不能回复,起先就要谨慎,先谨慎就不会失败了。"把这个道理运用于目标管理,就是目标的确定和实现要注意"可复"性,即有可以补充的余地。目标的确定,要依据主客观条件适当留有余地,不可满打满算,逼得自己没有退路。宁可低些,待以后看准了再追加目标或让其超额完成,比较主动。如果过头,如韩愈《进学解》讲的那样"贪多务得,细大不捐",势必造成执行过程中骑虎难下,或被迫收缩,招来被动。目标既定,执行时也不可把掌握的资源全部押上去,适当留有后备,免得一旦发现缺口,挖东墙补西墙,穷于应付。这也符合孔子说的"从容中道"。行中道,不过头,留余地,不使绷得太紧,才能从容管理事业。亦即《菜根谭》主张的"事事要留个有余不尽",不可"业必求满,功必求盈"。这是传统管理文化有价值的经验之谈。

"事事要留个有余不尽"这句话,值得当代人细细玩味,因为我们吃过头的苦太多了,以致不得不一再强调控制速度和发展规模问题。

留有余地和目标保守不是一回事。第一,留有余地讲的是求实性,并不同时否认目标的先进性,两者是结合的,求实的先进性才能调动人们的积极性,而不会挫伤这种积极性。第二,留有余地可以避免行动、过程、资源的过度紧张,有余力及时弥补过程的失衡,也有利于保护人的持久积极性,因而可以争得实在的高速度。

三、求实与适度管理

"度"是规定事物性质的数量界限。处理事物适度,既及度又不过度,才符合事物的实情,达成预期的目的。古代医书《黄帝内经》以医病的道理比喻人事亦需适度治理:

> "病有浮沉,刺有深浅,各至其理,无过其道。过之则内伤,不及则生外壅。……深浅不得,反为大贼。""非独针道焉,夫治国亦然。"(《黄帝内经》:"素问·刺要论""灵枢·外揣")

中医针刺治病,针刺的深浅是个数量界限,不同的病,或病的轻重,针刺深浅不同,这就是掌握适度,过之或不及,不能治病且有害。人事治理和看病是处理不同的矛盾,处理不同方面的人事又是处理不同的矛盾,各有特殊性,但都要掌握度,哲学思考又是相通的。我国国民经济要得平稳增长,每年增长速度、投资的规模和结构,人民收入水平的增幅,物价水平的变动,都有个数量界限,是经济平稳较快发展所不宜忽略的度。治理通胀采取紧缩方针,节减财政开支,减少货币流通量。紧缩到什么力度,是要讲究的。财政支出减少,提高利率使银行存款增加,贷款减少,市场过多的货币趋向减少,其正效应有一定的数量界限。过了限又会转向反面,出现市场疲软。为克服市场疲软,采取扩张政策,也有一定的度,过了度,又会转向反面。这里用得上道家"过甚"和"过极失当"(《道德经》,第29章;《黄老帛书·十六经·姓争》)的观点,宏观经济调节要注意防止"甚"或"过极",经常注意保持平衡。在特殊情况下,为打破过时而具惰性的平衡,需采用过极的措施,不过正不足以纠枉。但如果把"过正"视为"纠枉"的一般原则来治理经济,必然反复失度,经常制造失衡,难以保持稳定持续的发展。

宏观经济治理的每个方面都有"度"可循,需要人们研究其数量界限。如古人提倡"取于民有度"和贫富有度。(《管子》:"权修""侈靡")一定时期内国民收入既定,国家财政收入有客观的数量界限。取于民过度,使社会难以扩大再生产,甚或不能维持简单再生产,以后的财政收入必将萎缩。归社会的部分,分配也应有度,贫富不应过于悬殊,"贫富无度则失"(《管子·五辅》),不利于社会的安定和生产的发展。我们要持续提高人民的生活,但一定时期内提高的幅度是有限的,不及或过度,皆不利于生产。

企业管理中的"度"也无所不在:既要降低成本,又要保障必要的开支;既要控制物资储备,又要保障生产得以为继;既要不断提高职工工资,又不可妨碍必要的积累资金,反过来,不断增加积累,也不可妨碍职工收入的必要提高;劳动报酬既要拉开差距,又不可过于悬殊;搞活劳动体制的同时,又要保持职工队伍的相对稳定性;既要实行决策程序,又要保证决策的时效性;实行承包责任制的分解,同时又要保持生产经营的整体协调性等。这些涉及定额管理、劳动管理、分配管理、决策管理等多方面,都有过或不及的问题,需要适度掌握,不可片面强调一个方面而忽略另一方面。

按《周易·系辞下》所说"其出入以度,外内使知惧",办事准确及度,无一点偏离,通常是不可能的。所以,要允许"外内"有点"出入",即允许一定的偏离,但前提是"知惧"行事,"外出"或"内入"勿太离度,对事业才有利。

四、求实与时空管理

时间和空间是运动着的物质的存在形式。任何事物都是在一定的时空范围内存在着、运动着的。离开时空,事物质的规定性将不可把握,事情将无法处理。我们常说的一切以时间、地点条件为转移,就是这个道理。

关于时间的管理学意义,古人有云:

"天下随时,随时之义大矣哉。"(《易经·随卦》)

"夫圣人随时以行,是谓守时。""随时,时行则行,时止则止。"(《国语·越语下》,及注)

"审时以举事。""成功之术,必有巨蠖,必周于德,审于时。……取与(予)之必因于时也。时则动,不时则静。"(《管子》:"五辅""宙合")

"见利乘时,帝王之资。故曰:时之至间不容息。先之则太过,后之则不及。见利不失,遭时不疑。失利后时,反受其害。"(唐·李荃,《太白阴经·人谋下·作战》)

这里出现"审时""守时""随时""因时""乘时"这些概念,表明古人研究治理行为多么注重于时间因素。办事能把握时间界限谓之"时德",即具有时间观念的哲学素养,是事业成功的必要条件。不注意这项,"先之则太过,后之则不及"(《文子·道原》),不合中庸之道,"倍(背)

时势,而能事成者寡矣。"(《战国策·齐策五》)

古人只说时间重要,并没有论证其何以重要,因而带有直观性质。我们可以从哲学角度认识这个问题,因而更能自觉地将时间观念运用于管理。任何事物在其发展全程都具有相对稳定的质,在不同的发展阶段又会有部分的质变,即在总质相对稳定条件下有差异性的存在形式,表现为事物存在形式的时间序列。处理事物不仅要针对其稳定的质,而且要适应其时间形式。从事畜禽饲养的人都知道,畜禽在幼龄期和成长期的生理特性不同,需采取不同的饲养和管理方法,什么时候注射疫苗、催肥、繁殖,都有规律可循,有严格的时间限制。"先之则太过,后之则不及。"企业开发新产品,其时间序列一般要经过市场调查、设计、试制、投放几个阶段,每一步都得把握时间火候,才能提高新产品开发的效率,及时占有市场。

还有一个时机问题。办事情抓住时机,当机立断,成功的把握就大些。古人提倡"精识时机"(《三国志·吴志·孙登传》,注引《江表传》),"应时机以鼓之,总群策以决之"(《魏郑公集·唐故邢国公李密墓志铭》),"时至不行,反受其殃。……夫功者难成而易败,时者难得而易失也。时乎时,不再来"(《史记·淮阴侯列传》),这些都是讲办事要注重抓时机。所谓时机,是指主客观情势的变化在一定的时点上提供了最有利于成功的机会。这种机会往往是短暂的,甚至转瞬即逝。及时抓住了,就能事半功倍;错过了,再抓就来不及了。比如打仗,当发现敌人的虚处,就应不失时机地乘虚而入。若动作缓慢,待敌人发现虚处而予以填实,机会就丧失了。又如在市场竞争中,一旦发现竞争对手的盲点,就应乘虚前进,捷足先登,趁对手还没发现这个盲点时就占领市场。如果稍加迟疑,对手盲点复明,争夺市场的阻力就大了。山西省在开发历史方面痛失"唐城",就是因为没有抓住时机。山西早在西周之前便称"唐",隋末,李渊父子从太原起兵夺权,定国号为唐。可见,唐城理应建在山西。对这样好的旅游资源,山西人反应太慢,被无锡先抢了去,着实可惜。建在太湖附近的唐城,是中央电视台的外景基地。广告宣传也要讲究时机策略。常州第四制药厂的优力肤霜用于灭疥消炎止痒。冬季是疥疮发病期,该厂就重点宣传这种药的灭疥功能。夏季蚊虫猖獗,是皮炎发病期,又重点宣传药品的止痒功能。有效地利用了时机,使销售额上升。

关于空间的管理学意义:

"以身观身,以家观家,以乡观乡,以邦观邦,以天下观天下。"

"身有身之道,故以身观身;家有家之道,故以家观家;以至于乡、国、天下。"(《道德经》,第 54 章;王安石,《道德真经集义》,卷 12,第 13 引)

"以家为乡,乡不可为也;以乡为国,国不可为也;以国为天下,天下不可为也。以家为家,以乡为乡,以国为国,以天下为天下。"

(《管子·牧民》)

家、乡、国、天下都是空间概念。空间不同,治理(为)办法不同,比如治农村的办法不适合于城市。因地制宜也是求实观的一个方面。

我国历史上因地制宜成功的经验是很多的。汉代赵过改革农耕制度,实行名为"代田法"的轮作制,并推广新式农具,先通过试点,取得经验以教育农民,而后因地制宜推广。明代徐光启根据南北方不同的土壤、气候、水肥等条件,改革种植方法,成功地实现了甘薯北引,芜青南引,打破了传统的甘薯在北方"风土不宜","芜青南种变为菘"的旧观念,扩大这两种农作物的种植范围。唐代刘宴改革漕运,其中重要一条是改长途直达为分段运输。原来南船直达京师,南船不适应北方水道,"覆者几半"。改为分淮、汴、河、渭分段接力运输。按不同河情分别造船,专人管理,各管一段,不同河道行驶相宜的船舶,各段河工熟谙本段河情。结果大大减少了翻船损失,又提高了运行速度。这些皆反映了求实的空间管理。

现代企业空间管理的必要性:第一,一个企业分布于广大的地域,实现企业总目标,要有统一的部署和领导,各分支机构的通力协作,同时应从各地具体情况出发,因地制宜,不必强求管理措施、重点和步调的一致性。第二，即使只设置于一个地方的企业，其产品也会辐射至广大区域，各地顾客的消费偏好和购买力不同，应采取不同的推销策略，因地制宜地发掘空间效益。开发国际市场和国内市场，在产品设计、包装、价格，以及是否需要寻找代理商等方面，显然应采取不同的策略。开发国际市场，要研究各国国情，注意当地风俗习惯和语言禁忌。如德国人不愿意别人称呼自己的头衔。英国人忌对方佩戴条纹领带，喜爱称呼自己是"大不列颠人"，不愿他人直呼其为英国人。日本人忌讳对方精明，与之商谈商务，最好是大智若愚、外拙内秀。这些是涉外管理的空间观念。

《庄子·秋水》篇以"邯郸学步"告诫人们学别人的长处要结合自己的实际。邯郸人善行路，燕国有个人前往学步，他把自己原有的走法全忘了，只跟人后面模仿，结果变成不会走路的人，"未得国能，又失其故行矣，直匍匐而归耳。"这个天方夜谭式的笑话，用意是提醒人们，学别人不可脱离自身基础而一味地模仿。否则，"将忘子之故，失子之业。"这个故事对于地区间经验交流和向外国学习是有借鉴意义的。

在学习外国经验方面，空间观念就是国情观念。结合国情，借鉴而不照搬，这是近代以来主张学外国的有识之士的共识。办商务印书馆的王云五说："我对于欧美，尤其是美国盛行的工商管理，虽甚赞同其原则，却不愿整个接受其方式。因一国有一国的工商背景，一国有一国的社会特点。善学者当师其精神，不必拘于形式。"工商背景就是国情，包括经济条件、文化背景和历史传统。学外国工商管理经验，取其原则，从自身工商背景出发，创立自己的管理模式。近代成功的企业家，没有一个只是学西方而忘掉中国传统的。在现代中国，学习西方的工商管理，对其"原则"也不能全部赞同，赞同的只是那些体现社会化商品经济规律的原则。应当立足中国现实国情，创立适合于社会主义市场经济要求的工商管理模式。

现代各国经济趋向一体化，各国也在互相学习管理经验。结合国情地学和盲目照搬地学，效果大不相同。日本学外国，立足国情，学了又创新,效果显著是世界公认的。近些年美国又转学日本,据《华尔街日报》载文,美国制造业 20 世纪 80 年代,为采纳日本的制造思想花费的数十亿美钞投资付诸东流,某些在日本行之有效的做法,在美国工厂却没有多大成效。有关专家调查了 100 家学习日本的公司,"除了十几家之外,它们都在走向失败"。美日都是资本主义国家,尚且如此,我们学外国,更不可盲目照搬,这是不言自明的。

用人方略

第六章　得　人

一、民为邦本

　　"天地之性,人为贵。"(《孝经·圣治章》)"间于天地之间,莫贵于人。"(《孙膑兵法·月战》)人心向背,人才归离,从来是事业成败的关键,故中国传统管理文化注重于得人之道,提倡民本思想。

　　民本思想是中国传统管理文化的一大特色,也是一大创造。当我们考察中西管理文化的源头时,发现中国和西方有个明显的区别,管理者(同时又是统治者)对被管理者在管理中的地位和利益,取明显不同的态度。试以古代最基本的生产事业——农业的管理作比较。按西方的传统,被管理者的地位在管理者看来毫不重要,其利益亦在视野之外。如古罗马瓦罗《论农业》一书,对与经营有关的自然条件、工具制造和使用、生产技术措施、行业分工、产业规模等,论述甚详。至于直接生产者,只是在庄园主利益范围内才是存在的。使用雇工还是使用奴隶,完全取决于庄园主的利益。如在庄园主看来:"在不适于健康的地区,使用雇工比使用奴隶对我们更有利。"(《论农业》,商务印书馆1981年版,第17页)因为奴隶是他花钱买的,死了奴隶是财富的损失,而雇工死亡与庄园主的利益无关。按照这个传统,九世纪查理大帝《庄园诏令》规定:"为供应朕自己需要的庄园,应完全为朕而不为别人服务。"不仅劳动者,连管理人员也不得为自己去使用劳动力和设备,管理人员的狗也不得"寄宿在朕臣民的家里或朕的树林中"。(《世界中世纪原始资料选集》,第9、11页)反观中国古代,农人的地位对于管理者则占有十分重要的地位。"尽力乎沟洫"的夏禹,就已提倡"善政养民","禹稷躬稼,而有天下"。(《论语》："泰伯""宪问")《吕氏春秋》中的农学部分,在分月安排作业的同时,一再表达对民利的关怀。如夏季"以祀宗庙社稷之灵,为民祈福";秋收后应发展商业"以便民事";冬季严饬官员"无或敢侵削众庶兆民,以为天子取怨于下。其若有此者,行罪无赦。"因此,从华夏管理文化的源头发现了"民本主义"的踪迹。而在西方文化源头,民本主义的影子难以寻觅,他们似乎可以称为"君本主义"或"物本主义"。

作为治国文化的民本思想,在反映上古文化的《尚书》中已有记载:

"民惟邦本,本固邦宁"。"安民则惠,黎民怀之"。"天聪明,自我民聪明。天明威,自我民明威。""天视自我民视,天听自我民听。""人无于水监(鉴,照镜子),当于民监。""有大疑,谋及庶人……庶民从,是之谓大同。""皋陶曰:都!在知人,在安民。""恭承民命","式敷民德,永肩一心。""敬念我众……谋人之保居。""汝克黜乃心,施实德于民。"(《尚书》:"五子之歌""皋陶谟""泰誓""酒诰""洪范""盘庚")

这些记载反映中华文化形成早期尧舜禹时代的治理思想,虽是些残留下来的只言片语,从中已可发现民本思想的主要要素:人民是国家的根本,本固而后国安;人民是力量的源泉,人民拥护(庶民从、黎民怀之)是治理达到理想境界(大同)的保证;人民是智慧的源泉,治理中遇到疑难,应该发扬民主,和百姓商量(谋及庶人);"民视""民听"无处不在,主政者的行为应接受人民监督,以民意为鉴(蔡沈注:以水为鉴,"水能见人之妍丑而已";以人为鉴,"则其得失可知")治国应摆正主政者与民众的关系,与民同德一心,以恭承民命、安民敬众、奉养众生为务,"施实德于民",即为人民多办实事,致力于人民福利,使之安居乐业(谋人之保居),是为有德。

上述虽是些萌芽状态,却有无限生命力,它的光芒穿射中华文化史,培育了中华管理文化的一大基础——民本论思想体系。

　　春秋战国是民本思想明晰化、理论化时期，上升为治理之本。诸子百家探讨治国安邦时，竞相论述民本问题，把依靠人民问题提升到治国的关键地位。后来民本思想历代传承，奉为经典。封建统治者不免要压迫人民，但作为治国的理论，民本论依然是主导思想。

　　民本论的基本内容有三：一曰立国以得民为本，二曰立政以民心为本，三曰是非行止以民意为本。

　　立国以得民为本。得天下、安天下要依靠人民的拥护和积极参与。民是水，君是舟，"水则载舟，水则覆舟"，历来是主政者的座右铭。"道得众则得国，失众则失国。"《礼记·大学》孟子说天下得失之根本原因是"得其民"或"失其民"，必须摆正君民位置，"民为贵，社稷次之，君为轻。"《孟子》："离娄上""尽心下"）老子则说民是君的根基，"贵必以贱为本，高以下为基。"《道德经》，第39章）《汉书·郦食其传》有"王者以民为天，而民以食为天。"唐太宗依据历史经验和亲身经历也得出相同结论："致安之本，惟在得人"，"君依于国，国依于民"。"天子者，有道则人推而为主，无道则人弃而不用，诚可畏也。"《贞观政要》；《资治通鉴·唐纪》）"故君人者，欲安，则莫若平政爱民矣。"《荀子·王制》）

　　立政以民心为本。国家政策措施须顺应民心，"政之所兴，在顺民心；政之所废，在逆民心。"《管子·牧民》）主政者应该"爱人"，"乐民之乐"，"忧民之忧"，"以百姓之心为心"《论语·学而》《孟子·梁惠王下》），"以百姓欲为欲。顺其心以出令，则不严而理；因其欲而设教，则不劳而成。"《白氏长庆集·策林》）

　　是非、行止以民意为本。先秦已有开放言路重民意的传统，孔子提倡向人民学习，"三人行必有我师"。《管子》中说："是以我有过为，而民无过命（评论）。民之视也察矣，不可遁逃以为不善。故我有善则立誉我，我有过则立毁我。当民之毁誉也，则莫归问于家矣。"《管子·小称》）如此重视民意，信任人民超过家人，表现出古代思想家可贵的民主精神。一旦从民意中发现自己的错，"知失诸民，退而修诸己，反其本也。"《管子·君臣下》）不是让人民来迁就君主，而是让君主去贴近人民。战国时郑国有"乡校"设置，让国人聚拢来"议执政之善否？"批评监督朝政。有官员主张关闭"乡校"，免得给政府惹麻烦。子产说让人民说话有好处，"其所善者，吾将行之；其所恶者，吾将改之，是吾师也。"如果堵塞言路，"作威以防怨"，"犹防川，大决所犯，伤人必多，吾不克救也。"（《左传·襄公三十一年》）"以民为师"，"众怒难犯"，"防民之口甚于防川"，是由此发生的流传千古的治理格言。唐太宗说他有三面镜子："以铜为镜，可以正衣冠"，"以古为镜，可以知兴替"，"以人为镜，可以明得失"，还说要经常"照镜"以防己过。（《贞观政要·任贤》）

我们以贾谊的一段话来结束民本思想的论述：

> "闻之于政也，民无不为本也。国以为本，君以为本，吏以为本。故国以民为安危，君以民为威侮，吏以民为贵贱。……国以民为存亡，君以民为盲明，吏以民为贤不肖。……故夫民者，至贱而不可简（怠慢）也，至愚而不可欺也。故自古及于今，与民为仇者，有迟有速，而民必胜之。……轻本不祥，实为身殃。戒之哉！戒之哉！"（《贾谊新书·大政上》）

国之安危存亡定之于民，君主威侮明盲系之于民，吏之贤与不肖、能不能辨之于民，战争的胜败，亦以能否得民之力以为准。贾谊的论述当是民本思想最为完备的总结。

二、"好士而荣"

如果说得民众是得人的基础部分，那么"得"就是得人的核心部分。众望所归，才能群才荟萃，"泽及于民，则贤人归之"；反过来，"圣人所归，则六合同"。（《三略·下略》）可见得民众与得人才又是互为条件的，两者缺一不可。"君人者，爱民而安，好士而荣，两者无一焉而亡。"（《荀子·君道》）《三略·上略》说："夫为国之道，恃贤与民。信贤如腹心，使民如四肢，则策无遗。""好士""恃贤"都是重视人才，和依靠人民同等重

要,故曰"好士而荣"。"荣"就是事业兴旺发达,或如颜元所说:"人才者,政事之本也。"(《颜李丛书·言行录》)

作为知识人才"士"的阶层,古人称为劳心者,历来是社会治理的主体。士作为劳心者产生于奴隶社会。奴隶社会创造的剩余产品,使部分奴隶得以摆脱体力劳动,其中一部分成为劳心者。孔子说"劳心者治人",表明这些人是执行社会管理职能的。劳心和劳力分离是历史进步的阶梯,由此创造了古代文明,人类才得以进入文明史。诞生期的劳心者附属于统治阶级,不是独立阶层。在中国直到西周是官学制,国家办学,受教育是剥削阶级的特权。士人转入民间并形成一个阶层由春秋始,旧贵族中一些知识分子流落民间,出现了私学,劳动人民中也出了一些士,于是形成一个相对独立的士民阶层,显示出特殊的社会功能。春秋时齐国有士农工商四民,士排在四民之首。这些人集中于"闲燕"这类当时的教育学术机构,从事教育,研究学问,议论朝政,起智囊团作用。春秋战国盛行"荫士养士"风气,魏有信陵君,楚有春申君,齐有孟尝君,赵有平原君,秦有吕不韦,食客动辄上千人,多为士人,在当时纵横捭阖的政治斗争中起了举足轻重的作用。后来,注重士人的传统一直沿传下来,成为中国传统管理文化的核心要素之一。

中国传统重视的人才大体可分为三类。

第一类是作为思想家的人才。这类人才是些学者、作家,以其创造的精神财富熏陶历史。政治思想家们提出关于哲学的、政治的、伦理的思想体系和各种处理人际关系的行为准则,用以指导人们的治理行为。先秦的孔孟荀、老子、墨翟、韩非、《管子》作者,以及汉以后历代的贾谊、司马迁、朱熹、李觏、王夫之、顾炎武、魏源、龚自珍、孙中山等人都是。军事思想家们总结战争的实践,制定指导战略战术的军事理论。如孙武、孙膑、吴起以及《司马法》《六韬》《三略》等兵书的作者。文学家也属思想家的范围,他们以小说、戏剧、诗词歌赋等塑造人类的灵魂,在创造精神文明的同时,制约着物质文明的发展。如李白、杜甫、白居易、韩愈、关汉卿、曹雪芹等人,对中华文化的发展起着不可估量的作用。

相对而言,上述政治、军事、文学类思想家在历史上是比较少的,往往出现在社会矛盾激化的动荡时期。但他们在历史上的影响,对中华管理文化的熏陶,是最为巨大最为持久的。

第二类是作为谋略家、实践家的治理人才。这类人有雄才大略,勇于创新,善于治理。韩信善于指挥作战,军队人数越多,越能发挥其指挥才能,自称"多多益善"。诸葛亮胸怀大局,善谋略,有先见,被视为智慧的化身。管仲、桑弘羊、王安石等人,善于洞察矛盾,擅长组织实施,行为果断,是出色的改革创新人才。这类人才在关键时刻足以担当大任,对于扭转困局,开创新局,甚至推动历史的发展,能起到直接的作用。历史上所谓尊重人才和得人才,主要就是指这类人才。如唐太宗说:"能安天下者,惟在用得贤才。"(《贞观政要·择官》)叶适说:"欲占国家盛衰之符,必以人材离合为验。"(《水心文集·上宁宗皇帝札子》)以上所引都是指这类人才。

第三类是作为专家的专业人才。在生产领域,是些精通生产知识,有创造革新、重大贡献者。这类人才对于历史的发展同样具有持久的影响。我国有尊重专门人才的传统,凡能工巧匠,对生产建设有重大贡献的专家,如春秋时发明木作工具的鲁班,战国时修都江堰的李冰,建郑国渠的郑国,汉代发明二牛耦耕法和三脚楼的赵过,发明和改进炼铁鼓风器的杜诗和韩暨,对纺织工业有重大贡献的元代黄道婆等人,都被当做新生产力的代表,传颂千古,流芳百世。

华夏悠久的历史培育了众多的杰出人才,杰出人才又推动了历史发展。人文科学等方方面面优秀人才辈出不穷,在中国悠久历史中留下了深深的印迹,在人民群众创造历史的长河中,是一盏盏连绵不断的指路明灯。

时代越进步,经济越发展,科学越发达,人才的作用越大,地位越重要。我国社会主义现代化事业中,人才问题的重要性、迫切性,超过了历史上的任何时代。现代需要的主要也是三方面的人才:一是基础理论人才。为经济、政治、法律、文化教育、精神文明等方面提供适合中国国情的指导思想,需要培养大批的社会科学家;为科学技术现代化提供面向未来的理论基础,需要培养大批的自然科学家。二是专业、技术人才。包括精通专业、技术的经济师、会计师、工程师、医师、律师、教授、作家、艺术家等,以作各方面的带头人。三是管理人才。熟知管理规律,精通管理艺术,有谋略、善沟通,善于驾驭全局的管理人才,在现代管理中的作用已越来越被人们所重视。

随着科学技术的发展,社会经济过程越来越社会化、现代化,社会经济运行也愈益复杂化,理论人才、专业技术人才和管理人才的作用越来越突出。国内外的竞争归根到底是人才的竞争。美国国家科学基金会在20世纪80年代推出的《竞争与人才》报告指出:"前所未有的知识激增标志着一个新时代——信息与技术时代的骤临。""美国近十年来,几乎有一半利润是技术创新的成果。而技术创新是由杰出的科学家和工程师依靠新知识所取得的。"(《竞争与人才》,兰州大学出版社1988年版,第1页)应该指出,工程技术人才对财富创造的贡献是直接的,理论人才和管理人才的间接贡献也是不可忽视的。

我国自改革开放以来,不仅国家,而且众多的部门和单位,甚至乡镇企业,都痛感人才的不足,制定规划,增加人才投资,向国内外广罗人才。改革开放初期,每年引进外国人才只有五六百人,20世纪90年代初对外开放迈上新台阶,引进外来人才猛增至每年6万多人。进入21世纪,每年引进人才达22万人次,加上港澳台人才,每年已近45万人次。人才来源国或地区已从当初十几个发展到目前的80多个。2001年起,南京市举办一年一度的国际人才交流洽谈会,北京设立"中国国际人才市场",开通"中国国际人才网",对200多个境外专家组织和70多个境内国际人才中介机构进行资格认证,建立外国人来华工作准入制度,对符合条件的来华专业人才发放"海外专家证",并逐渐完善激励机制,包括具国际竞争力的待遇、评奖机制等,表彰有突出贡献的外国专家。已有著名的日本水稻专家原正市,著名美籍华人科学家杨振宁、李政道等700多位专家获奖。我国已置身引进国际人才机制优越、引进人才最多的国家行列。

三、德以合人

怎样才能得人？首要是行德政。古人常讲"为政以德""德以合人""人以德使"，表明行德政是得人心的根本之道。又说得道多助，失道寡助。得道就是遵守人道，顺应民心，服务民利，根本问题仍是德政问题。儒家说：

"为政以德，譬如北辰，居其所而众星拱之。"（《论语·为政》）

"大学之道，在明明德，在亲民，在止于至善。"（《礼记·大学》，第1章）

"是故君子先慎乎德，有德此有人，有人此有土，有土此有财，有财此有用。""故远人不服，则修文德以来之。"（《礼记·大学》，第10章；《论语·季氏》）

"得道者多助，失道者寡助。寡助之至，亲戚畔之。多助之至，天下顺之。"（《孟子·公孙丑下》）

孔孟这些话都是用于劝导人君的，有道之君应实行德政即"亲民"政治，广修文德，不可用武力压迫人民。如此才能取得广大人民的拥护，像众星拱围北斗星那样，民安国泰。这就是"王道"，即王天下之道。又如《管子》所说"先王善与民为一体"，"则人归亲于上矣。"这叫"人以德使"，"事以合交，德以合人，二者不合，则无成矣，无亲矣。"（《管子》："君臣上""枢言"）

何谓德政？德政概念源自《左传》："既无德政，又无威刑，是以及邪。"（《左传·隐公十一年》）古人称治民行为为"政"，德政的含义，《尚书》中称为"利用厚生"。（《尚书·大禹谟》）《管子》中说"术术乎大德哉，物利之谓也……德利百姓。"（《管子·霸言》）可见古人讲的德政是指国家替老百姓谋福利的政策和政绩，只有让人民得到实惠，才能得到人民的拥戴。"得人之道，莫如利之"，"民之所利立之，所害除之，则民人从。"
(《管子》："五辅""幼官")孟子说："得天下有道，得其民，斯得天下矣；得其
民有道，得其心，斯得民矣；得其心有道，所欲与之聚之，所恶勿施尔
也。"(《孟子·离娄上》)这些是验之千古颠扑不破的真理。

　　凡高瞻远瞩的治国论者无不提倡便民利民的德政。这里以《管子》
为例，书中认为"得众而不得其心，则与独行者同实"。不关心百姓生
活，"百姓不养，则众散亡"(《管子》："参患""宙合")，因此必须修政以得人。
《管子·五辅》指出"德有六兴"，即德政要做成以下六件事。

　　一曰："辟田畴，利坛宅，修树艺，劝士民，勉稼穑，修墙屋，此谓厚其
生。"解决人民吃住问题。

　　二曰："发伏利，输滞积，修道途，便关市，慎将宿，此谓输之以财。"
开发地下资源，开发工商旅馆业，促进商品流通。

　　三曰："导水潦，利陂沟，决潘渚，溃泥滞，通郁闭，慎津梁，此谓遗之
以利。"搞好水利桥梁建设，化水害为水利，方便群众交通。

　　四曰："薄征敛，轻征赋，驰刑罚，赦罪戾，宥小过，此谓宽其政。"使
社会大众在经济与政治上宽松一些。

　　五曰："养长老，慈幼孤，恤鳏寡，问疾病，吊祸丧，此谓匡其急。"搞
好社会福利。

　　六曰："衣冻寒，食饥渴，匡贫窭，振罢(同'疲')露，资乏绝，此谓振
其穷。"是谓赈济贫穷。

　　这六项表明，德政的主流是经济上为民谋利，使民得到实惠，抓住
了得人心的根本点。

　　　　"凡此六者，德之兴也。六者既布，则民之所欲无不得矣。夫
　　民必得其所欲，然后听上；听上，然后政可善为也。故曰：德不可不
　　兴也。"(《管子·五辅》)

　　当然德政不仅仅这几项，古人还一再提到使民以时、不误农时的

"时政",省徭役、宽民力的"役政","柔远人则四方归之"的"柔政"等,着眼点都是让人民得利。

古代军事学也提倡治军以德。军事是政治的延伸,是达到政治目的的手段,"军国之要也,察众心,施百务",察知民心军心,据以处理军务,是战争取胜的根本条件。军事目标符合于包括军士在内广大人民的利益和愿望,"扶天下之危者","除天下之忧者","救天下之祸者"。要爱护士卒,"视卒如爱子","不失人心,德乃洋溢","士众一,则军心结"。如果治军"乖众"即虐待士卒、掠夺摧残人民,"乖众不可使伐人","民苦其师,可败也","下不服,众不为用,可败也","兵不能大胜,不能合民心者也"。因此,治军之"德在于道","知道者,上知天之道,下察地之理,内得其民之心","德行者,兵之厚积也","德者,兵之手也"。(《三略》《孙膑兵法》)刘邦挥师西进灭秦,与关中父老约法三章;吴起与士卒共甘苦、同衣食,分劳役;李广在断绝粮水的情况下,遇到粮水让士卒优先食用。以上皆体现了以德治军的精神。

在历史进程中,生发于民本思想的德政思想被推广到不同领域,以德治业,形成中华职业道德准则。"德者事业之基,未有基不固而栋宇坚久者。"(《菜根谭》)商有商德,医有医德,教有教德……不同行业"德"的内涵各异,共同点是处理行为主体和客体或社会的利益关系时,要关心别人,对社会负责,不以私利害公德。近代民族企业家荣德生说:"《大学》之明德,《礼记·中庸》之明诚,正心、修身,终至国治而天下平。吾辈办事业,亦犹是也。必先正心诚意,实事求是,庶几有成。若一味唯利是图,小人在位……则有业等于无业也。"(转引自《中国传统管理思想的新探索》,第337页)刘国钧治厂以"忠信笃敬"为厂训,宋棐卿以"己所不欲,勿施于人"为厂训。创办民生实业公司的卢作孚,奉行"服务社会,便利人群,开发产业,富强国家"的创业方针。他说成功取决于"事业能否切实帮助了社会,成功了社会。""要在社会上享幸福,便要为社会造幸福","尽量地帮助社会"。因此他提出"超赚钱主义"的企业方向,包括:"促进社会供求适应";企业的利益"应得自帮助他人,不应得自他人的损失";企业家"有两点美德：一是拯救人的危难，二是扶助人的事业"，"努力于公共福利的创造"；"推广现代化武器——技术与管理"；"造成现代社会生活的依赖关系"；从外强手中"收回我内河航运权"等。卢作孚等倡导并身体力行的办企业的价值取向，把企业家的利益和国家民族的命运与社会大众的利益，紧密联系在一起。使企业的活动融于维护国家主权、促进现代化、为社会造幸福的时代大潮流中去，体现了以德办企业的可贵精神。这些企业目标在当时体现了国家民族的根本利益，可谓大德。

德政是个历史范畴，有阶级性。古代德政归根到底是服务于地主阶级的整体利益和长远利益，关心民利只是达到目的的手段，而不是目的自身。《管子》认为"人以德使"，孔子认为"惠则足以使人"，把德政目的表达得很清楚。可是，由民本论产生的德政思想作为中国传统管理文化的精粹，延伸到人事治理的一切领域，形成治理行为的道德规范，是衡量治理合理性、有效性的一个尺度。

为人民服务，才能取得人民拥护，也是当代中国治理的根本经验。不同的是，为人民服务是我们一切治理的出发点和归宿，这和古代的德政有原则性区别。当然，研究古人的德政思想，对于我们坚持服务观点还是有帮助的。还应看到，在世界范围内，惟中国最为明确而严肃地提出为人民服务的方针，用以规范一切国家治理行为，且坚持得最长久。这固然决定于我们事业的性质，不可否认它也深植于我国悠远的传统。在当前历史阶段，实现社会主义现代化，全面建成小康社会，是最大的德政。在宏观管理和微观治理中，紧扣这个中心链条，做出成绩来，使人民得到实惠，是最得民心的，就能和广大人民永远在一起，聚拢大量人才，克服任何艰难险阻，立于不败之地。

四、廉以聚人

廉就是戒贪，是处理国家及其官员和人民大众的物质利益关系问题。政府垄断社会利益，刻削人民以充实国库，谓之贪政。官员用权谋私,搜刮人民以聚敛个人财富,谓之贪官。主导方面在于政权。由主政者决定的治理方针是关心民利,利散民间,并以身作则,以廉率下,就能有效抑制贪官的孳生。反之,主政方针是专天下之利,搜刮民财,必然是贪官泛滥。为政是否清廉,历来是决定国家能否得到人民拥护并聚拢优秀人才的关键。最不得人心的莫过于贪政。故古人议论治国安邦时,十分注重廉政建设问题。

(一) 治政从廉

孔子率先倡导廉政。他本人一度从政,博得"至清廉平"(《春秋繁露·五行相生》)的美名。在孔子看来,廉政首先是道德规范,是国家官员直至最高统治者的品质问题,是君子们应有的品质。治理国家要多为人民着想,抑制自己的私欲,不可苟求于民,不可使国家政权成为人民的沉重负担。在他看来,或者聚财,或者聚人,不可兼得。"德者本也,财者末也。……是故财聚则民散,财散则民聚。"(《礼记·大学》,第10章)聚人在散财,利散天下,君主才能像北斗星那样为众星拱之,故曰:"何以聚人曰财。"(《周易·系辞下》)有两类害臣,一是盗臣,一是聚敛之臣,如果不可免,"不畜聚敛之臣。与其有聚敛之臣,宁有盗臣。"(《礼记·大学》,第10章)有盗臣,失去的只是国库一些财产;有聚敛之臣,失去的却是整个人民。孟子把那些竭力替国君"充府库"的所谓"良臣",斥之为"民贼也"。(《孟子·告子下》)他认为取民财要细心斟酌,不可过度,"可以取,可以无取,取伤廉"。(《孟子·离娄下》)朱熹注:"过取固伤于廉。"(《孟子·离娄下》)可见理财有个廉政问题。因此,儒家在理财方面主张两大仁政,或曰两大廉政。

第一,国家不垄断天下之利。"君子不尽利以遗民"(《春秋繁露·度制》),山水资源应向人民开放,"废山泽之禁",让人民"择可劳而劳之。"(《孔子家语·五仪解》《论语·尧曰》)《国语·周语》记载,周历王欲"专山泽之利",把山泽资源收归国有,芮良夫极力反对,他说这样做害处很多,其中一条就是违背了国家应"导利而布之上下",损害了人民利益。如果国君专利,则人民"其归鲜矣"。这和孔子说的"财聚则民散"是一个道理。亦如《左传》说："众怒难犯，专欲难成，合二难以安国，危之道也。"

儒家思想影响深远，成为廉政建设的指导思想。汉以后各朝有个专利传统，盐、铁、酒、粮等实行垄断性专卖或国家强制压价收购，虽然其中有一些是经济治理措施，但主要是出于财政目的，体现了封建统治的贪婪。一些进步人士总是循用儒家节己利民思想与之抗争。

第二，实行轻税政策，藏富于民。"度于礼，施取其厚，事取其中，敛从其薄。""易其田畴，薄其税敛，民可使富也。"（《左传·哀公十一年》《孟子·尽心上》）轻税，把社会创造的财富主要部分留给民间，有利于改善人民生活，扩大生产投资，又利于发展商品流通。薄于官而厚于民，损上益下，乃得入之道。

> "市，廛而不征，法而不廛，则天下之商皆悦，而愿藏于其市矣。关，讥而不征，则天下之旅，皆悦而愿出于其路矣。耕者助而不税，则天下之农皆悦，而愿耕于其野矣。"（《孟子·公孙丑上》）

总之，以廉制税，不贪求，"斯天下之民皆引颈而望之矣"，"天下之民至矣"。（《孟子·梁惠王上》）轻税是贯彻孔子"修文德以来之"的一种政策。

（二）治吏养廉

国家官员廉洁自律，不损公，不夺民，治政才能从廉。《菜根谭》说："居官有二语，曰：惟公，公生明；惟廉，廉生威。"现存西安市碑林明代的"官箴"碑："吏不畏吾严，而畏吾廉；民不服吾能，而服吾公，公则民不敢慢，廉则吏不敢欺。公生明，廉生威。"宋代留存吕本中所著"官箴"——《当官铭》记载："当官之法，惟有三事：曰清（清廉），曰慎，曰勤。知此三者，可以保禄位，可以远耻辱，可以得上之知，可以得下之援。"这些可称为孔孟学说培育的古代公务员守则。

孔子倡导官员要"克己""修身""正其身""修己以安百姓"。治理国家的人"任重而道远",以天下为己任,不可以计较个人得失,应该"谋道不谋食","食无求饱,居无求安","发愤忘食,乐以忘忧",即使"饭蔬食,饮水,曲肱而枕之,乐亦在其中矣。"(《论语》:"宪问""泰伯""卫灵公""学而""述而")孟子要求君子们在取利的时候权衡一下,"其所取之者义乎? 不义乎?"不义,再穷也不可取,"穷不失义","穷则独善其身"。如果发达了,"达不离道","达则兼利天下","泽加于民"。(《孟子》:"万章下""尽心上")总之,治国者应是廉洁的楷模。孔子赞颂夏禹乐于"菲饮食""恶衣服""卑宫室",而能"尽力乎沟洫"的克己奉公精神,为治国者树立了廉洁的榜样(《论语·子路》)。卫国大夫公子荆严于律己,家居生活"苟且",过得去就满足了,孔子赞扬他起到了"以廉讽贪"的榜样作用。(《论语·子路》)

关于官员的待遇,古人有两种主张,都是着眼于养廉。一种主张从低,不要脱离民众的生活。一种主张从高,"厚禄养廉",免得官员去贪污。厚禄养廉论者,不能说一点道理也没有,动机无可厚非。但厚禄未必养廉,却是被历史证明了的。宋朝王安石是这样主张的。他指出当时"人无完行,士无廉声","淳朴之风散,贪饕之风成,而上下之力匮。"(《临川先生文集·风俗》)为了养廉,他主张厚禄,以为厚禄可使官员"廉而不贪","使其足以养廉耻而离于贪鄙之行。"其实他主张的厚禄并不太厚,官员"其禄已足以代其耕"而已。晋朝傅玄主张官员的待遇应"足以济其家",使他们得以"弃家门,委身于公朝",有利于防范营私舞弊。从政者应该:"德比于上,欲比于下。德比于上,故知耻;欲比于下,故知足。"(《傅子》:"重爵禄""仁论")看来这两位思想家从养廉出发,都主张既要保障国家官员必要的生活水平,又要防止脱离群众,是有价值的思想。尤其傅玄"欲比于下"思想十分宝贵。

在治生方面,古人把商人分为"贪贾"和"廉贾"。不顾消费者的利益,唯利是图,贪高价,是"贪贾",结果顾客减少,利润也相应减少。"廉贾"不然,照顾顾客利益,质好价低,结果顾客盈门,销售扩大,能多赚钱。算总账,如果贪贾年赚三成利的话,廉贾会赚五成利,"贪贾三之,廉贾五之"（《汉书·货殖传》），这叫"廉贾归富"（《史记·货殖列传》）。薄利多销政策是经商得人之道。上海某布店在全市同行中实行最低价，效益领先，也印证了这个道理。《菜根谭》说"利人实利己的根基"，利人是商业发达之途。

　　经商还有个企业效益和社会效益的关系问题。能否使两者结合，服务于社会效益，也是廉和贪的一个界限。张元济办商务印书馆，经营"以扶助教育为己任"，"注意于培植人才，不专在谋利。"当时荒诞书刊盛行，张元济认为"利在前而后从事于学焉，下焉"，"贪小反而失大"，不可取。他自定宗旨，一是"求进步"，二是"价廉物美"，对国家对读者负责，"宜多出高尚书，略牺牲营业主义。"（《中国近代实业家的经营管理思想》，1998 年版，第 92、93 页）范旭东办化工是出了名的，"要化工，找旭东"是历史对他的评价。他为人清廉也堪称楷模，他说："事业的成功，必须做到清廉。为人清廉，极易博得他人的敬仰，做事亦易推行。任何事情我们能做到清廉两字，就是事业失败，尚可得人谅解，得人同情。"（《历史与企业家对话》，改革出版社，第 317 页）他做 30 多年总经理，两袖清风，没有属于自己的房子和汽车，身后也没给夫人留下足以养生的费用。如此清廉的企业家，为人们所敬仰。

第七章 取 人

一、为政在人

　　人事管理是全部管理的中心部位,管理目标的确定和实现,管理措施的制定和落实,都要依赖于人的世界观与才能,故我们历来注重于选人、用人、育人之道。西方管理学长期注重以物为中心的管理,人只是被当做运用的工具,以古典管理学派为代表,西方"早期的全部管理学是不讲究人的因素的。"(美·小詹姆斯等,《管理学基础》,中国人民大学中译本,第177页)作为历史反思,20世纪中期产生了行为科学学派,把管理重心转向人,运用心理学,研究对人的激励、组合和领导,发生了管理学的重大变革。对于这一变革,后期行为科学一位代表人物马斯洛承认是借鉴中国传统管理文化的。日本研究人事管理的铃木博说:"现代管理科学中人事管理的许多原理,几乎都可以从中国历史上找到根据。"(转引自《历史与企业家对话》,改革出版社,第177页)20世纪70年代以来,西方主要的管理学著作,几乎普遍研究用人艺术。比较之下,我国传统管理文化从一开始就注重于人的管理,认为管理的主体是人,通过有效的人事管理,才能保证对物的有效管理,而且一贯如此,形成了独具特色的人事管理文化。孔子说:"文武之政,布在方策。其人存,则其政举;其人亡,则其政息。天道敏生,人道敏政,地道敏树。夫政也者,蒲卢也。故为政在人……知所以治人,则知所以治天下国家矣。"(《礼记·中庸》,第20章)栽植蒲苇希望长得快些(敏树),治理人事希望提高效率(敏政)。治政的方略既定,要靠官员去执行。能否配备适当的官员班子,关系到方略的"举"和"息",故曰"为政在人",用现在的话说,政治路线决定之后,干部就是决定一切的。

三国时的人才学家刘劭说:"人材不同,故政有得失。""君以用人为能",其职责在于"知人""任使","众材得其序,而庶绩之业兴矣"。(刘劭,《人物志》:"材能""序")

凡历史上鼎盛之世,如汉文景之治,唐贞观之治,清乾康之治,皆人才荟萃之际,得力于吏治成功。君主礼贤下士,对士人实行宽松的开放性政策。唐太宗看人才高于财货,"与其多得数百万缗,何如得一贤才。"(《资治通鉴》,卷194)下令宰相府"广开耳目,求访贤哲"(《贞观政要·择官》),皇权左右,善谋者有房玄龄,善断者有杜如晦,直谏有魏征,用人有王珪,治军有李靖,另有温彦博、李绩等一大批得力辅佐,贞观之治才有了组织保证。史称康熙之世多俊才,"廉吏辈出",和康熙爱才是分不开的。他说:"致治之道,首重人才","在有治人不患无治法",希望能做到"天下无弃才"。(《清实禄》,卷44、83)汉族发展程度较高,士人较多,康熙很留意吸纳汉族知识分子为朝廷服务。即使遭到一些学者如顾炎武、黄宗羲、李颐等人的抵制,他也能宽容和礼遇。如对于拒见他的李颙,题匾"志操高洁",表彰他"可谓完节"。穷书生高士奇赴京谋职,康熙发现此人字写得好,"不拘一格,择补翰林"。他还器重布衣陈潢的水利才能,让他协助河道总督靳辅治理黄河。靳辅治河十年,功效卓著,"辅之幕友陈潢通晓政事,凡辅所措施,咸出潢之赞画,亦一代奇才也。"有了这样重视人才的君主,自然有利于人才的成长。"三十几名思想家、经学家、史学家、文学家,全出在康熙时期。"(陈烈,《康熙的举贤任能思想》,载《中国古代管理思想》,第514~515页)所以,康熙朝不仅社会安定,经济发展,文化也相当昌盛。

在市场经济中,企业的成功也取决于人。南京市的石林集团,1987年创建的民营个体企业,第二代领导人刘正云1992年接手,经过十多年的发展,成长为跨家居商业连锁和房地产开发、拥有10多家子公司、年产值近50亿元的企业集团,成为南京市十大商贸企业之一。在刘正云的主持下,石林集团培育了"务实、创新、发展"的企业文化,以"家"为核心,以"和谐人居"为经营理念,满足人们对房产、家居、生活的一体化需求,为顾客提供建材、家具、房地产一条龙服务。石林用人成功是发展的一大诀窍,刘正云本人就是实干家,带领员工齐心干事业,下属们既是员工,又是管理者,只要有成就必有应得的回报。在服务顾客中发达的石林,又慷慨地回馈了社会,投身公益。2005 年、2006 年,石林向爱心助学、扶贫济困、抗震救灾、支持新农村建设等项目捐助近 800 万元;2007 年认捐 2 000 万元;2010 年又捐 60 万元。石林也因而荣获"中华慈善突出贡献奖"、"江苏省慈善奖"、南京市首届"十佳慈善之星"等称号。(《南大案例研究精粹》)

二、人才标准

(一)德才兼备

"人才"概念源于汉代,王充《论衡·累害》:"人才高下,不能均同。同时并进,高者得荣,下者惭恧,毁伤其行。"对于人才的研究从先秦就开始了。人才是指有才能或才学可以胜任事业的人,古人通常称贤人或贤良,是些品行好、有知识、能力强的人。"贤才不备,不足以为治。"(《明史·志卷》)"国有贤良之士众,则国家之治厚;贤良之士寡,则国家之治薄。"(《墨子·尚贤》)可见"为政在人"的"人"是有一定标准的,需德才兼备。荀子说:"论德而定次,量能而授官。……上贤使之为三公,次贤使之为诸侯,下贤使之为士大夫。"(《荀子·君道》)用人以德才为本,按德才高下分别使用,没有德才的人是不能用的。毛泽东也说:"中国共产党是在一个几万万人的大民族中领导伟大革命斗争的党,没有很多德才兼备的领导干部,是不能完成其历史使命的。"(《毛泽东选集》,第 514 页)

(二)德的内涵

德是人的内在素质,现在称思想觉悟道德品质,是支配人的行为的内因,行为表达其内在素质。是谓德以贯行,行以观德,合称"德行"。"敏德以为行本",德为行之本,"德行,内外之称,在心为德,施之为行。"(《周礼·地官·师氏》,及郑玄注)关于德的内涵,众说不一,有的提三德,也有提五德八德，各有侧重，又可互容，都是讲修身治国平天下所必备的素质。儒家提倡"修其身""正其心"，指德行修养，包括忠、孝、仁、爱、慈、恕、悌，都是处理伦理关系的行为准则，忠君报国是第一位的。在家孝于亲尊于兄，在国方能忠于君，不会犯上作乱，"忠则无二心"（《六韬·龙韬·论将》），全心全意。"国以简贤为务，贤以孝行为首。……是以求忠臣必于孝子之门。"（《后汉书·韦彪传》）古人提倡的德有严格的历史性质，比如忠君是第一位的，是非是次要的，服从上级高于服从真理，进而注重知遇之恩，"士为知己者死"，失去是非标准，从而走向德的反面。这种意义的德已随历史的发展而失去了效用。同时，古人也提出一些具永恒意义的德的内涵，试列举如下。

忠于人民的利益。"德泽加于万民"（《汉书·食货志上》），"有道之君，外无怨仇于邻敌，而内有德泽于万民"。（《韩非子·解老》）这种德泽于民只是表明让人民沾点光，还够不上忠民思想。贾谊进了一步，"为人臣者，以富乐民为功，以贫苦民为罪。故君以知贤为明，吏以爱民为忠。"（《贾谊新书·大政上》）或如范仲淹所说：志士仁人应以天下为己任，"先天下之忧而忧，后天下之乐而乐。"（范仲淹，《岳阳楼记》）

顺乎历史潮流而动。荀子认为君子们应该顺应时代潮流，"与时迁徙"，看准了时代潮流，"笃志而体"，专心一意坚持下去，"生乎由是，死乎由是，夫是之谓德操"，"德操然后能定，能定然后能应，能定能应，夫是之谓成人。"（《荀子》："非相""修身""劝学"）"定"指意志坚定，"应"是顺应时代潮流，推动历史的步伐，就是高尚的完人（成人）。这就超出了内省的视野，站在历史的高度界定德的内涵。历代的革命家和改革家们都在不同程度上是体现这种"德操"的"成人"。

廉直。《三略》提出了将帅"八德"，有三项属廉直："能清"，即廉洁无私；"能平"，处事公正无邪；耿直，"能进谏"，即和错误倾向作斗争。诸葛亮说："国之有辅，如屋之有柱。柱不可细，辅不可弱。柱细则害，辅弱则倾。""柱以直木雕泥塑坚，辅以直士为贤。"（《诸葛亮集·便宜十六策·举措》）直谏之士是可贵的，魏征是出了名的诤臣。做官贪财是大忌,《管子》提倡德义之士应有献身精神,弘公道,去私道,"不为爱尊爵","不为爱重禄","不为爱金财"。(《管子·制分》)

谦虚容众。《道德经》"上德若谷","旷兮其若谷",由此形成"虚怀若谷"这句格言,构成德的内涵。修养好的人胸怀广阔,能容纳众人的意见。《管子》说:"功大而不伐,业明而不矜。"作为人才,不应使自己份量十足,容量太满,音律过盛,气氛过度,即"不平其秤,不满其量,不殷其乐,不致其度"(《管子·法法》),这样才能经常保持清醒的头脑,不脱离群众。《三略》中为将标准有三条讲谦虚容众:"能采言",广泛听取不同意见;"能纳人",容纳不同特质、不同观点的人;"能受谏"。孔子提倡"四戒(四绝)":不任意武断(毋意),不搞绝对化(毋必),不自以为是(毋我),不固执己见(毋固)。这些皆是提倡谦虚美德的。谦虚谨慎也不可走向另一个极端,变成谨小慎微,失去自己的主见,同样办不成大事。"小谨者不大立"(《管子·形势》),是对这种偏向的告诫。

作风正派。孔子说:"君子坦荡荡。"正派人胸怀坦荡,光明正大,不搞阴谋,不搞宗派,"就有道而正焉","席不正不坐"。(《论语》:"述而""学而""乡党")《管子》认为贤者应光明磊落,为人做事要"正而视,定而履,深而迹"(《管子·宙合》),意即看得正,走得正,做事留有印记,一步一个脚印,没有虚假伪饰,经得起检查。历史上官场宗派活动由来已久,春秋战国时已广泛存在了。领主世袭制解体,委任制使官职可谋,拉帮结派、钻营利禄现象随之发生,于是出现了批判宗派活动的言论。孔子说:"君子周而不比,小人比而不周。""君子矜而不争,群而不党。"(《论语·为政》)"周"指团结,"比"指拉帮结派。《管子》中把宗派活动的"比党"之徒称为"结束""结纽""党而成群者",是些"诬能篡利之臣者""淫悖行食之徒"。(《管子》:"君臣下""五辅""法法")荀子把"比周"连用,"党朋比周,以环主图私为务。"(《荀子·臣道》)司马迁则说:"至如宗强朋党比周,设财役贫,豪暴侵凌孤弱,恣欲自快,游侠亦丑之。"(《史记·游侠列传》)

好学不倦。有好学精神,永不满足于已有水平。《论语》第一句:

"学而时习之,不亦说乎!"把不断学习视为人生一大快事,这是古今贤才的共同心态。荀子说:"学不可已矣。青,取之于兰,而青于兰;冰,水为之,而寒于水。……故木受绳则直,金就砺则利,君子博学而日参省乎己,则知明而行无过矣。"(《荀子·劝学》)荀子这段话是说学习无涯,博学是增长知识和陶冶品行的途径,并且表现出对后生的殷切期望。《管子》对学习另有高见:"士不厌学,故能成其圣。"除了学习书本知识,还应向民众学习,"海不辞水,故能成其大;山不辞土石,故能成其高";人也需集众智"以益其智",故应"好上识而下问","因天下之智力","周听近远以续明"。除了学习关于现实的知识,还应向历史学习,即"知古","不知古"即不通晓历史经验的人,"事无资",即事业无根基,"无贤士焉"。尹知章注:"智士必知古。"(《管子》:"形势解""小匡""戒""七臣七主""法法")清世祖也提倡治世人才"宜留心学问",做到"博古通今,明体达用"。(《清史稿·世祖本纪》)

(三)才的内涵

这里的"才"是泛指治理人才。古人对"才"的论述不那么集中,《周礼》讲的"六艺":礼、乐、射、御、书、数,多是才的要求。《六韬》提将有"五材":勇、智、仁、信、忠,孙武提出将有智、信、仁、勇、严五项素质,两者都提到将有五项标准,大体相同,只有"智"或称"谋"属于才能素质。《管子·七法》提出治国者须掌握七项本领,是治理人才的较为完整的要求:"则"——能掌握客观法则,即熟谙社会(人)和自然界("天地""寒暑""水土""鸟兽草木")生长运行之"则"。"象"——熟悉事物的时空形态、类属、名称、外表、同异等各种形态,这是认识事物、掌握客观规律的起点。"法"——善于制定和运用行为规范和措施,如尺寸、绳墨、规矩、衡石(担)、斗斛、角量及各种人事法则。没有规矩不能成方圆,不掌握相关规范,不可能有成功的治理。"化"——善于沟通教化,熏陶人的习性,适应事物的转化。"决塞"——善于衡量利害得失、难易、风险程度,做出正确的决策部署,或予或夺,或开或闭,或行或止。"心术"——能诚实宽厚待人,又善于做人的思想工作,塑造人的灵魂。"计数"——善于运用数量管理,掌握刚柔、轻重、虚实、多少、远近、大小等数量关系,做到心中有数。"不明于计数,而欲举大事,犹无舟楫而欲经于水,险也。"故曰:"不知计数,不可。"(《管子·七法》)

以上七项相互联系,浑然一体。要得治理成功,必须从调查研究入手,认识事物的各种表象,把握其数量界限和时空形态,进而深入其内部认识其规律性;再衡量利弊得失、险易程度;在全面分析的基础上做出正确的决策,决定行止、行动的目标和范围;为贯彻决策意图,需制定相应的法规和行动准则;并需调动人的积极性,团结众人促进事物的转化,实现决策目标。包含了认识才能、决策才能、法制管理才能、组织才能、思想工作才能、数量分析才能等,这些共同构成事业的管理才能。

(四) 德和才的关系

关于德和才的关系,一种态度是唯才是举,不顾德行。曹操就是持这种态度,能为他打仗就是他需要的人才。他也下过《求贤令》,这个令不拘德行,贪财也无所谓,"若必贤士而后可用,则齐桓何以霸世!"他主张"唯才是举",发布过一道《举贤勿拘品行令》,说有盗嫂受金之嫌的陈平、杀妻明志的吴起都建立了赫赫战功,他要用那些"不仁不孝而有治国用兵之术"的人(《三国志·魏志·武帝纪》,注引《魏书》)魏征也持有这种观点,他和唐太宗议论用人时说:"天下未定,则专取其才,不考其行。"(《资治通鉴》,卷194)另一种则认为战争时期可以不重视将领的品德是失之片面的观点,前述《孙子兵法》《六韬》《三略》的为将标准,都是讲德才兼备的。德才兼备,以德为主,以德帅才,是主导的观点。"才乎才,有德以为功,无德以为乱……无得而才,犹资盗以兵。"(《李觏集·潜书》)"今专以言辞刀笔取人,而不悉其行,至后败职,虽刑戮之,而民已敝矣。"(《新唐书·百官志》)有才而缺德,才高害处大,用以治国,人民遭殃。用人以"才德兼优为佳",如果"才德难以兼全",只能"以立品为主,学问次之","当以德为本,才艺为末","论才则必以德为本,故德胜才谓之君子,才胜德谓之小人。"(《清圣祖圣训》,卷23;《圣祖御制文集》,2集38卷、1集26卷)

司马光在《资治通鉴》中专门讨论了德和才的关系：

"德胜才谓之'君子'，才胜德谓之'小人'"，"君子挟才以为善，小人挟才以为恶。挟才以为善者，善无不至矣；挟才以为恶者，恶亦无不至矣。愚者虽欲为不善，智不能周，力不能胜，譬如乳狗博人，人得而制之。小人智足以遂其奸，勇足以决其暴，是虎而翼者也，其为害岂不多哉！"（《资治通鉴》，卷1）

小人有才智，如虎添翼，如强盗补充兵员，为害更大。因此，"才者，德之资也；德者，才之帅也"，因此用人切不可"敝于才而遗于德"（《资治通鉴》，卷1）。以德帅才，以才资德，是德才关系的正确观点。没有德的统率，才不能正经地发挥；只是思想好，没有才能，也达不到事业的成功。

现代的德才观对于古代德才观，既有继承性，又有变革和发展。德的封建性内涵已被否定，而忠于人民、廉正无私、谦虚容众、作风正派、好学不倦等素质要求，则应结合现实要求继承下来，发扬光大，使之成为社会主义精神文明建设的组成部分。同时，新时代人才的品德还有过去从未有过的内容，最主要的就是坚持四项基本原则，坚持改革开放，献身于社会主义现代化事业。现代人的"才"比过去要求更多更高，要有面向社会主义市场经济和适应现代化全球化要求的科学技术和管理知识。不能以为有才便是德，也不能以德为才。现代化事业极大地提高了对才智素质的要求，同时并没有降低对品质素质的要求。众多事实证明，包括政治素质在内的品德依然是决定性的，无论对于宏观管理还是微观管理都是这样。依然不可以"惟才是举"，还得牢记"有德以为功，无德以为乱"这句古训。管理者思想不过硬，其才能就可能用去谋个人或小团体的利益。我国管理学界在新时期有三句名言：智力比知识更重要，知识丰富，智力不足，运用知识的能力就差，难以发挥知识的作用；素质比智力更重要，有知识，有智力，素质欠佳，像个三角砖头，搁哪哪不平，也不行；觉悟比素质更重要，没有觉悟的管理者是最危险的管理者。"觉悟"就是德，依然是新时代第一位的人才标准。当然，只是思想觉悟高，不懂现代科学与管理，没有本事，是好人却不是人才，同样不堪重任。总之，德才兼备，或德智体全面发展，是我们选人和培养人才的方针。

三、取人之道

古人认为人才世代皆有，处处都有，所谓"十步之泽，必有香草"，"十室之邑，必有忠信"。(汉·刘向，《说苑·谈丛》))问题在于用人者能否知人善任。"士有未用，未有少士之世也。"(《后汉书·王充王符仲长统列传》)"天下不患无臣，患无君以使之"，"国未尝乏于胜任之士，上之明适不足以知之"。(《管子》："牧民""君臣上")这是问题的关键，故应讲究取人之道。传统的取人之道，大体上有两种办法，一是以人取人，二是以法取人。

(一) 以人取人

由主政者亲自出马，或派人外出察访，或由下级官员推荐取得人才，谓之以人取人，历史上称为求贤、访贤、荐贤。条件是求贤者礼贤下士，尊重人才，优待人才，凭真诚和礼遇取得人才的信任，以为所用。成汤二请伊尹，周文王访贤遇于牙，刘备三顾茅庐而诸葛出山，鲍叔牙荐管仲而桓公重用，萧何荐韩信、追韩信等，皆传为佳话。《战国策·燕策》记载，燕昭王筑黄金台，置千金于台上，邀请天下贤士，取名招贤台，感动了众多名士，"士争凑燕"，魏国乐毅、赵国剧辛，齐国邹衍等人相继来归。燕国得众贤之助，终成七雄之一。后来诸葛亮也在成都城南筑招贤台，"以延四方之士"。另有公开告示的"招贤榜""求贤令"，以招揽贤才。曹操、朱元璋、洪秀全等人都发布过这样的告示，这种形式类似于今日的招聘办法，有公开性，没有明确的对象。

以人取人，无论是面向个人还是公众，都没有一定的法规，有临时性特点，都不是正常的取人方法。而且由官员察访和推荐，用的是伯乐相马法,不一定真能得到贤才。古人有"千里马常有,而伯乐不常有"
(《韩昌黎文集·杂说四·马说》)之叹,表明察、访、荐的办法不是很成功的。
所谓"善相马者天下无弃马,善相士者天下无弃士"(《清圣祖御制文集·喻
马》)只是一种良好的愿望而已,实际上靠相士的办法不可能达到"无弃
士"。鲍叔牙推荐管仲算是成功的例子,条件是鲍叔牙不仅能识才,而
且要能以国利为重,没有私心,还要有自知之明。本来桓公已提议由叔
牙任宰相,叔牙自知"庸臣",不堪重任,说管仲有五个方面优于自己,力
荐代替自己,而自己宁愿做他的部下。这样的既知己又识才,公字当头
的荐贤者,在封建社会是极其罕见的。那些嫉贤妒能的官员"相"中的
只能是唯唯诺诺的庸才。正如李觏说的"贵者疾之而已矣",倒是老百
姓没有这种心态,"贱故能进贤"。(《李觏集·庆历民言·远私》)当然,这里
并无完全否定这种办法的意思,作为贵贤求贤的精神,对于现在还是可
贵的,对于未能发挥作用的人才进行察、访、荐也是应该的。至于有些
文章把这种办法说得那么神,似乎是取人的主要方法,大可不必。

(二) 以法取人

按制定的法规取人谓之以法取人,"选贤论材,而待之以法"(《管
子·君臣上》)。有章可循,制度化,稳定性,可避免取人的随意性。周代
有"选士"或"选举"制,以作领主世官制的补充。诸侯和大夫以上官员
世袭制,士以下吏职实行"乡举里选"制。在教育考核的基础上,以乡为
单位选拔贤能者,贡于诸侯,诸侯除自用外,还得选一些贡于周王叫"贡
士",由周王考核录用,称为"大射选士"。这种办法可视为原始社会末
期民主选举的发展和制度化。

汉代实行察举制。汉文帝诏举贤良方正启其端,各级官员按帝诏
的荐举科目推选人才,文帝亲自策问、选定、授职。武帝时独尊儒术,确
立以儒学举士的制度,人才选拔趋向规范化,规定必修科目,对孝廉、茂
才、察廉、光禄等科实行岁举式定期察举,入选的候选人才由武帝亲自
面试决定取舍,有些人还需书面回答政见,如董仲舒的《对贤良策》就是
在武帝当面策问时写的一篇论文。后来经历东汉、魏晋南北朝,察举方

式几度变革,但基本格局未变。从取人方式看,这个时期可称为察举制时期。

科举制是我国历史上最主要的取士制度,沿用时间最长。这一制度萌发于南北朝晚期,形成于隋唐,发展于宋元,成熟于明清。从隋炀帝大业三年(公元 607 年)开始实行科举制度,到清光绪三十一年实行学校教育代替科举,近 1 400 年当中,除了战乱时期,一般都采用这种取人制度。科举制的主要特点如下。

第一,国家指定专职机构如吏部、选部或礼部主持,定期举办。

第二,考试为取人的主要方式,以文章或诗词歌赋考察学问,有时加口试。主要考察当时政府提倡的儒学书本知识,兼及考察政见。这种取才方式维持了我国中世纪文官主政的传统,如北宋 71 名宰相中有64 名是科举出身,范仲淹、王安石、司马光、苏东坡这些杰出人才,都是由科举入仕,成了传世人物。

第三,实行逐级淘汰选拔制。多数朝代实行三级汰选制。唐代先由州县初选,再经礼部省试。北宋实行州试、省试、殿试三级选拔,最后经皇帝或指定代理人考核裁定。清代实行乡试(省主持)、会试(礼部主持)、殿试三级。这个办法使人才选拔面向全国,吸引大量考生,一定程度上破除了贵族的做官特权,为一些民间人士开通了仕途。"朝为田舍郎,暮登天了堂",历代不乏布衣及第,穷书生一试中鹄,成为显贵。

第四,考试和录用分开。考试合格取得"学位",如清代的"进士""贡士",有了做官的资格,或可称"后补官员",国家任命官员时从中选拔,取得职务尚需经过铨叙任命手续。

第五,科举和学校教育相结合,即育才和选才相结合。《礼记·王制》篇已有育才和选才相结合的思想。乡选"秀士",谓之"选士";"升之学"培养"俊士",谓之"造士";"造士之秀者","告于王",谓之"进士";再经考试合格,"以告于王,而定其论;论定,然后官之。"这一设想后来在科举中得到体现。学校育才是国家选才的基础,起育才、储才备选的作用。考生一般要经过学校教育(也有自学成才应试者,是例外),如清代,经过学校的"童试",才能进入考试渠道。所以,科举制推动了官学、民学的发展,把教育推向了社会。

第六,具有一定的公开性和竞争性。考试科目、考试进程期限、考试结果都向社会公布,公开进行,有利于考生准备,也有利于社会监督。科举中的舞弊行为屡见不鲜,查处案例也是代有记载。《大清律例》规定:"考试官同考官及应试举子,有交通、嘱托、贿买、关节等弊,问实斩决。"据此,清代先后斩掉了上百名官员。顺治十四年(公元1657年),主考官方犹、钱开宗在江南乡试中为几名政要子弟开后门,张榜后引起不平,举子们刊出《万金记传奇》,将"方"去点归"万","钱"字"留金",讽刺方、钱二主考官受贿万金,闹到京师,终由顺治钦定将方、钱处斩于市,数名涉案官员处绞刑或流刑。宋太祖为防止权贵子弟以不正当途径中试,曾下诏:"自今举人,凡关食禄之家,委礼部具析以闻,当令(中书)复试。"应试权贵子弟比普通考生要另加一次高级官员复试。宋真宗于咸平三年(公元1000年)下诏重申这一规定。宋太宗亲自殿试,发现通过进士考试的,有宰相李昉、盐铁史、参政知事、度支使等众多权贵子弟,为避免舞弊和社会不良反应,把这些子弟统统除名。"此并世家,与孤寒并进,纵以艺升,人亦谓朕为有私也。"(《续资治通鉴长编》,卷9、46、26)虽然有点过分,但是令权贵为贫寒让路,防止作弊,精神可嘉。

科举制在实行过程中衍生了许多弊端,如以封建教义禁锢学子的思想,不重视实践才能,致使青年人脱离社会;到封建晚期发展了八股文风,强化了文化专制主义,阻碍了文化的发展;使许多人从小踏上科举求官之途,终身不拔,终成五谷不分、四体不勤的废物。"老去功名意转疏,独骑瘦马取长途,孤村到晓犹灯火,知有人家夜读书"(《晁具茨诗集·夜行》)的诗句是对当时求仕科举的真实写照,常有50岁以上的老考生,甚至有父子同考,不知浪费多少人的青春。时人中毒太深,视之为正途,还传为佳话。科举制以功名利禄笼络士人,为封建统治者作效力的奴仆。唐太宗看到新选进士们列队经过端午门时,心情喜悦而脱口说出"天下英雄尽入吾彀中矣"(《唐摭言》,卷15),一语道破科举的用心。康熙的大臣鄂尔泰说："非不知八股为无用,特以牢笼志士,驱策美才,其术莫善于此。"(《满清稗史·满清兴亡史》)把科举制的实质和目的说得多么清楚!特别是为科举办教育,把知识阶层引进读书—考取功名—做官这条轨道,脱离了生产和社会实践,养成古代知识阶层只重读书赶考,脱离生产劳动、忽视科学技术的心态。大量年轻人只读圣贤书,不会生产,不懂科学,其结果必然是阻碍科技和生产力的发展。

我们看清了科举制的弊端,并不否定其科学价值。科举制作为我国选才的首创,其中包含的选人法制化,面向社会,重视知识人才,公开性,公平竞争,选人和育人相结合,笔试、口试和铨叙录用相结合等,都是合理的因素,是优于以人取人的。而且,这一由中国首创的制度对于西方吏治文化也发生了重大的影响。公元 1596 年(明隆庆三年)葡萄牙传教士克鲁兹的《中国游记》出版,其中有赞扬中国科举制的内容。1583 年(明万历十一年)出版的葡国修士德万多萨的《伟大的中国》一书,则对中国的科举制做了较为详细的介绍。此后到 19 世纪末,西方介绍中国科举制的书刊多达七十余种,引起了世界范围的广泛关注,给西方的启蒙思想家以启迪,从而对于从英国开始的文官制度的确立和推广产生了积极的影响。

(三) 取人原则

通过一定的途径,遵循一定的原则,才能选拔出合格的人才。古人在这方面也提供了一些有价值的思想,有些是由正确的做法产生的经验,有些是针对不正确的做法而阐述的观点。

第一,既重书本知识,又重实践经验。从士人阶层中取才,表明重视读书人的社会治理功能。我国古代称之为"劳心者"的脑力劳动者,既是生产力的源泉,又承担社会治理职能,在政治、经济、文化各方面起主导作用。"夫士者,人才之本源,立国之命系焉"(《水心别集·科举》),反映了知识阶层的历史地位。但是在中国古代,政治家和理论家们,一般只重视劳心者的社会治理功能,不大注意其在生产力发展中的作用,倒是民间更重视科技人才,这种情况造成从事科技之人的社会地位不如从政士人。

"劳心者治人","宰相需用读书人",表明劳心者是承担社会治理职能的,同时表明其作用仅在于"治人",在生产中的作用不见了。"读书人"有书本知识,实践才能似乎并不重要。与这种指导思想相反的,是注重书本知识和实践知识相结合的取人原则。韩非主张"宰相必起于州部,猛将必发于卒伍"(《韩非子·显学》),从基层选择有实践经验的人才,要严格考核,"效功于国以履位,见能于官以授职。"(《韩非子·用人》)《管子》主张"进士",士是好学的,"士不厌学,故能成其圣"。同时又强调其实践经验,主张从基层的"什伍"开始逐级选拔"俊才",选中者需经一年试用,胜任者"登以为上卿之佐",不合格者返还为民。(《管子》:"形势解""小匡")颜之推认为,不知"战阵之急""耕稼之苦""劳役之勤"的人,不可以承担"应世经务"的重任。苏洵认为:主管刑法的官员应从"习法律"并有实践经验的"贱吏"中选拔。这些人"少而习法律",有法律知识;"长而习狱讼",又有司法经验;对于"老奸大豪",社会治安的"变化、出入"等各种情况,"无不谙究,因而官之",必能胜任。(苏洵,《嘉祐集·衡论上·广士》)这种思想和现代以政绩取人的主张相吻合。

第二,"博询众庶"即依靠民众的辨别来择人。孟子认为老百姓对取人最有发言权:"左右皆曰贤,未可也;诸大夫皆曰贤,未可也;国人皆曰贤,然后察之,见贤焉,然后用之。左右皆曰不可,勿听;诸大夫皆曰不可,勿听;国人皆曰不可,然后察之,见不可焉,然后去之。"(《孟子·梁惠王下》)这是孟子回答齐宣王如何识才问题时的一段话。识别人才不能只听官员的,应该听听百姓的反映,国人认可或不认可,经主管人亲自考察,然后决定用或不用。王安石认为取人不可"私听于一人之口",应该"博询众庶"(《临川先生文集·上仁宗皇帝言事书》)定取舍。古人之所以在选人方面注重民众意见,有以下三方面考量。一是从德政思想出发。德政应该利于民,民众从切身利害判别人才的优劣,用人能为人民所接受,国家就可以得民。二是可以发现隐藏于民间的优秀人才。官场风气败坏,一些贤才不愿逢迎拍马,隐居民间;还有一些报国无门的"隐不知之人"，又称"逸民"。孔子有"举逸民"之说。《段注》："《论语·微子》'逸民'……按许作'佚民'，正字；作逸民，假借字。""举逸民"可解释为察举隐而不知的贤才。三是只有依靠民众才能全面准确地考察人才。正派人不愿在上司面前表现自己，不正派的人又会在上司面前掩饰缺点，而在下级和老百姓面前就不需要掩饰了。"人才之高下，下知上易，上知下难。""君之知相也不如大夫，相之知大夫也不如士，大夫之知士也不如民。"(魏源，《古微堂文集·治篇十一》)因此，靠官员察举很难准确把握人才品质。那些钻营利禄的人对官对民两个面孔，"色厉内荏，言行不相顾者，湘滔偕是也"，上级是难以识别的，只有长期和其相处的人才能辨别其真相。"久与篡者，胡能睹其真伪耶；失舆居考非邻里乡党而谁耶。"(《李觏集》)所以，只有依靠群众才能选出真正的贤才，而防止幸进者。江苏省镇江市曾经发动 4 000 名群众，在全市范围选拔经济管理、外经外贸和科研开发人才，是"博询众庶"选人才主张的一次实践。

第三，"多用儇慧少年"。孔子说"后生可畏，焉知来者之不如今人"(《论语·子罕》)，表示了对年轻人的尊重。即使在封建社会，青年人也是多抱负较少保守思想的群体，但那时的人事晋升讲究论资排辈，压制了青年人的成长。有远见的思想家对此多有抨击，如周朗说："既谓之才，则不宜以阶级限，不应以年齿齐。"(《宋书·周朗传》)历代著名的改革家土安石、刘晏等人都深感故吏之因循守旧，把希望寄托于青年人，聚集了一大批年轻有为之士。刘晏选拔一批"通敏、精悍、廉勤"的年轻"士人"，组成经济改革班子，"积数百人，皆新进敏锐，尽当时之选，趋督倚办，故能成功。"(《新唐书·刘晏传》)刘晏改革效率之高，成就之大，和他重青年的用人路线是分不开的。王安石奏请皇上批准，"罢黜中外老成人几尽，多用门下儇慧少年"(《宋史·王安石传》)，曾一度取得了改革事业"相继并兴"的效果。

第四，"不拘一格"。"九州生气恃风雷，万马齐喑究可哀，我劝天公重抖擞，不拘一格降人才。"(《龚自珍全集·己亥杂诗》)这是龚自珍在国势日衰之下发出的时代呼声。不拘一格就是打破门第、出身、资历、年龄界限,破格选拔优秀人才。

不拘出身门第。封建制是等级制社会,国家取士是讲究出身门第的,贵贱分明,贫寒子弟读不了书,一般踏不上仕途。作为这种等级制的反弹,早在先秦就出现了打破等级进入的主张,如墨子主张:"尚贤而任使能,不党父兄,不偏贵富。"(《墨子·尚贤中》)取人不以出身,而以能力为准。"故官无常贵,民无终贱。有能则举之,无能则下之。""虽在农与工肆之人,有能则举之,高予之爵,重予之禄,任之以事,断予之令。"(《墨子·尚贤上》)

墨子代表小生产者,要求打破门第,争取"农与工肆"的代表人物进入国家政权,以保护劳动者的利益。后来一些地主阶级思想家出于改善官员结构的目的,也一再提出不拘出身门第以选才。孟子也认为平民百姓能出大人才,"舜发于畎亩之中,傅说举于版筑之间,胶鬲举于鱼盐之中,管夷吾举于士,孙叔敖举于海,百里奚举于市。"舜原来是种田人;殷代武丁的贤相傅说是个建筑工人;周文王的大臣胶鬲原先是个盐贩;管仲曾囚于士官;孙叔敖隐居海边谋生,楚庄王举为令伊;百里奚在被秦穆公拜相之前,是个喂牛的奴隶。在孟子看来,居于民间下层,经受各种煎熬,"苦其心志,劳其筋骨,饿其体肤,空乏其身,行拂乱其所为",使其"动心忍性,曾(增)益其所不能",足以担当大任,"故天将降大任于斯人也"。(《孟子·告子下》)相反,那些纨绔子弟,只知悠哉游哉,倒成不了大器。出于这种"人才学"思想,促使许多思想家、政治家把选才的目光投向民间。如苏洵提出取人"无择于势",不要只考虑权势上等之家,无论布衣寒士、武夫健卒、巫医方技、胥史贱吏,应和公卿子弟一视同仁,"贤则用之"。(苏洵,《嘉祐集·衡论上·广士》)唐代的马周,少孤贫,后到长安中郎将常何处为家客,贞观五年(公元631年)代常何草拟奏书,论政20余事,为太宗赏识,当即招见面谈,擢为监察御史,后官至宰相(中书令)。类似破格提升做法,史书总以赞誉的笔墨记载,肯定为取人的良法。

不拘资历。封建官场升官晋级,习惯于论资排辈,按部就班,熬年头。资历就是资格和经历,考试取得学位,有了做官的资格。"(唐)开元十八年,侍中裴光庭兼吏部尚书,始作循资格,而贤愚一概,必与格合,乃得铨授。"(《新唐书·选举志下》)这是按资格授职的开始。"经历"表示经过了实际的锻炼和时间的检验,取人应该考察资格和经历,合格者表示具备足够的基础知识和实际经验。但在执行中逐渐使"论资"和"排辈"结合,把资历等同于年限。一方面使原有官员只知熬年数,不求上进,不犯错误不丢官,年久官自进,助长了庸碌之风。另一方面压制了青年人才,优良者难以脱颖而出。总是年长者主管年轻人,辈分界限分明,形成并强化了封建政府的一种惰性。"论资"成了保护高官阶层的一张盾牌,也是这一阶层推行的人事政策。

作为对这一政策的反弹,古代也出现许多反对论资排辈的思想。叶适反对"计日月,累资考","资深者叙进,格到者次迁"的取人办法,主张以德才为准,取消资格论。(《水心别集·资格》)司马光指出用人政策只"顾其出身资叙何如耳,不复问其才之所堪也"(《司马文正公传家集·论财利疏》),认为"累日月以进秩,循资涂而授任。日月积久则不择其人之贤愚而置高位,资涂相值则不问其人之能否而居重职"的做法是错误的人事政策。李觏的抨击要深刻得多:"官以资则庸人并进。"这些"庸"人一旦当上了官,就失去了激励的动力,"缚其手,缄其口","累日以取贵,积久以致官,廉耻贤不肖,所以无辨也"。这种"不问其功而问其久"的人事制度,是官府腐败、效率低、人民遭殃的重要原因,必需废除。(《李觏集》:"长江赋""精课")到了清代,资历有新的含义,即满汉之分,满人优先。清世宗革除这个成例,规定"不必拘定满汉,亦不限定资格",即使"官阶尚远"的县府小官,只要有"真知灼见",亦"可任封疆大僚"。责令兵部和院部"清理""年力衰迈"、滞留岗位,"且碍后进"的文武官员,令其"休致"。他对湖广总督杨宗仁说:"如遇有为有守贤能之员,即行越格保题,以示奖励。如是则官吏劝而民心悦,地方有不改观者乎?"可见,破除论资排辈,不拘一格提拔人才,是关系到革新吏治、取悦于民、促进政局改观的大事。

第五，不分亲疏和回避制度。古人有"外举不避仇，内举不避亲"一说，表示用人应大公无私，不以个人亲疏恩怨而有别。《吕氏春秋·去私》记载：晋平公问大夫祁黄羊谁可以当南阳令，祁推荐了他的仇人解狐。又问谁可出任统领军队的"尉"，祁推荐了自己的儿子。晋平公说，一个是你的仇人，一个是你的儿子，因何推荐？祁答道，您问谁可胜任，没问谁是臣的仇人和谁是臣的儿子呀。"孔子闻之曰：'善哉，祁黄羊之论也。外举不避仇，内举不避子，祁黄羊可谓公矣。'"经孔子一肯定，后人奉为取人的一项准则，也是用人道德。其实，重点还在于"不避仇"，"用亲"没什么困难，"用仇"就没那么容易了。管仲对于桓公，有一箭之仇，桓公不计前嫌，拜为相国。魏征原属李世民的反对派，而且从不拍李世民的马屁，经常谏得李世民下不了台，但李世民一旦得到魏征，始终信任重用，直到魏征去世，李世民仍念念不忘，说自己失去了一面镜子。这样用人被传为佳话。

相反的做法是任人唯亲，公开提倡的没有，实际做的很多。俗话说：一人得道，鸡犬升天，朝中有人好做官。反映用人唯亲的泛滥，裙带风盛行。宦官当道，外戚专权，朋党盛行，贤能者遭斥，不肖者昂首，是这种用人路线造成的弊端。项羽的失败有多种原因，有一条就是重用亲人。王夫之《读通鉴论》引述陈平的话："项王不能信人，其所任爱，非诸项即妻之昆弟，虽有奇士不能用。"到最后，"从之于大败之途者三十余骑，而兄弟姻亚不与焉……而终以孤立。"史载"东汉多女主临朝，不得不用其父兄子弟，以寄心腹"，这些人"权势太盛，不肖者辄纵态不轨……国家俱弊"。(《廿二史札记》，卷3)这是东汉颓废的重要原因。

鉴于任人唯亲的危害，有识之士形成了回避思想，"使为政者，不当与之婚；婚姻者，不当使之为政。"(《后汉书·王充王符仲长统列传》)先秦有了回避思想，回避制度起始于汉代。战国时，子皮授权子产治郑，有恩于子产，要子产安排自己的儿子做官，子产认为不妥，劝说子皮收回了这个要求，可以说是一次回避。汉代曾经规定"宗室子弟无得在公位"。唐代规定亲属不得在同一机构，所任职务不得有隶属关系或监督关系。

宰相杜佑的儿子是个谏官,属宰相管辖,且有权监督宰相,于是杜佑把儿子调开,是谓亲属回避。汉武帝时,规定地方官和监督官不许用本郡、本州、本县人。东汉时,还规定官员不得到通婚地区任职。唐代宗"永泰元年七月诏:不许百姓任本贯州县官及本贯邻县官。"清代有"回避本省"的规定,康熙四十二年规定:"外任官在本籍五百里内者,回避。"是谓地区回避。

清代规定御史不得任本籍的监察,以防亲友说情,干扰办案。三品以上京官、外省总督、巡抚以上官员的子弟,不得任御史,以防大臣利用御史相互指责,泄露机密,操纵监察。是谓职务回避。

第八章　用　人

一、用人之道

我们已经研究过得人之道和取人之道,现在再研究传统用人之道。得人和取人是用人的前提,又得落脚于用人。取得人才不是摆样子,而是为了正确使用以发挥其才能,达到事业的目标。爱才而不会用才,不是真正地爱才,故传统文化也注意用人的研究。

(一)"用人如器"

"君子用人如器,各取所长"(《资治通鉴》,卷192)。器有所用,人有所长,用人之长,这是用人的一个传统观念,直至孙中山还提出"其用人也,务取所长而久其职"。

古人有不同的人才分类法,大多是从治国角度划分的。荀子把人才分为三类:主政人才即"卿相辅佐之材";执行人才即"官人使吏之材";教育人才即"士大夫官师之材"。(《荀子·君道》)像许多学者一样,荀子并没有一定的人才划分标准,带有随意性,而且即便在治国人才范围内,划分也不全面。刘劭在《人物志》中的划分要全面些,他把人才分为十二类:"清节家",德行高尚,举止有节度;"法家",善于立法执法,安定社会;"术家",思想活跃,策谋企划者;"国体",上述三材兼备,能主政大局者;"器能",三材兼备但比"国体"差些,能胜任地方(乡邑)职务者;"臧否",善于讥评时政、辨别是非的评论家;"伎俩",无创见,只能担任一官半职的人;"智意",才智横溢,善于变化用权,但不够公平正大的人;"文章",能属文著述者;"儒学",能传圣人之业,但不能施政者;"口辩",才思敏捷,善雄辩者;"雄杰",胆略过人,才略超群者。

　　刘劭的分类基本上是士人分类，不同的士人有不同的所长，适合不同方面的需要。既有主持全国性、地方性全局工作的人才（国体、器能），执行人才（技俩），法治人才（法家），参谋人才（术家、智意），教学人才（清节家、儒学），写作人才（文章），评论人才（臧否），外交、公关人才（口辩），将领人才（雄杰）。把人才分类是为了突出各类人才之所长，以便正确使用，而正确使用人才是用人者的"德"和"道"。"人材各有所宜，非独大小之谓也。夫人材不同，能各有异……材能既殊，任政亦异"。"主德者……总达众材，而不以事自任者也。是故主道立，则十二材各得其任也。"（刘劭，《人物志》："九征""流业"）

　　刘劭用以表述具有不同专长的人才及其适应工作范围的一些概念对于现代已经失去意义了，但是他这样研究人才的内涵则是有意义的。人才各有所长，用人应扬长避短，使人尽其才，才尽其用，最大限度地发挥人才效益，是治理任何事业必须妥善解决的问题，是事业主持人的素质（主德）问题。

　　　　"梁丽可以冲城，而不可以窒穴，言殊器也；骐骥骅骝一日而驰千里，捕鼠不如狸狌，言殊技也；鸱鸺夜撮蚤，察毫末，昼出瞋目而不见丘山，言殊性也。故曰：盖师是而无非，师治而无乱乎？"（《庄子·秋水》）

　　　　"骏马能历险，犁田不如牛。坚车能载重，渡河不如舟。舍才以就短，资高难为谋。生才贵适用，慎勿多苛求。"（顾嗣协，《杂兴》）

　　以上一段文字、一首诗，可作"用人如器"的注释。凡物皆有所长短，大木可以冲破城门，却不能用于堵塞鼠穴。猫头鹰在夜晚能明察秋毫，而白天却不见大山。马、牛、车、船各有所用，人们不会搞错的，不会用马如牛，也不会把车子推到河里当船驶，但是用人却常常搞错。"舍才以就短，资高难为谋"的情形是经常发生的，不知浪费了多少人才，办坏了多少事情，所以古人才一再提醒要"用人如器"。

　　人尽其能思想早在《礼记·礼运》中就提出来了,直到清代,魏源还说用人所长难,"天之生才不易,生之而得尽其用,又十不一二"。他指出:"不知人之短,不知人之长,不知人长中之短,不知人短中之长,则不可以用人,不可以教人。"(魏源,《古微堂文集·治篇七》)可见这个问题是很难解决的,也是古人用人思想集中关注的中心问题之一。

　　产生"用人如器"思想的社会条件是人的专项发展,古人评点人才时又分为"全才""兼才""偏才""不才"四类,"不才"姑且不论。"全才"是理想的,实际上并不存在。"兼才"受到推崇,实际上也很少。"偏才"是大量的,只擅长某一专项,是人才的常态,只有片面发展才能成才。"人有不为也,而后可以有为。"(《孟子·离娄下》)"自古及今,未尝有两(从事两种以上工作)而能精者也"(《荀子·解蔽》)孟、荀这两句话是古代培养专门人才的理论基础,王充有所发挥。

　　"盖人思有所倚着,则精有所尽索。……夫有长于彼,安能不短于此?深于作文,安能不浅于政治?……人有所优,固有所劣。人有所工,固有所拙。非劣也,志意不为也。非拙也,精诚不加也。志有所存,顾不见泰山。思有所至,有身不暇徇也。称干将(宝剑)之利,刺则不能击,击则不能刺,非刃不利,不能一旦二也。蚌弹雀则失鹞,射鹊则失雁,方员画不俱成,左右视不并见,人材有两为,不能成一。"(王充,《论衡·书解》)

　　所以,凡人才皆指"偏才",有所长,有所短,有所优,有所劣,"不能一旦二也"。培养人才要循此方向,用人亦应扬长避短。"物固莫不有长,莫不有短,人亦然",用人应"假人之长以补其短"(《吕氏春秋·用众》);"若以所短,弃所长,则逸侪拔萃之才不用矣。"(《抱朴子·备阙》)

　　"用人如器"也有糊涂之处,合理在于"如器",糊涂也在于"如器"。把人的专长比同于物的专用,一方面表示人的专长应"如器"那样专用,用于适当的岗位;另一方面也意味着古人把人之所以成为"偏才"视为"如器"般天然,是自然属性决定的"使用价值"。一物不能有二用,一人不能有两长。王充所说的"安能""固有"这些概念就表明了这个意思,认为人的"偏才"是天生如此,正如人的眼睛"左右视不并见"一样。如此认识"偏才",不能正确说明"偏才"形成的原因。

"偏才"即今之专门家,有专门领域的知识和才能,是特定历史阶段里社会分工培养成才的。当生产力发展到一定程度,不仅产生了劳心和劳力的分工,还发生了各种生产事业的分工和生产、流通、分配等再生产过程的分工,劳心者又有不同劳心领域的分工。分工使不同领域的社会活动有了专门性,形成了各种专门知识,社会成员在不同专业领域里从事劳动或活动,世代相传,使社会分工相对固定化,人们熟悉的只是相关的职业,对其他行业则有"隔行如隔山"之感。在不同行业里,随着实践经验的积累,产生一些熟练人才和专门家,成为发展的主导力量,是谓人才。因此,历史产生的人才都是些专门家,亦即"偏才",是生产力发展的产物,又是生产力继续发展的推动力,同时也表明生产力发展程度还不够高。作为人才的专门家的出现和继续存在,是历史的进步,也是人们受传统分工的束缚而不能全面发展的一种表现,具有历史局限性。

在社会分工越来越细的当代,人才种类越来越多,量才用人的意义比古代更为重要,合理用人是有效治理、发展生产力、实现现代化的必要条件。我国的人才不足,又广泛存在学非所用、用非所长现象,如果不加以改进,将会助长人才短缺,延误发展进程。因此,在重视培养人才的同时,更应注重现有人才的有效使用。

(二) 人才组合

用人不仅要用所长,还要使各类"长"相互配合,形成有机群体,才能提高工效,这是人才使用的结构效益问题。"峻极之山,非一石所成;凌云之榭,非一木所构;狐白之裘,非一腋之毛;宇宙为宅,非一贤所治。"《刘子·荐贤》这里仅说治理要依靠众贤,"一贤"不行。当然,建凌云之高楼仅靠木料一类建材也是不行的(一般可以这样说),需多种材料组合;治理社会仅靠一类贤才也不可以(这是绝对的),需多类人才的组合。下列一段话已有人才组合含义了:

"五行殊性,俱为人用;文武异材,并（组合）为大益。犹救火者,或提盆槛,或携瓶盂,其器方圆,形体虽返,名质相乖,至于盛水灭火,功亦齐焉"。"士用各有时,未可偏无也。"(《刘子·文武》)

人才组合不仅是文武两类人才的组合,文才和武才又分为若干亚类,也需组合使用,任何一类人才都不可以"偏无"。管仲受命治齐,征得齐桓公同意,任命具不同特长的人为大臣:熟谙礼节、善辨音乐的隰朋为"大行";善于治军的王子成父为"大司马";善于治理农业的宁戚为"大司田";执法公正的宾胥无为"大司理";无私念、进谏必忠的东郭牙为"大谏之官"。管仲说这五人的长处"夷吾一不如",但他们又都不能代替我,我可以统率他们,"若欲霸王,夷吾在此"。(《管子·小匡》)再加上鲍叔牙等人,在齐国中央一级建立起在当时来说是完备的人才结构,才得以取得"九合诸侯,一匡天下"的霸主业绩。

这也是韩信说的"将将法"。韩信说汉高祖"不能将兵",指挥军队不超过十万人,"而善将将",善于指挥将领,即善于用人。刘邦的"将将"包括统率文武官员,组成足以取胜的人才结构,用萧何的文治和后勤保障才能,用张良、陈平的计谋,再加上韩信等善战将领,组合成人才群体。这些文武大员每个人都在某一方面胜过刘邦,而刘邦的才能是善于"将将",把这些人组合和统率起来。他说张良的筹划才能、萧何的组织管理才能、韩信的军事才能,都高于自己,"此三者,皆人杰也,吾能用之,此吾所以取天下也"。(《史纪·高祖本纪》)后来这一思想常引用于人才管理,如"人才为事业之灵魂,故物色人才和善用人才,实为事业家首务。才既属我,使各尽所长以治各事者,莫妙于施行'将将法'。"(穆藕初,《藕初五十自述》,第83页)这是在企业管理方面运用"将将法"。

《周礼》在设计国家管理体制时,设计了一套金字塔式的人才结构组合模式。如在《周礼·地官·司徒》中设计"教官之属"的官员编制,不同方面的教育设定不同等级、不同数量的人才。"司徒"的职责是"帅其属而掌邦教",由"卿"级人才主管,称"大司徒",两名副手"小司徒"由

"大夫"级人才担任。下属各方面的教育,由具有不同专长的"大夫"级和"士"级人才主管,"大夫"和"士"皆分上中下。另配备一些管理人员,主管文书保管的称为"府",写作文书的称为"史",直接管理"徒"的"十长"称为"胥"(胥管十徒)。比如"鼓人"负责传授"徒"六鼓四金的演奏技巧,由具有相应技巧的"中士"负担。每个培养单元配备中士6人,府2人,史2人,配徒20人。"舞师"传教舞蹈,每个培育单元配下士2人,胥4人,舞徒40人。"师氏"系"教人以道者",从事当时的"理论"教育,每单元配备中大夫1人,上士2人,府2人,史2人,胥12人,配徒120人。从举例来看,培养对象(徒)以外的人都是专业性人才,体现了人才组合思想的萌芽。人们在实践中自然认识到治理事业需多种人才的分工和配合,各类人才的质量和数量有一定的比例关系需要遵守。

古人没有像论述人尽其才那样论述人才组合问题,《周礼》的设计思想可视为人才组合思想的萌芽。由于古代生产力低下,人们在生产和各种社会活动中的联系都带有横向和简单协作的性质,人才结构并不是明显的问题,人们一般只关注人尽其才即发挥个人的作用,不过于关注人才组合问题,这是有历史原因的。

社会化、现代化的生产力使现代人才结构问题突显,在生产和社会活动各领域,提高了对人才素质的要求,同时强化了人才的横向结合和纵向结合,形成了分工条件下有机协作的立体式的人才结构,人才越来越作为"集体化"人才而发挥作用。人们在实践中体会到,任何人如果离开他人的并行同时活动或梯序连续活动,都不能完成事业。现在已经不像刘邦那个依靠三个杰出人物的平行协作就能打天下的时代了,任何事业都是人才群体的有机协作。常有这样的情形,某个管理单位由于补充了某类人才,就启动了整个人才群体,大大提高了群体效率。或者只由于缺少某类人才或虽有而不合格,以致人才群体的大量劳动付诸东流。因此,人才组合是现代管理的重要内容。一个工厂的主管人、工程师、会计师、经济师、供销员、信息员、技术员、熟练工人,也是分工条件下(横向和纵向)有机协作的人才群体,适当的人才组合才能使产供销正常运行,才能有市场竞争力。一个政府部门在特定领域从事治理,有特定的人才结构,主管人员、管理人员、技术人员和业务人员,也有严格的质和量的规定性,而且相互依存、相互制约,组合适当,效率才能高。缺少任何一类人才,例如缺乏合格的统计和信息处理人才,这个群体就难以发挥应有的治理职能。

在人才组合上,人们向来注重领导人员和主管人员的素质,所谓"大将无能,累死三军"。对于下级人员则较少关注。下级人才是任务执行者,其责任心和技能如果不适应岗位的要求,则可能拖垮事业。曾经发生过的深圳清水河仓库的大爆炸,北京隆福大厦的大火灾,南京市郊区大油库的火灾等灾难,都是由值勤人员的不负责或无知而引发,可谓"小兵无能,危及三军"。这些都说明现代人才管理注重人才组合效应,通过科学的组织编制和人员配置,在职和后备人才的培养,量和质相结合地加以解决。学校教育在这方面自然占有关键位置。应使学校的类别、层次的安排,高、中、初级人才培养的数量和比例,专业的设置,教学内容的安排,适合社会对人才的需求,并且随着科技、生产力和社会文化的发展,能适时做出调整,以适应社会对人才结构的需求,促进合适的质量统一的人才群体的形成。对于学校的这些要求,学校自身是难以自行完成的,需要国家有关部门的统一规划和安排才行。

(三)"无求备于一人"

《论语》引周公的话:"故旧无大故,则不弃也,无求备于一人。"(《论语·微子》)是说对于原有的部属,只要没有大的错误,不可以轻易抛弃不用,对人应该宽容,不可求全责备。经孔子引用,后人就把"无求备于一人"视为正确的用人之道。后人从两重意义上理解和运用这句话。

一是承认人的才能皆有所长有所短,"天地无全功,圣人无全能,万物无全用"(《列子·天瑞》)。对人的才能不可求全责备,"人之才或长于此而短于彼,虽皋、夔、稷、契各守一官(职务),中人安可求备?"(《纲鉴易知录》,卷72,司马光语)。用人应用其所长,不要勉强人们去做不能胜任的事,"毋与不可,毋强不能,毋告不知"。如果"责必备"的话,"与不可,强不能,告不知,谓之劳而无功"（《管子·形势》），达不到预期目标。

二是按其原意理解,承认人都是有缺点的,要分清大节与小过,不可以小疵掩大善。人不可能十全十美,金无足赤,人无完人,"必有大节而无小过者……穷年末世不可得其人矣","人非蓍龟,不无过误。"（秦观,《淮海集·任臣》）对于人的品德也不可求全责备,纯之又纯,应该是"恕其小过"（苏洵,《嘉祐集·养才》）,"不以小缺为伤"（《管子·宙合》）。"有大略者不问其短,有厚德者不非小疵。"（《后汉书·陈宠传》）"夫虽君子不能无小过,苟不害于正道,斯可略矣。"（《资治通鉴》,卷195）"水清无大鱼,察政不得下和,宜荡佚简易,宽小过,总大纲而已。"（《后汉书·班超传》）恕、宽、略三个字,表达了对于人的一般性缺点的正确态度。即使犯了大的错误,只要"一旦翻然而悟,折节而不为此"（苏洵,《嘉祐集·养才》）,也应一视同仁,继续发挥其所长。

清代康熙年间刻印的中国通史读本吴乘权《纲鉴易知录》中有个故事:子思认为苟变是个大将之才,建议卫侯重用他。卫侯虽然认为此人确是将才,但是说他品行不太好,担当地方官时吃过老百姓两个鸡蛋不给钱,因而不愿用他。当官白吃百姓鸡蛋是不好的,卫侯重视群众纪律也值得赞扬,但只因白吃百姓两个鸡蛋就否定苟变大节(卫侯能发现小错,就不会忽视大过,看来苟变的大节还是可以的),"以二卵弃干城之将",显然不是应有的用人政策。

"水至清则无鱼,人至察则无徒。"（《汉书·东方朔传》）水太清澈,鱼儿不能生存,比喻为政苛求,会失去人才。"至察"者,对人的缺点一点也不疏漏,一点小事抓住不放,会搞得人人自危,缩手缩脚,离心离德。其结果或者使人们循规蹈矩,无所作为;或者众叛亲离,事业失败。正如谚语所说:"察见渊鱼者不祥,智料隐匿者有殃。"（《列子·说符》）汉哀帝时对官员就是这样"至察"的,郡国守相略有小过就被贬退,人事变动频仍,以致官员互相探微,向上级揭短,搞得人人自危,无尽责之心,吏治不当成为政局动荡的重要原因。丞相王嘉上书说:对于官员,应该"记善忘过,容忍臣子,勿责以备。……有材任职者,人情不能不有过差,宜

可宽略,令尽力者有所劝,此方今急务,国家之利也。"(《资治通鉴》,卷34)

(四)"善摆脱"

《菜根谭·应酬》记载:"宇宙内事,要力担当,又要善摆脱。"这是指办事业应持有的态度。"力担当",就是敢作敢为,勇于承担责任,"不担当,则无经世之事业"。"善摆脱",就是"遇忙处,会偷闲"。或如《菜根谭·评议》所说:"大烈鸿猷,常出悠闲镇定之士。"意即在承担大任时,遇事不慌张,冷静处置,若无其事。本意指人才的心理素质,引申于人才管理。"力担当",就是主管者要有驾驭人群的魄力,有勇于承担群体责任的胆略,遇有危险和挫折,不推诿给下级,不逃避责任,有代下受过的气魄;"善摆脱",就是不要巨细俱揽,应善于把权力和责任下放,调动所属人员的积极性。这也是一项用人艺术。

古兵法把保障将领治军自主权视为作战取胜的必要条件。《孙子兵法·谋攻》提出预知胜利有五项条件,其中有一条是"将能而君不御者胜"。任命有能力的将领指挥打仗,就应该委以全权,使之独立地处理军务,不可有来自上级的干扰和牵制(君不御)。这就是维护将领治军的权威。《六韬·立将》说:"军中之事,不闻君命,皆由将出,临敌决战,无有二心。若此……无君于后,无敌于前。是故智者为之谋,勇者为之战,气励青云,疾若驰骛。兵不接刃,而敌降服。战胜于外,功立于内,吏迁士赏,百姓欢悦,将无咎怨。"可见,"无君于后"牵制,才能"无敌于前",勇往直前,无坚不摧。

"君不御"体现了"善摆脱"的领导思想,可视为人才管理的一般原则。从事任何方面的管理,只要有一定的垂直管理体系,每一级都有一定的职责范围,主管人员都有一定的行事权力,以使责和权相统一,上级对下级就有个"善摆脱"的问题,使下级能放手工作。如果上级随便干预下级事务,事无巨细,皆由上级说了算,将会严重束缚下级人员的积极性,打乱工作秩序。

干扰也可能来自平行的,这往往是上级任人不专造成的。一项主管工作,"任一人则政专,任数人则相倚"。由一人负责,责权统一,由几人同时负责,就会相互依赖和牵制。"政专则和谐,相依则违戾。和谐则太平之所兴也,违戾则荒乱之所起也"（《后汉书·王充王符仲长统列传》）。这是用人的专人负责制原则。封建社会官员泛滥,任无专职现象是经常存在的。其原因一是滥封官员造成一职多人,二是最高统治者为了便于控制官员,故意设置重复职务,或一职任多人。如宋代的宰相职务常无专人负责,少则三五人,多则九人,共同担此职务。下级官员也是如此,省、台、寺、监诸官衙门也往往是"官无定员,无专职,悉皆出入,分莅庶务",职责不明,又互相牵制,以至"居其官,不知其识者,十常八九"。（《宋史》,卷161）如此用人法,还谈得上吏治效率吗!

还有个管理幅度问题。管理人员的控制范围是有限的,一个主管人员配备适量的副主管（如2至4人）,领导适量的职能机构（如3至7个）,可以控制一定的管理范围,取得最佳的管理效果。不同的部门有不等的管理幅度,但每个管理单元都有其控制极限,如控制地域或业务范围过大,将需要过多的职能部门,主管人员将需要过多的副手,以至人员膨胀,人际关系和管理过程复杂化,管理效率将会降低。因此,根据人的管理能力的局限性,事业的发展使管理幅度扩大到一定程度时,"善摆脱"就摆上日程了。如企业经营扩展至广大区域或多种项目,中心管理机构难以直接控制,按区域或按经营项目设若干分公司或子公司,使其单独自主管理,就成为必要了。社会化使企业规模扩大,而独立的生产和经营单位却在变小,大的综合体内有分权的趋势。美国一些公司的分权经验,提出了独立活动单位的职工人数以200人左右为宜,有的认为不宜超过三四百人,或"效果最神奇的人数最多不超过500人"。日本一些大公司把重点放在有10到40名职工的"科组工段",赋予这些基层小单位相当大的自主权,建立起以小组为单位的经营方式,效果相当显著。这些对企业主管来说,也体现了"善摆脱"原则。

我们的经济改革,在某种意义上可以说是实行"善摆脱"原则以调动各级人员的治理积极性。以往的管理体制是不讲"摆脱"的,不仅企业没有自主权,连地方政府的自主权也很少。改革使中央政府从大量日常政务中摆脱出来,整个政府从企业事务中脱手;国有企业改革深化,各类国有资产管理体制逐步完善,企业内部也逐步建立起现代企业制度,责权利统一,调动了广大干部和职工的积极性,是谓"气厉青云,疾若驰骛"。

(五) 人才稳定和流动

陆贽说:"夫长吏数迁,固非理道;居官过久,亦有弊生。"官员在一个岗位上任职过久,或职务变动频繁,都是不利的。因为"迁转甚速,则人心苟而职业不固;甚迟,则人心怠而事浸废"。变动频繁,失去稳定性,人们就不会安心治事,也不利于人才的成长。而职务固定化,则会产生惰性,使人失去进取心。因此,变动"甚速与甚迟,其弊一也"。(《全唐文·陆贽十六》)这里提出了用人的稳定性与流动性相结合的问题。我国古代官员的委任制虽然没有规定任期制,但官员任职流动性较大,"秦相平均任期为 5.3 年,西汉丞相平均任期 4.55 年,和现代任期制常见的 4 至 5 年基本相同。东汉的三公平均任期短,只有 2.43 年。"(黄留珠,《秦汉时期管理实践的启示》,载《历史与企业家对话》,改革出版社 1992 年版)古代有官员在地区间交流的做法,不让官员在一个地区、一个岗位上任职过久。刘勰以水之通塞喻人才之"通""壅"。水在流动中才能清,"壅以堤则波纽而气腐",失去生气。人才如果"处穴""就壅",即长期局限于一个地方,"则口目双掩",难以发挥所长,"无所施其巧也",也难以增长才干。因此,"人之通,犹水之通也","决之使通",才能"遇及于伸",即人才在流动中才能"遇"到充分施展(伸)其才能的机会。(《刘子·通塞》)

对人才重而不用是经常发生的。搜罗人才而不用,当摆设,不知埋没了多少人才。晋人皇甫谧写了本《高士传》,里面有一个故事,有位闵贡先生是太原人,人称"节士",被司徒侯霸看中了,召去当幕僚。到府之后,司徒侯霸说了些客气话而"不及政事"。闵贡说你既然征招我又不向我征询政事,你看错人了。这位闵贡先生不愿当摆设,扔下征召书,扬长而去。现在当摆设的人依然有,本单位不用,又不让走。如有位生化制药工程师,被原单位当摆设,闲置多年,一无成就。后来被一家乡镇企业请去,研发了一些新产品投放市场,很受欢迎,他才有了用武之地。可见,在人才使用相对稳定的同时,应有流动性,流动性是保证用得其所、人尽其才的必要条件。现代人才流动,体现人才对最优工作条件的竞争,以及用人单位争聘人才的竞争。现代人才一般是专业性人才,在流动中有利于"遇及于伸",寻找到最有利于发挥才能的场所。人才流动还有个长远的好处,在流动中可以增长见识,提高对多方面工作的适应性,促进人的全面性发展和社会的进步。

(六)"休致"

"休致"是古代官员的退休制度,又称"致仕""致政"。《管子·戒》有"七十而致政",《礼记·王制》亦有"七十致政"的记载。《公羊传·宣公六年》:"退而致仕",何休注:"致仕,还禄于君也。"清朝对于年老官员往往予以"原品(原待遇)休致"。退休作为官员管理制度的组成部分,从理论上说出现在领主世袭制废除之后,和官员委任制同时产生。但是官员取得职位之后,又有终身制的强烈倾向。终身制会助长官员的惰性,降低管理效率,培植特权,压制青年人才的成长。因此,历代又常有提倡退休甚至强制退休的。宋代张方平说:"士之立朝,古有垂训,四十曰强而仕,七十曰老而传。"如果老而不传位,势必导致官员队伍老化,大量官员"坐糜重禄,虚占近班"(张方平,《乐全集》,卷29),国家是治理不好的。唐太宗执行退休制度比较坚决,他指出:"自古以来,身居富贵,能知足者甚少。"当时一些官员"才虽不堪,强欲居职;纵有疾病,犹自勉强",不肯退休。于是他下令让这些官员强制退休,连皇室外戚也不例外,如宗正窦诞是皇室外戚,老来糊涂,和太宗谈话时"昏忘不能对",仍然不愿退休,也被太宗给清退了。清代的退休制度执行也马虎,清世宗针对大量已到退休而"苟且姑留"的情况,指出"此等人员留于部内,不但于部务无益,且碍后进之阶",责令中央和地方清查"老病无能向来苟且姑留之辈,尽数纠参"(《雍正朱批谕旨·雍正元年三月九日》),或令其原品休致。

二、人才激励

激励理论是现代西方行为科学学派的主要支柱之一,也是我国管理学界着重借鉴的一种学说。这种学说把社会心理学运用于管理(主要是企业管理),认为激励是对人的行为的"干涉变量",是用以提高人的工作效率的手段。或者认为人的本性是保守的,最大愿望只是保住饭碗,不致失业,不愿承担责任努力工作,因而必须用控制、威胁的强制办法去激励。这就是所谓"X 理论"。或者认为人的本性是进取的,都会发挥才能努力工作,追求没有止境,只要给以必要的好处,这种本能就会被激发起来,表现为高效的行动。这就是所谓"Y 理论"。我国管理学界对后一种理论感兴趣,努力把它运用于管理。前一种理论带有中世纪强制劳动的痕迹,后一种理论体现了当代资产阶级管理的文明。其实两者的本质是相通的,都建立在资产阶级人性论和社会心理学的基础上,文武两手结合。即使 Y 理论的提倡者,在实践中也不会放弃强制性。

行为科学将人的需求欲望分出层次性,为了满足人们生理的和心理的欲望,主张采取不同的激励手段,输入不同的"干涉变量",以激发人们的工作热情,这是管理学的合理因素。他们的激励归根到底主要是金钱刺激,"金钱刺激是激励个人的主要手段"。(小詹姆斯等,《管理学基础》,1982 年中译本,第 197 页)这和中国传统管理文化的激励思想比较,则显出片面性。只重视社会对个体的满足,忽视个体对社会的责任,忽视世界观、理想、道德等高层次的精神需求和激励。因此,西方激励理论有明显的缺陷和片面性。

具有人本主义特色的中国传统管理文化,注重依靠人,"水不激不扬,人不激不奋。"调动人的积极性的激励思想也由来已久,而且较为全面。战国时的秦昭王曾经以忧患意识去激励应侯,"昭王临朝叹息,应侯进曰:'臣闻主忧臣辱,主辱臣死。今大王中朝而忧,臣敢请其罪。'昭王曰:'……吾恐楚之图秦也。……内无良将而外多敌国,吾是以忧。'

欲以激励应侯。"昭王以叹息国势危急的办法激励应侯报国之志,可见"激励"概念由来已久了。

传统激励思想也是建立在人性和心理分析基础上的。先秦诸子都研究过人性,不约而同地发现人性有自利自为的一面,并认为是人的本性。如慎到说:"人莫不自为也,化而使之为我,则莫可得而用矣。"(《慎子·因循》)韩非认为人人皆有"自为心""计算之心",只要有利益的目标可以追求,都可以成为勇士,"皆为孟贲"。(《韩非子·内储说上》)《管子·禁藏》说:"凡人之情,见利莫能勿就,见害莫能勿避。"《荀子》说得完整:"若夫目好色,耳好声,口好味,心好利,骨体肤理好愉佚,是皆生于人之情性者也,感而自然,不待事而后生之者也。……夫好利而欲得者,此人之情性也。……薄愿厚,恶愿美,狭愿广,贫愿富,贱愿贵。""人之情,食欲有刍豢,衣欲有文绣,行欲有舆马,又欲夫余财蓄积之富也,然而穷年累世不知足……贵为天子,富有天下,是人情之所同欲也。"(《荀子》:"性恶""荣辱")

按自利观,人的欲望分为生理欲望和心理欲望,包括满足衣食住行、追求财富积累的物质需求和满足耳目愉悦、地位、声望的精神需求,由此产生了行为激励的根据。这和作为西方行为科学激励理论根据的需求层次论相似,他们提出的需求五层次论(生理需求、安全需求、社会需求、尊敬需求、自我实现需求)实际上都是满足个人欲望的低层次的激励根据。

中国传统管理文化的激励根据,不仅在于人的自利自为性,而且在于利民的责任,在于人的社会职责。人的进取性,不仅表现在对个人利益的追求,而且表现在为社会谋利益,献身于义。献身于进步的事业,是人尤其是士人阶层的本色。"君子谋道不谋食","乐以天下,忧以天下","志士仁人"为了天下人的利益,"食无求饱,居无求安","无求生以害仁,有杀身以成仁","生,亦我所欲也;义,亦我所欲也;二者不可得兼,舍生而取义者也"。(《论语》:"卫灵公""学而""述而";《孟子》:"梁惠王上""告子下")治国人才具有的或者应该具有的对义和道的追求,这才是人的行为最深刻最持久的动机。因此,对人的积极性的调动,不仅要有个人物质的和精神的刺激,而且更需要有社会目标和社会责任的高层次激励。

人的行为总是需要激励的,这是永恒的。但是以自利为基础而需要金钱和物质激励的欲望,却又是不全面的。这一点,是西方激励论者和中国传统管理文化激励思想所不知道的。

关于激励的方法和途径如下。

(一)"道"和"义"的激励

"道"和"义"的激励就是理想激励、信仰激励,这是最根本最持久的激励源泉。世界各民族的历史证明,信仰的支撑力和凝聚力是十分巨大而持久的。华夏民族的理想和信仰主要不在于宗教,而在于一种社会理念,即从社会发展趋势中给人们树立追求进步、追求光明的社会目标,从而激发人们献身于进步事业。这种社会理念,传统文化升华为"道"和"义"两个字。对"道"的信仰,对"义"的执着,能激励人们奋不顾身,以身殉道,舍生取义。"贵义而不贵惠,信道而不信邪"(《春秋谷梁传·隐公元年》);"从道不从君,从义不从父"(《荀子·子道》);甚至"朝闻道,夕死可矣"(《论语·卫灵公》)。因此,"立大志者,不唯有超世之才,亦必有坚忍不拔之志"(《栾城集·晁错论》)。可见,道义具有无比巨大的激励力量。正如曹操说的:"吾任天下之智力,以道御之,无所不可。"(《三国志·魏志》)历代的改革家往往以朴素的唯物史观阐述变革的必要性,树立变革的信仰,用以激发和团结有志之士推进变革事业,他们都运用了理想的激励功能。《礼记·礼运》提出天下为公的大同理想,虽然不是科学的,但在中国历史上发生了持久的激励作用,经过孙中山的改造使之带有近代空想的色彩,以天下为公和世界大同的口号,推动人们推进民主革命,并冀图消除资本主义的弊病。

现代中国更不可忽视信仰和理想的激励功能。我们信仰马克思主义、毛泽东思想、邓小平理论,这是最持久最高级的道、义激励力量。而完成中国式的社会主义现代化,建成小康社会,实现经济繁荣、文化昌盛、社会和睦、人民幸福安康的"中国梦",是我们最直接的激励源泉。

（二）"赏"的激励

物质奖励古人称为"赏"。《尚书·周书·泰誓下》有："尔众士其尚迪果毅，以登乃辟，功多有厚赏。"远古治理者已经运用赏去激励士兵"果毅"杀敌。后来赏被广泛用于治军、治政及一切治理活动，连《红楼梦》里的贾府也一再提及赏，贾母看戏，向戏台上哗啦啦撒钱，也是赏。赏的功能在于"诱"，战士"取敌之利者，货也"；"军无财，士不来；军无赏，士不往"；"人知胜敌有厚赏之利，则冒白刃，当矢石，而乐以进战者，皆货财酬勋赏劳之诱也"。（《十一家注孙子·作战》）"礼者，士之所归；赏者，士之所死。……礼赏不倦，则士争死。""故禄贤不爱财，赏功不逾时，则下力并而敌国削。"（《三略·上略》）赏的前提是功，"赏不加于无功"（《韩非子·难一》），不可"功不当其禄。……功力未见于国者，则不可授与重禄。……有功力未见于国而有重禄者，则劳臣不劝。"（《管子·立政》）没有功劳而得禄赏，会挫伤众人的积极性。因此赏有后滞性，事业有了成就之后，给予出力人一定的物质奖励，使其有一定的满足感，即所谓论功行赏。也有事先约定、事成兑现的，是谓悬赏。"悬赏以待功，序爵以俟贤。"（《宋书·孔凯传》）但是赏又总有前瞻性，对过去实绩的奖赏，为的是今后更有效地从事，即诸葛亮说的："赏以兴功。"赏有遍赏和别赏之分。军队打了胜仗，犒劳三军将士，人人有份，是遍赏。别赏是对立功者论功行赏，无功者不赏，有功者按功的大小赏有别。斩将杀敌，缴获战利品，"赏其先得者"，"以其人众，故不能遍赏，但以厚利赏其陷阵先获者，以劝余众。"（《十一家注孙子·作战》）行赏应保持差别，大锅饭式的利益均沾是不利的。对于少数带头的突出贡献者以重赏，可以树立典型，激励众人，鞭策落后，收到"举有功而进飨之，无功而励之"（《吴子·励士》），"赏一以劝百"（《六韬·文韬》），"赏一人而天下劝"的效果。赏要讲究时效性，"赏功不逾时"，及时兑现，是为了示信，提高赏的功能。

我们在借鉴传统的和西方的奖赏理论时，有一点需认清，这两类奖赏理论的要害在于一个"诱"字，把人们当做驱使的工具，用一点甜头诱使劳动者为其卖力气,得大利的只是驱使者本人(或集团),正如马戏团的熊在表演后可以得一点食物,而主人却赚了钱一样。我们也要奖励,但它本质上是按劳分配的补充形式,是超额劳动的报酬。实行奖励制度时,不可"诱"字当头,要尊重劳动者的主人翁地位,其目的也是在生产发展基础上走向共同富裕。

(三)"名"的激励

士人多是"名重于利"(《资治通鉴》,卷226),把名节、名位、名誉看得高于一切,讲骨气,"穷且益坚,不坠青云之志"(王勃,《滕王阁序》)。"所守者道义,所行者忠信,所惜者名节。"(欧阳修,《朋党论》)"盛饰入朝者,不以利污义;砥砺名号者,不以欲伤行。"(《史记·鲁仲连邹阳列传》)士人的这一特点决定了"名"的精神奖励的必要性(当然并不仅仅士人有这种必要)。"赏以文而成",文赏即精神奖励,古人的文赏办法有当众表扬、通报嘉奖、记册立传等,给人以声望,往往比金钱刺激更能起到激励作用。

(四)"势"的激励

制造一种环境,让人沉不住气,必得奋进,古人称为治气。古兵法有"治气""激气""励气""延气"的提法,"战在于治气","民之所以战者,气也。气实则斗,气夺则走"。(《尉缭子》:"十二陵""战威")"杀敌者,怒也";"怒者,军威也";"万人非能同心皆怒,在我激之以势使然也"。"激吾士卒,使上下同怒,则敌可杀。"(《十一家注孙子·作战》)所谓"激之以势",就是造成一种环境气氛,促使人们意气风发,欲战敢战,是一种精神激励办法。在实践中,人们运用多种治气的办法,如战前的政治动员、组织劳动竞赛等,行之有效。经济改革创造了国内市场竞争的大气候,使企业必须进取才能生存和发展。在企业、事业单位和政府机关,既加强向心力,强化团队精神,又引进竞争机制,形成激励人们的小气候,治懒防怠,士气已明显高涨。

(五)"率身以励众"

"厉精,莫如自上率之。"(《苏东坡集·策别三》)"以身先人,故其兵为天下雄。"(《三略·上略》)"故战者必本乎率身以励众士,如心之使四肢也。"(《尉缭子·战威》)"率身以励众"就是以身作则,以勉励下属。"其身正,不令而行;其身不正,虽令不从。……苟正其身矣,于从政乎何有?不能正其身,如正人何?"(《论语·子路》)对于治国治军,以及治理任何事业,主管人员的以身作则都是激励下属的普遍性原则。因为"下之事上也,不从其所令,从其所行。……故上之所好恶,不可不慎也,是民之表也。"(《礼记·缁衣》)现实的经验也一再证明,领导班子的作风是否端正,能否以身作则,是调动或挫伤群众积极性的重要原因。身不正不能正人,已是人人皆知的治理格言。因此,加强领导班子建设,是团结和激励广大群众积极性的一个关键。我国当前反浪费抑腐败从中央抓起,由领导干部带头控制公款消费,正在全国展开"率身以励众"的大好局面。

管理原则

第九章 和 谐

一、成事三要素

我国从先秦开始，就认为天时、地利、人和是事业成功的三要素。人们办事业，致力于研究如何达到人和，利用天时地利以提高治理功效。荀子在论述如何富国时，认为需要吏治得当，法治严明，关心民利。

> "若是，则万物得宜，事变得应，上得天时，下得地利，中得人和，则财货浑浑如泉源，汸汸如河海，暴暴（突出）如丘山，不时焚烧，无所藏之。夫天下何患乎不足也。故儒术诚行，则天下大而富，使有功，撞钟击鼓而和。"（《荀子·富国》）

这是讲发展生产。具备了天时地利人和，就可以大大提高劳动效率，"使而功"，使生产力大发展，物质财富就会像泉水一般涌流出来，社会富裕，普天同庆，增强聚合力，"撞钟击鼓而和"。不仅对生产，对于治政、治军、理财、文化教育等一切事业，天地人都是必备的三条件，"上不失天时，下不失地利，中得人和，而百事不废。"（《荀子·王霸》）经过历史的熏陶，"三要素"已是国人从事任何事业的共识。

治理行为是人和人的协作，又是在一定的自然条件下进行的，既表现为人和人的交互作用，又表现为人和自然界的交互作用。中华传统管理文化在这两种交互作用中形成了天地人一体观，认为管理中人和人相互依赖，也依赖于自然界，事业的成效取决于人际关系的协调和人与自然界的和谐，管理具有整体性和协调性，应从天地人交互作用的整体上去把握。从人和人的协调与人和自然的和谐着手，才能提高治理功效，达到管理目标。由此产生了管理的和谐原则，包括以"人和"观念调节人际关系，以"天人谐一"观调节人和自然的关系这样两个方面。

二、人和

（一）"和为贵"

"天时不如地利，地利不如人和。"（《孟子·公孙丑下》）三要素中，人和是第一位的。人和是发挥天时地利的前提，即我们常说的团结就是力量。要搞好人际关系，包括上下级关系、左右关系、官民关系、军民关系、民族关系……总之以和为贵。"和"是人际关系的理想状态，是力量的源泉，有了"和"，社会才能安定，国家才能长治久安；才能集合群体力量，提高管理功效，达到事业的目标。因此，传统文化形成了"和谐""和一""和同""和辑""和洽""和睦相处""和衷共济"等用以表达人际关系理想状态的概念，作为人们治理行为的准则。下面列出几条"人和"源头的言论：

"礼之用，和为贵。先王之道斯为美，小大由之。"（《论语·学而》）

"和也者，天下之达道也。"（《礼记·中庸》，第1章）

"晋侯以乐之半赐魏绛，曰：子教寡人，和诸戎狄，以正诸华。八年之中，九合诸侯，如乐之和，无所不谐，请与子乐之。"（《左传·襄公十一年》）

"有邦兢兢业业……同寅协恭和衷哉！"（《尚书·皋陶谟》）

"苦匏不材于人，共济而已。"（《国语·鲁语下》）

从引文可知，倡导人和发生于中华文化的源头，是以礼治国的需要，做大小事情都要讲究，"和衷"才能"共济"，才能达到事业的目标。

重视和，并非不讲原则的一团和气。孔子说："君子和而不同，小人同而不和。"（《论语·子路》）讲团结不等于可以苟同错误的东西,讲团结和坚持原则是统一的。当然和还是第一位,不可因意见分歧而放弃团结。唐中宗是个不辨是非和稀泥的君主,监察御史崔琬于帝前弹奏宗楚客暗通戎狄,接受贿赂,致生边患,宗楚客当着帝面愤怒抗辩,极力否认。唐中宗不仅不予追查,反而"命琬与楚客结为兄弟,以和解之"。故时人讥讽中宗为"和事天子"（《资治通鉴·唐景龙三年》）,这样的"讲团结"就丧失原则了。朱熹《伊洛渊源录》:"明道终日坐,如泥塑人,然接人浑是一团和气。"元剧《风月南牢记》有:"你是个不诚实材料,悔从前将你托,一团和气尽虚嚣,满面春风笑里刀。"（《古今杂剧·风月南牢记》）后来,"一团和气"被视为不讲原则的和事佬作风,是有害的。

（二）"和兴邦,和生财"

古人说:"先和,而造大事"（《吴子·图国》）,"众志之所为,则无不成也"（《淮南子·主术训》）,"当其同舟而济,遇风,其相救也如左右手"（《孙子兵法·九地》）。如果"上下不和,令乃不行。……上下不和,虽安必危"（《管子·形势解》）。这些道理对于做任何事情都是适用的,和才能聚集力量,壮大整体实力,夺取胜利。"谚曰:众心成城,众口铄金。"（《国语·周语下》）团结众人,可无坚不摧。白居易《代书诗一百韵寄微之》诗云:"千钧势易压,一柱力难支",也表示团结力量大。

"上以无法使,下以无度行,知者不得虑,能者不得治,贤者不得使。若是,则上失天性,下失地利,中失人和,故百事废,财物诎（尽）,而祸乱起。"（《荀子·正论》）这是讲治国,如果治理不当,失去天时地利人和,国家就会危亡。战国时,赵国蔺相如因功大拜为上卿,位居武将廉颇之上,廉颇不服,寻机侮辱蔺相如,蔺考虑到强秦虎视眈眈,国家危急,如果内讧,秦将有可乘之机,故一再避让,"先国家之急而后私仇也"。感动了廉颇,负荆请罪,"卒相与欢,为刎颈之交。"（《史记·廉颇蔺相如列传》）后人视"将相和"为顾大局、讲团结的典范。

"上下同欲者胜,同舟共济者赢""下之和上也如影响（如影随形,如响应声）"。"不和于军,不可以出阵;不和于阵,不可以进战。""士民不亲附,则汤武不能以必胜也。故善附民者,是乃善用兵者也。"(《孙子兵法·谋攻》《吴子·图国》《荀子·议兵》)。这是讲治军,官兵团结,三军团结,军民团结,是胜利的保障。明代抗倭名将戚继光治军,除了对器械、阵图、战术有重大创造,还训练了纪律严明、组织良好、万众一心、同仇敌忾、英勇善战的军队,号称"戚家军",取得了平倭的胜利。

"百姓之群,待之而后和。""百姓皆爱其上,人归之如流水,亲之欢如父母……无它故焉,忠信调和均辨之至也。故君国长民者,欲趋时遂功,则和调累解,速乎急疾。……《书》曰:'……惟民其力懋,和而有疾',此之谓也。""和则一,一则多力,多力则强,强则胜物。""故明主必谨养其和。"(《荀子》:"富国""王制")这是讲发展生产以富国,生产是人结合起来以改造自然,创造财富,荀子认为应调节好君民关系、民间关系,做到忠信调和,齐心合力,增加改造自然的能力,提高发展速度,故曰:"和而有疾。""和"可以转化为发展速度(疾),用现代的话说,"和"就是调节生产关系、上层建筑中的矛盾,理顺人际关系,以调动人的积极性,加速发展生产力。

在治生方面,我国历来有"和气生财"的说法。这类"和"有两个方面。一方面是治生主体要和,一个家庭"父子笃,兄弟睦,夫妇和。家之肥也"(《礼记·礼运》)。一个企业,雇主对雇工也要和,治生祖白圭懂得这个道理,他的经商致富有多条经验,其中重要一条是"与用事僮仆同苦乐",不欺负僮仆,调动了佣工的积极性,才能够"趋时若猛兽挚鸟之发"。(《史记·货殖列传》)另一方面,对于治生的客体即服务对象也要和,注重服务,和顾客关系好,营业才兴旺。传统有言:"人无笑脸别开店。"明清时代山西商人总结出《士商十要》,即十项诫条,其中第五条:"凡待人,必须和颜悦色,不得暴怒骄奢,年老务宜尊敬,幼辈不可欺凌,此为良善忠厚。"

总之,中华传统管理文化在各方面都提倡人和,这种传统培育我们民族有强大的凝聚力和向心力,是一项宝贵的历史精神文明遗产。现代中国以组织性和团结著称于世,依靠各民族的大团结,加速了国家的发展,提升国家的总体实力和在世界上的地位。中国人应特别珍爱"人和"这份历史遗产。

(三)"举措得则民和辑"

《管子》认为:"天时不祥,则有水旱;地道不宜,则有饥馑;人道不顺,则有祸乱。此三者之来也,政召之。"是说违背了天时地利人和,带来了灾难,其原因在于"政召之",即国家治理不当带来的。对于人和来说,国家"举措得则民和辑,民和辑则功名立矣"。(《管子·五辅》)所以人和是有条件的,即必须采取适当的措施,应有哪些"举措"呢?

1. 同心则和

同心是人和的粘合剂,同心才能协力。"二人同心,其利断金;同心之言,其臭如兰。"(《周易·系辞上》)"同心合意,庶几有成。"(《汉书·匡衡传》)因此,"良将之用卒也,同其心,一其力。""千人同心,则得千人之力;万人异心,则无一人之用。"(《淮南子·兵略训》)做到同心合意,必须有相同的理想和目标,"道不同,不相为谋"(《论语·卫灵公》),如何能同心合意呢!《墨子》写过《尚同》文章,主张治国要做好统一思想工作,"尚同一义","一同天下之义";而不可"一人一义,二人二义,十人则十义。"(《墨子·尚同》)

现代企业文化建设注重建立"共识",和古人提倡的"同心"是一个道理。在企业文化的深层次,即在目标、信念、理想、价值观、社会责任诸方面,形成稳定的共识,把分散的个人意志粘合成集体意志,提高其运作的整体性和一致性。对于企业的发展,较之物质条件和经营策略的运用,是最基本的作用最为持久的精神动力。不仅企业管理,对任何事业的管理,学会做好统一思想的"尚同"工作,都是领导成员的一项基本功。

2. 同利则和

"与天下同利者,天下持之;擅(专)天下之利者,天下谋之。天下所谋,虽立必骇;天下所持,虽高不危。故曰:'安高在乎同利'。"

《管子·版法解》）

　　与天下人同利，才能团结天下人，保障国家和社会的安定。亦如周定王所说："惠，所以和民也。……惠以和民则阜。"（《国语·周语中》）这是利益分配问题，适当的分配政策，使人民得到实惠，才能达到"和民"的效果。如果说"同心"是人和的精神支柱，而"同利"则是人和的物质基础，两者的结合起到人和的强力粘合作用，而利益的结合才是最根本的途径，是同心的根基。"然同舟共济，安危势同，福痛已连"（《三国志·魏书·毋丘俭传》），自然会同心协力。现代管理中的利益共同体概念引起了人们的广泛关注。西方企业主为了抑制内部的斗争，增强凝聚力，以及对外竞争活力，采取了一些"同利"措施。如实行员工持股激励方案化，使员工在利益上与企业拴在一起。又如日本一些企业实行终身雇佣制、年功序列工资制、退休保险等，也形成雇工和雇主某种程度的"同利"，培养了团队精神。这些虽然不能消除雇佣关系的对抗性，但在相当程度上缓和了矛盾，对企业发展乃至社会和谐发展起了一定作用。

　　通过改革开放，我国由计划经济转变为社会主义市场经济，对原有的国有经济实行放开搞活。抓大放小，国有经济从中小企业层面全面退出；在市场竞争中难以立足的大型国有企业，实行政策性关闭破产；实行股份制改革，国有企业实行公司制；分离国有企业如办学等的社会职能，分流富余人员；深化企业劳动人事分配改革，实行全员劳动合同，竞争上岗，岗位工资辅以绩效工资；建立统一管理国有企业的国资委，结束国企多部门管又无人管的状态。经过改革，企业成为独立的市场竞争实体，是名副其实的利益共同体。企业成员在完成企业对国家、对社会承担责任的前提下，利益共享，风险共担，就可同心协力，共同关注企业的发展，使个人利益、企业利益和国家利益结合起来。民营企业也实行了股权激励。南京伟思医疗科技有限责任公司的企业文化，其中有一项是让员工"分享成长"，有一个比较规范的股权激励项目，企业骨干均拥有公司的股份，到年底若完成年初制定的指标，"公司会拿出一部分股权,按照一定的计算方式进行分配。因此公司每年的股东股权都会有一些变化。我们这样做的目的就是希望给员工更大的激励。"《南大案例研究精粹》民营企业相互借鉴,这样的激励机制是普遍存在的。

3. 情通则和

人是重感情的,"人和"需要感情联结,"情同而亲合,亲合而事生之,情也。"《六韬·龙韬》故感情投资实为管理之不可或缺。在许多情况下,威不足以服人,而情可以动人。威服只能形式上一致,貌合而神离,而情通则可以神合,同心协力。古人最忌讳"口亲心疏,貌合行离"。《抱朴子·勤求》"貌合心离者孤,亲谗远忠者亡。"(汉·黄石公,《素书·遵义》)《诗经·秦风》就载有关心部属生活困难,同甘共苦,从而凝聚向心力,形成同仇敌忾高昂士气的事例:"岂曰无衣,与子同袍。王于兴师,修我戈矛,与子同仇。"

比较而言,古代治军最讲究感情投资,几乎所有兵书都讲到将帅不可以特殊化,要关心士卒,注意感情沟通。《六韬》规定将军要能指挥打仗,必须遵守"三服"。一曰"礼将":"将冬不服裘,夏不操扇,雨不张盖",谓之"服礼"。"将不身服礼,无以知士卒之寒暑。"二曰"力将":"出隘塞,犯泥涂,将必先下步",谓之"服力","将不身服力,无以知士卒之劳苦"。三曰"止欲将":"军皆定次,将乃就舍;炊者皆熟,将乃就食;军不举火,将亦不举";谓之"服止欲"。"将不服止欲,无以知士卒之饥饱。"有这三条,将领吃苦在前享乐在后,"将与士卒共寒暑劳苦饥饱,故三军之众,闻鼓声则喜,闻金声则怒,高城深池,矢石繁下,士争先登;白刃始合,士争先赴。"《六韬·龙韬·励军》《六韬》据史载是姜子牙所述,如是,当是早期的治军理论,当时已经很注重感情投资了。这项传统铸造了中国优秀将领的不移素质。孙武、孙膑、吴起、诸葛亮、岳飞、戚继光等人都是既从严治军又爱护士卒,善于感情投资的大师。孙膑提出取胜五条件,其中有"得众,胜;左右和,胜"。《孙膑兵法·篡卒》孙武规定"仁"是将领的五大素质之一,爱兵曰仁,"视卒如婴儿,故可与之赴深溪。视卒如爱子,故可与之俱死。"(《孙子兵法·地形》)据《宋史》记载,岳飞治军也很注重感情投资,"卒有疾,躬为调药。诸将远戍,遣妻问劳其家。死国者,则育其孤。""时以盛夏行师瘴地,抚循有方,士无一人死疠者。"

卢作孚办民生航运公司之所以成功,重要经验之一是得力于感情投资,注意于职工福利的创造。他在《工商管理》一书中说,人事管理的重要问题是:"谋取职工福利,不仅为谋当前福利,并须为谋未来福利,不仅为谋个人福利,并须为谋家庭福利。有关福利设施,如职工之环境卫生、补习教育、运动及娱乐生活、医药及死亡保险、家庭住宅卫生及子女教育,皆所必需。其属物质方面者,应视经济能力实施之。其属服务方面者,应竭所有人力趋赴之。"公司免费供应职工午餐,四菜一汤,荤素皆有,从总经理到工人,凑满八人,同桌而食。职工家属一般药品费由公司负担。为职工办消费合作社,低于市价供应生活用品。职工统一发"民生服",使职工以民生职工为荣。这些措施极大地增强了凝聚力,培养了"民生精神",促进了企业的发展,是近代企业界感情投资取得卓著功效的一例。

现代管理的感情投资有更为丰富的内容,诸如领导者与职工同甘共苦,对伤病员工的探访慰问,贫困救济,职工子女教育,节假日家访,生日祝贺,生活后勤保障,心理咨询,职工再教育,文体活动,疗养和旅游等。

4. 民主精神

民主精神也是团结精神,对众人意见的尊重,才能群策群力。《六韬》说:"目贵明,耳贵聪,心贵智。以天下之目视,则无不见也;以天下之耳听,则无不闻也;以天下之心虑,则无不知也。辐辏并进,则明不蔽矣。"颇有点古典民主精神。《尚书·尧典》的"师者众",《礼记》的"爵人于朝,与士共之",也是这种精神的表现。梁启超在《古议院考》中企图从中国原典中寻找近代议会制的源头:"敢问议院,于古有征乎? 曰:法先王者法其意。议会之名古虽无之,若其意则在昔哲王所恃以均天下也。其在《易》曰'上下交泰'……其在《书》曰'……谋及卿士,谋及庶人',其在《周官》曰'朝事之朝,小司寇掌其政,以致万人而询焉'。"

梁启超推崇资本主义国家的议会制,他和许多近代先进分子向往的西方式民主制度,因其不合中国国情而成为泡影。梁启超的历史比较,只看中国传统文化中的民主精神和西方资产阶级民主制形式上的近似,而未能注意其原则性区别。西方式的民主制是严格的政治概念,其实践是宗派政治、山头政治。中国传统的民主精神则体现一种人伦学说,以民本论和人际和谐观为指导思想,主张尊重人民、尊重别人,和衷共济,群体为上,群体的智慧和力量高于单独的个人,哪怕这个人是君主也罢。民主精神是促进人和、形成群体力的必要条件。梁启超所引原典中的"上下交泰""佥同""谋及卿士,谋及庶人""致万人而询焉",表现了民主精神,有利于促进人和与社会安定。因此,我们应智慧地看待西方的民主制度,而对于中国传统文化中的民主精神,则应继承和发扬光大。

西方国家当社会矛盾尖锐化时,会想到中国古代以儒家为代表的人伦学说对他们的用处。如第一次世界大战以后,西方人就曾广泛宣传博爱无私的大同思想和主张人际和谐的人文学说,用以调整人际关系,维持国际和平和社会安定。现代工业的膨胀和经济的发展,竞争的强化使西方面临道德的风险,人际关系、家庭关系趋于紧张,一些学者又把目光投向东方,冀图借助中国传统文化来建立人世间的和谐。英国著名历史学家 A. J. 汤因比说:"人类已经掌握了可以毁灭自己的高度技术文明手段,同时又处于极端的政治、意识形态的营垒"之中,这个对抗的世界所需要的"最重要的精神就是中国文明的精髓——和谐。"他希望中国文明的精髓"能成为人类的主导",否则,"整个人类的前途是可悲的。"(转引自《历史与企业家对话》,改革出版社)日本企业界一些代表人物信奉儒学,包括运用人和观以培养企业文化。如松下幸之助曾为松下电器集团确定了七大精神:产业报国、光明正大、奋斗向上、和睦一致、礼节谦让、顺应同化、感谢报恩,后四项都是为了培养人和。松下的成功,重人和的企业文化当是重要因素。

我国在 20 世纪六七十年代经历了 20 年的风风雨雨,人际关系一度糟糕到无以复加的地步。改革开放带来了人和的复归,人们的心情舒畅多了。经过这样的反复,中国人更加珍爱人和,努力建设和谐社会,在和谐中求安定谋发展。市场经济的发展,加深了社会生活的相互依存,利益的相互依赖有利于加强团结。同时,市场经济竞争原则的普遍推广,在调动活力的同时又会发生利益的矛盾性,由此又会带来由利益争夺而产生新的不和因素。市场经济中向心力和离心力并存是常态,成功的管理者应是能最大限度地抑制离心力,激发向心力。为此要强化市场经济的法制建设,用法制规范市场行为,使人们的市场活动既能谋利又不致越轨,从利人出发为自己谋利,建立起社会主义的市场经济秩序。要提倡公平竞争,防止权力对市场的干扰。我国一度有"特供""专供"做法,特定商品对少数高级官员有销售优惠,有的保健品甚至标上"首长保健专用"。这种做法违背社会主义市场经济原则,会使人民不满而助长离心力,破坏官民关系与社会和谐。党的十八大以后,作为反腐倡廉、抑制官员特权的一部分,已被严禁。国家有关部门已联合下发通知,今后"严禁中央和国家机关各部门及所属行政事业单位使用、自行或授权制售冠以'特供''专供'等标识的物品。"这些措施必将推广至全国,极大地改善官民关系,并增进社会和谐。

三、天人谐一

(一)"天人合一"观

环境破坏已经成为人类生存的严重威慑。人类追求现代化的进步,在市场经济中对利润的追逐,对物质和精神生活的追求,付出了环境恶化这样过于昂贵的代价,以至威慑到人类继续生存和发展,需要全人类协调一致地去解决。西方学者不仅因其人际关系恶化而寄希望于东方的人伦学说,而且也因工业污染造成环境恶化而把目光投向了我国古代的天人谐一观。当代中国的发展,不仅存在对人和的复归,而且也提出复归"天人谐一"这样紧迫的课题。20 世纪末在南京大学召开的中国传统文化学术会议上，德国特里尔大学汉学家乔伟说："中国传统文化中许多关于人和自然关系的思想，尤其是道家和儒家的思想，已经在欧洲和北美被重新发现和接受。所谓'绿色运动'和'保持生态平衡运动'等组织，都已经把这些思想变成它们具体的政治纲领的一部分内容。……构成这种'新思想'的那些来源于中国传统文化的基本观念，很可能在欧洲绕了一圈之后又重新回到中国，对今天生活在那里的中国人的意识产生影响，以致中国的传统文化既能对西方国家解决保护自然问题做出贡献，又能在中国本土得到应用。"乔伟崇尚中国传统文化对于自然界的理性态度，认为宣扬这些文化有利于整治人和自然界的失衡问题。至于他关于中国传统文化对环境整治的功能将通过西方的发现再回到中国本土的预言，则反映了中国人对自身传统文化的忽视，也是言之有据的。当中国管理学界向外界寻找经验的时候，发现日本人、东南亚人、美国人都在运用中国古代的一些管理原则，并且卓有成效，于是按"出口转内销"途径再引回国内，重新从现代角度审视祖先的管理文化。如"孙子兵法热""三国演义热"等，都是这样形成的。

关于天人关系问题，在古代原本是哲学和宗教讨论的问题。古代由于实践和认识的限制，不知道人世间变化的原因，对自然界的运行也充满神秘感，往往将天（自然界）人格化，赋予其意志，赋予其主宰人世间的权力，以为人世间的一切皆由上穹神秘力量主宰。古代人这样认识天人关系，在中国和在西方是相同的，却形成截然相反的天人关系思维模式。西方古代人的无知，产生了天人相分的思维模式，认为宇宙是二重化的，分此岸和彼岸，彼岸统治着此岸，人是不可知（但是人们装着可知或已知）的"天"的奴仆。人间此岸是罪恶，幸福在天堂。当工业文明打破"天"的绝对权威以后，天人关系一下子又被倒过来，自然界被神化的形象虽然还存在，但自然界本身却被踩在资本脚下，人们以征服自然、榨取自然为能事。只有当自然界的破坏达到威胁资本继续发展的时候，人们才想到要保护自然，但已经悔之晚矣。中国古代人的无知产生了"天人合一"观,认为天是有意志的,皇帝只是"天子",是上天即自然界的儿子,要按照天意实行治理。董仲舒称为"天人感应",人间闹地震,山崩地裂,雷鸣电闪,洪水横流,赤地千里,是人君治理不当,干了坏事,招来天罚。因此,治国要注重仁义,不伤天地,不伤人和。社会安定,不发生自然灾害,五谷丰登,六畜兴旺,表示老天爷不发脾气了。这样,天上人间一体,天道地道人道一致,产生了追求人与人、人与自然界和谐的治理方针。可见,华夏古典的"天人合一"观念虽然具有神秘色彩,却是一种和谐的世界观。

殷墟甲骨卜辞已经表现出对山河、社稷(社,土;稷,谷)、日月云雨等自然神的崇拜,出现了"天"与"上帝"等同的概念,君主举事(营造、征伐等)需经祭祀请求上帝同意,表示了崇拜自然神的"天人合一"观的萌芽。《易经》以卦辞的形式按天即自然界的变化来预测人间的祸福,"天垂象,见吉凶,圣人则之"。认为天地人同道,"故能弥纶天地之道",支配一切,能"曲成万物而不遗"。(《周易·系辞》)人与天是相互作用的,"人与天地参"(《黄帝内经》)。人参与自然界的变化,自然界也参与人事的变化,"天地之大德曰生","圣人德配天地"。(《周易·系辞》)生生不息,不断生育出万物,并滋养人类,乃天地之大德。治国的圣人也应具有天地之德,保障万物生生不息,其中包括对自然界的保护。这些观点表示了"天人合一"观的发展,具有了天人和谐相处的思想。这些原始的零碎的"天人合一"观,到了春秋以后发展为较为明确的生态保护思想。

(二) 生态保护

中国古代生态保护思想的产生,其理论基础是先民的天人合一观,其社会条件是生产个体化、商品化带来的生态破坏,主要是植被破坏。春秋时期开始铁制生产工具的推广,领主制生产体系的瓦解,土地的私有化,个体经济的普及,分工随之发展,我国的社会发生了生产个体化和商品化合二为一的演变过程。个体农民运用铁制生产工具,既产生了开荒辟地的经济上的冲动,又具有了开荒辟地技术上的可能,而分工的发展使商品经济普及开来。人们为了追逐利润和生活上的满足,开荒辟地,乱捕滥杀,破坏了天人和谐,生态平衡开始遭到破坏(主要在黄河流域人口集中地区)。黄河流域在古代曾经是绿化区域,商朝时的森林覆盖率达50%以上,只称"河",不叫"黄河"。春秋初期,生态环境还是好的。到了公元前602年(周定王五年),发生了大禹治水以后1 600多年间第一次黄河大改道。战国时期的黄河生态进一步遭受破坏,如齐国都城临淄附近的"牛山之木尝美矣,以其郊于大国也,斧斤伐之……牛羊又从而牧之,是以若彼濯濯也。"(《孟子·告子上》)一座草木繁茂的牛山因靠近大城市被乱砍滥伐而变成一座秃山(濯濯也),表明生态破坏已相当严重。

秦汉时期国家统一,全国性战争停息,人口迅速增加,在经济趋向繁荣的同时,又带来对自然界的洗劫。黄土高原沙漠化,中原地区第一次遭到了全面的生态破坏。"功利中于人心,而不知黄水之为患。"(郑肇经,《中国水利史》,上海书店版)以致汉代黄河出现"河水重浊,号为一石而六斗泥"(《汉书·沟洫志》)的情形,屡次发生缺口。到王莽时期的公元11年,黄河第一次大改道之后613年,又发生了第二次大改道。这次生态破坏直到魏晋南北朝才基本恢复,生态才有所改善。后来在隋唐五代、宋元及其以后,随着社会的安定与动乱,人口的增加与减少,商品经济的发展与凋敝,黄河流域一再出现生态破坏和康复的循环。而这种循环性的生态恶化成为我国人口和经济文化重心逐步南移的重要原因之一。由于我国历史上经历过以黄河生态为主体的生态教训,在国家治理中比较注意于生态保护,生态保护的重点是水土资源保护,大地绿化,保护植被,防止土壤沙化和流失。水土资源综合治理和开发,是历代持之以恒的奋斗目标。关于生物资源的保护,相传周代治理市场已有规定,凡"五谷不时,果实不熟","木不中伐","禽兽鱼鳖不中杀"的,皆不许入市交易(不鬻于市),并且规定捕猎采伐时节,禁止"非时"操作,如"山林非时不升斤斧,以成草木之长";"川泽非时不入网罟,以成鱼鳖之长";不捕小兽,不掏鸟蛋,"以成鸟兽之长"。(《礼记·王制》)到了春秋战国时期,这种思想开始法制化了。

"不违农时,谷不可胜食也。数罟(密网)不入洿池,鱼鳖不可胜食也。斧斤以时入山林,材木不可胜用也。谷与鱼鳖不可胜食,材木不可胜用,是使民养生丧死无憾也。养生丧死无憾,王道之始也。"(《孟子·梁惠王上》)

"故长养时则六畜育,杀生时则草木殖……草木荣华滋硕之时,则斧斤不入山林,不夭其生,不绝其长也";(鱼类繁殖之时)"网罟毒药不入泽,不夭其生,不绝其长也。春耕、夏耘、秋收、冬藏,四者不失时,故五谷不绝,而百姓有余食也。污池渊沼川泽,谨以时禁,故鱼鳖优多而百姓有余用也。斩伐养长不失其时,故山林不童而百姓有余材也。"(《荀子·王制》)

这是孟、荀有代表性的言论,表示对生物资源保护的重视。值得注意的是,两人的论述都把资源保护和保障民生相联系,是实行"王道""仁政"的一项政策,体现了传统的民本主义治理方针。类似思想在当时是很多的,如《吕氏春秋·十二纪》提出在春季生物生长繁殖季节,禁止伐木、渔猎、焚烧山林、覆鸟巢、掏兽窝等掠夺生物资源行为。云梦出土的《秦简·田律》已把这种思想定为法律,如"春二月,毋敢伐山林及雍堤水。不夏月,毋敢夜草为灰,取生荔麛卵鷇,毋□□□毒鱼鳖,置井网,到七月而纵之。"汉以后,这类保护自然资源思想历代都一再重申,并在法律上得到体现,形成我们民族的一项道德规范,得到了全社会的认可。如贾谊和《淮南子》作者都把生物资源保护作为安定民生的国家治理重要项目,主张渔猎有度,"畋不掩群……不涸泽而渔,不焚林而猎。""草木未落,刀斧不得入山林。昆虫未蛰,不得以火烧田。孕育不得杀,鷇卵不得探,鱼不长尺不得取,彘不期年不得食。"总之,"取之有时,用之有节,则物蓄多。"(《淮南子》《贾谊新书·礼》)

苏东坡有"年来合浦自还珠"诗句,(明)冯梦龙也有"珠还合浦重生采"诗句,都提到古代生态保护中形成的一个典故。合浦(今广西合浦县东北)地处海边,盛产珍珠,不产粮食,历来用珍珠与交趾(今越南)交换粮食,商人往来多,经济尚称繁荣。有一段时间,地方官贪私,迫令百姓滥采珍珠,破坏了资源,再也采不到珍珠了。百姓传说珍珠被贪官逼迫得无处立足,迁到别处了。后来,孟尝到合浦当郡守,廉洁自律,革除往日的弊端,从养护资源着手,限制采集,很快恢复了往日的繁荣,老百姓说珍珠又回来了。(《后汉书·孟尝传》)由此形成"合浦还珠"的典故。可见,古人从实践中早已认识到保护资源和繁荣经济、改善民生的关系。

(三) 生态经营

不仅人和自然界相互依存,而且各种自然物之间也是相互依存的。"人与天地参",认识各种自然物之间的相互关系,才能更好地实现人与自然界的和谐,提高生产治理的功效。荀子提出自然物"相食养"的观点:

> "今是土之生五谷也,人善治之,则亩数盆,一岁而再获之;然后瓜桃枣李一本数以盆鼓,然后荤菜、百疏以泽量,然后六畜禽兽一而剸车,鼋鼍鱼鳖鳅鳝以时别,一而成群,然后飞鸟凫雁若烟海,然后昆虫万物生其间,可以相食养者,不可胜数也。"(《荀子·富国》)

荀子一再用"然后"这个概念表示各种自然物生长之间的联系,可视为生物链认识的萌芽。粮食增产了,各种林木、水果、禽畜、蔬菜、水产、飞鸟、昆虫就会产生连锁性的发展,自然界就是这样"相食养"而为人类提供愈来愈多的物质财富。一个可以变成许多,"一本数以盆鼓","一而成群",条件在于"人善治之",这里提出了对自然资源实行综合治理的思想。根据"相食养"观点,我国古代向有林粮互补,粮、畜、工资源循环利用的经营方式,如用粮食酿酒,用猪粪肥田,在稻田里养鱼,用水中浮游生物喂鱼,用鱼屎肥田等。

据《常昭合志稿》转引《虞山杂志》记载,明代的常熟有谭氏兄弟有百余雇工办农场:高田筑田埂辟为粮田和菜地;洼地凿百余池养鱼;池上搭猪舍鸡棚,池堤上种植梅桃果树;污泽地则种水生菰茈菱芡;林间繁殖鸟类,捕食昆虫,又可捕鸟出售。经过综合治理,充分调动土地潜能,粮、菜、鱼、禽、畜、果、鸟综合经营,发挥了"相食养"的功能,"日积月累,以致大富"。这个个体经营的生态农业,虽然是简单型的,但在古代也算是一大创造。

我国的改革开放,在转变思想路线以及实现人际和谐的同时,也致力于按客观规律办事以实现人和自然的和谐。从 20 世纪 70 年代末起步,我国推进生态农业建设。1993 年开展了 51 个县的生态农业试点,经过 20 多年的实践,生态农业逐渐形成具有自身特色的理论与技术体系,在继承和发扬传统文化的同时,积极应用现代高新技术。改革中蓬勃发展起来的生态农业,其特点是:强化农业系统内农林牧副渔各子系统的内在联系,发挥其"相食养"的功能,促进社会主义大农业的全面发展;发展农业与荒山、荒坡、森林、草原、水域的国土整治和开发相结合,在全面提高农业经营效益的同时,增强农业发展的永续性后劲;发展纵向的多层次的综合生产体系,种、加、养相结合,实行"种植业—农产品加工业—饲养业—种植业"一体化,既增加附加值又相互促进的良性循环;推广生态技术措施,发展沼气生产和综合利用,推广有机生物肥料,利用机械和生物控制手段除草和防治病虫害等,限制农药、化肥和垃圾污染,使农业建设和能源建设、环境建设相结合。实践中创造了多种生态农业模式,如珠江三角洲实行"基塘"农业模式,在常年积水洼地挖塘,堆泥成基。塘养鱼,基地种桑果树、甘蔗、花卉,以塘泥作肥料,桑叶养蚕,蚕屎、桑叶、蔗叶作鱼饵。塘基互养,形成水陆互养的基塘农业人工生态系统。在宏观治理方面,到"十一五"期间,全国综合治理水土流失 23 万平方公里,完成造林 2 529 万公顷,森林覆盖率达 20.36%,建立起自然保护区 2 588 个,占国土面积的 19.4%。

现代环境破坏主要还是来自于工业,工业在制造大量产品的同时,废水排放日益增加,废水、废气、废料、灰尘、噪声等有害物质,毒化了人类生存空间,自然资源横遭侵害,引起了气候变迁、酸雨、物种消失、水旱灾频发等自然灾害,破坏了生物链的自然平衡,不仅使农业生态、人类生活生态恶化,而且破坏了工业自身存在的条件,最终要抑制工业自身的生产能力。因此,对天人和谐的复归,更应注重于治理工业污染。近年来,我国各地按照环保部规定,对重点污染源企业先后安装了排污在线实时监控设备,对排污超标及时通报,紧急处理,限时达标。

注重于生态工业的治理,是现代管理的一项战略任务。生态工业是建立人和自然之间物质转换良性循环的工业治理模式,其特点是综合运用经济规律、生态规律和系统工程规律,通过法治的、技术的、组织的措施,做到在工业生产中对自然物的利用和养护相结合,消灭资源赤字;节约能源、物料,综合利用,进行废料再资源化,建设节约化工业;限制、减少并最终消除含害产品的制造和流通,使产品生态化;建立对有害排泄物的综合开发利用体制,变废为宝;以逐步实现工业品生产、流通和消费的生态化。

第十章 重 法

一、法与管理

（一）法生于治

法，古人又称律，现在通称法律或法规。作为阶级统治的手段，法是统治阶级意志的表现，在本来的意义上是个政治学的概念，属于治国的范畴，随国家的产生而产生，随国家的发展而发展。法的本质总是由其表现和维护的生产关系的本质所决定，一定的法"只是表现和记载"一定的"经济关系的要求而已"。（《马克思恩格斯全集》，卷4，第122页）一定的生产关系下占主导地位的物质利益总是生产资料占有者的利益，维护这样的阶级利益集中表现为国家意志。国家为保障经济及相应上层建筑的正常运行，制定各种行为规范，如法令、规则、条例、命令等，统称为法。因此，法是由国家制定并由国家权力强制执行的处理社会关系各种行为规范的总称。凡是法，皆产生于国家的治理实践，为了有序地实行治理。

远古时代没有法治，相传"神农无制令而民从"，"神农之世……刑政不用而治，甲兵不起而王。"（《淮南子·氾论训》《商君书·画策》）可见原始社会是没有法治的。奴隶社会有了国家才有法制，"夏有乱政，而作禹刑"（《左传·昭公六年》），说明夏朝开始了早期的司法实践。最后一部古代法是《大清律》。古代法从其萌芽期算起，延续四千余年，明文法治也有两千余年。经过历史的继承和变革，自成体系，在世界法治文化中具有明显的特色。由于中国古代封建制发展程度较高，治理比较完备，自唐代开始，法治经验陆续为邻近地区如朝鲜、越南等国所借鉴，影响了这些国家法制的创立和发展,形成为共同法系。近代西方学者称之为"中华法系",也称"中国法系"。"中国的封建法律由战国至清经过二千年的发展,形成了沿革清晰、特点鲜明的法律体系,被世界上推崇为五大法系之一——中华法系。"(《中国大百科全书·法学·中华法系》)五大法系为:中华法系、印度法系、罗马法系、英吉利法系、阿拉伯法系。

传统法有狭义和广义之分,狭义的指刑,法、刑同义。《尔雅·释诂》:"刑,法也。"《说文解字》:"法,刑也。"李悝《法经》综合当时各诸侯国的法律,分为"盗""囚""捕"等共六篇,都属刑法。战国时刑赏并用,狭义的法又等同于刑赏。秦汉以后,因国家管理的需要,逐步推出广义的法规,如汉代规定货币由国家统一铸造的法令,唐朝的市易法、青苗法、募役法、方田均税法,明代张居正推行的一条鞭法等,都是理财法制。其他在治吏、治军、治学、治生、人口等方面,人们都重视了法的功能,法也从形成早期单纯刑的镇压性演变为人们行为的规范性,推延到众多的治理方面,越来越表现其综合治理功能。当然,由国家颁布的行为规范依然是强制性的,不同方面的规范都有刑贯穿其中,越轨行为都会由刑来纠正,没有刑的强制,任何法规都会流于形式。云梦出土《秦简·秦律》已有刑事、民事、行政、经济等多方面的立法,是一部早期的广义法。后来在国家的治理实践中,逐步形成多方面的法律规范,如:关于维护中央集权制、规范中央和地方关系的政权法规;关于政府机构设置和工作程序的行政法规;关于守卫政府机构、国土安全、社会治安的安全法令;关于规范吏德、惩治贪赃枉法的吏治法规;关于兵员征集、训练、作战的治军法规;关于户籍、家庭、婚姻、产权、债务等的民事法规;关于土地、财政、货币、度量衡、市场管理等经济管理法规;关于运输、驿递、水利等公营的建筑工程法规;关于制约封建礼教的法规;关于盗匪、斗殴、破坏公共设施的刑事法律;关于保护动植物的资源法规;关于审判程序的司法法规等。这些法并不是每个朝代都设立,也不是有了都能执行,但从中可以看出,随着实践的积累,人们逐步认识到治理任何事业都得有法可循,法是必不可少的治理手段。

　　我们从管理文化角度研究的"法"是广义上的,事业的治理尤其是微观单元的治理,除了应遵循国家的相关法规外,自身还应有规范操作的规章、制度、方案等,这些一般不具法的性质(经过国家法定机关批准或认可的,就具有法的性质了),但都应符合于法,在本单元实施也是"依法办事"。对于这类"法治",我们下文探讨的传统法治的一些原则也是可供借鉴的。

(二) 依法治理

既然法是治理的需要,办事业就应依法治理。

　　"尺寸也、绳墨也、规矩也、衡石也、斗斛也、角量也,谓之法","法者,天下之程式,万事之仪表也。""不明于法,而欲治民一众,犹左书而右息之。……制仪法,出号令,莫不响应,而后可以治民一众矣。""明主者,一度量,立表仪,而坚守之,故令下而民从。……故明主之治也,当于法者赏之,违于法者诛之。故以法诛罪,则民就死而不怨;以法量功,则民受赏而无德。此以法举措之功也。故明法曰:'以法治国,则举措而已'。"(《管子》:"七法""明法解")

　　"释法术而任心治,尧不能正一国。去规矩而妄意度,奚仲不能成一轮。废尺寸而差短长,王尔不能半中。使中主守法术,拙匠执规矩尺寸,则万不失矣。君人者,能去贤巧之所不能,守中拙之所万不失,则人力尽而功名立。"(《韩非子·用人》)

　　"虽至百工从事者,亦皆有法。百工为方以矩,为圆以规,直以绳,正以县(悬)……巧者能中之,不巧者虽不能中,放依以从事,犹逾已。故百工从事,皆有法所度。今大者治天下,其次治大国,而无法所度,此不若百工辩也。"(《墨子·法仪》)

　　这是古人关于依法治理的代表性言论,谈的是广义法治。按这些论述,天下万事都得有"程式""仪表",即行为规范,手工业要有尺寸、绳墨、规矩等,计量要有衡石、斗斛等。同样的道理,治国、治军、理财等一切事业都应有相应的"规矩",才能治民一众,有序地治理,刑赏也就有所准则了。法的基本内容是各种社会行为规范,而刑赏则是这些规范得以贯彻的手段。行法者也受法规范,其表率者有赏,违反者有罚。这些就叫"依法治理"。如果"释法"即放弃法,连善于制造马车的奚仲也做不好一件车轮,高明的木匠王尔也不能准确地截取木料的一半,尧也治不好国家。如果依法治理,即使是平庸的君主和拙匠也不会发生大的失误。即使法还不完善也比无法好,"法虽不善,犹愈于无法,所以一人心也。"(《慎子·威德》)可见依法治理的必要性。

"释法术而心治"的"心治",又称"人治"或"智治",古代有识者是不赞成的。韩非借子产的一个故事批评了这种做法。子产出巡,闻一妇人哭亡夫,其声惧而不哀,疑其有奸,执而审之,果乃杀夫者,破了一个杀夫案。韩非说"子产之治"不可取,"不任典成之吏,不察参伍之政,不明度量,尽恃聪明,劳智虑而以知奸,不亦无术乎?"既不依靠法制,又不依靠官员和民众,"奸必待耳目之所及而后知之,则郑国之得奸者寡矣"。如果健全法制,公布于众,依靠民众,责吏实施,就可"形体不劳而事治,智虑不用而奸得。"(《韩非子·难三》)可见人的智治不若法治。

因此,按中国传统管理文化,法可视为治国之本,"故本者,经常之法,规矩之要"(《诸葛亮集·治国》)。

"自古立国,皆有规模,循而行之,则治功可期。"(《元史·许衡传》)

"天下从事者,不可以无法仪。无法仪而其事能成者,无有也。"(《墨子·法仪》)

"规矩者,方圆之正也,虽有巧目利手,不如拙规矩之正方圆也。故巧者能生规矩,不能废规矩而正方圆。虽圣人能生法,不能废法而治国。故虽有明智高行,背法而治,是废规矩而正方圆也。"(《管子·法法》)

这些表明法治的重要,对于现代法制建设也是有意义的。我国社会主义法制建设经历了曲折的道路,新中国成立以后曾经大抓法制建设,初步建立起社会主义法制体系。"文革"时期,遭受了严重的冲击和破坏。改革开放以来重新开展了全面的法制建设。我们需要建立和健全适合于社会主义市场经济需要的,调节和规范经济领域和上层建筑各方面活动的法制,普及法制教育,强化法治观念和法治秩序,以法治政,以法治军,以法理财,以法治市,以法治企事业,以法治人事,以法治法……总之,把一切纳入法制的轨道,保障一切社会主义事业依法有序运行。这是一项重大的历史使命,需要持久地坚持下去。

惟法是治在古代只是一些思想家们理想的治理状态,实际上不可能全面贯彻。君主专政前提下的法治,法作为地主阶级意志的集中表现,体现为君主意志,最高立法权由君主垄断。申不害说:"能独断者故可以为天下王。"(《韩非子·外储说右上》,引申不害语)荀子说:"君子者,法之源也。"(《荀子·君道》)韩非则干脆说法是"主之法",立法权不可"与下共"《韩非子·八经》),不仅百姓而且官员都不能分享立法权。封建法治不仅会受君主随意性的左右,而且难以排除权贵阶层的法外特权,游离于法之外的情形是经常发生的。我们的社会主义法制则是人民民主法制,生产资料公有制占主体地位,社会化的生产,社会主义市场经济新秩序,国家的统一,社会的安定,各民族的团结,人民民主专政的政治秩序,文化、教育、科学技术、卫生等各项事业的运行,客观上都需要适当的法律加以调节和控制,而且有了可能。惟法是治,有望成为现实而推广于一切事业的治理。有一个村在民主基础上实行"以法治村",且村规公开,引来众多参观者,很快得到推广,法治一定程度上正在基层推广开来。

在现代社会,知法执法是管理者的必备素质,要熟谙各种相关法律,要有严格守法的素质,法盲是根本没资格担当管理的。就企业管理来说,企业法是管理大法,在购销、合同、信贷、产品质量、规格、商标、牌号、计价、计量标准、包装、货款结算、商业信用往来、知识产权、环保、租赁、纳税、保险、消费群的监督等诸多方面,都受国家法律所制约,既有受法律保护的权利,又有守法的义务,是法的权利与义务的统一体。涉外企业还得受有关国际法和相关国家法律的制约。处理内部关系时,职工的招聘、使用、退休和辞退,责任制和经济核算制的实施,所得的分配,现金、账务、住房、财产和生产的管理等,都必须按国家法定的规则和在国家法律范围内由企业自定的规章制度行事。企业如有违法犯法,如对外有侵犯专利权、违反计量标准,对内有不实行国家工资政策,违反经营责任制,都会在不同方面破坏市场经济秩序,也会限制企业自身的长远发展。因此,以法治企业无论从宏观还是微观看都是发展的必需。江苏省有个锻铸铁厂一度亏本要倒闭,经过整顿,按国家法规,基于自身环境,调整了经营方向,强化厂内法治,制定《质量管理条例》《质量和事故索赔条例》等 15 项规章,从厂长起严格执行,两年之内打了翻身仗,产量和利润大幅增加,以"法"治厂取得了良好的效果。

二、法制原则

中世纪形成的中华法系,本质上是封建制生产关系的记载和反映,它到晚清时期随封建制的瓦解而解体,已退出历史舞台。但是中世纪法律实践提供的一些基本原则,却不会因此而失去效用。正如作为奴隶制法律的罗马法早已退出历史舞台,其中一些原则为近代资产阶级所继承,经改造发展而成为适合资产阶级需要的、应用于欧洲大陆(后来又传入拉美等地)诸国的"大陆法系"(因其起源于罗马,西方学者又称为"罗马法系")一样,我国古代法制所体现的一些原则,同样可以为社会主义法制建设所借鉴。中国式社会主义法制建设从中国实情出发,需借鉴西方实行的符合市场经济共同规律的法治经验,继承中华传统管理文化中的优秀成分同样也是必要的。这些优秀成分主要是一些法制原则。

(一)一法

一法即法的统一性原则,包括立法统一和执法统一。立法的统一性要求立法权的统一和立法标准的统一。桓谭说的"权统由一，政不二门"（桓谭，《新论·王霸》），是立法的基本原则。如是，方能"一其法度"，使"天下方知"（《后汉书·桓谭冯衍列传》），有统一的行法准则。如果"刑开二门"，将会"法令决事，轻重不齐，或一事殊法"（《后汉书·桓谭冯衍列传》），事业将无法治理。

> "自近世以来，法渐多门，令甚不一。吏不知所守，下不知所避。奸伪者因法之多门，以售其情，所欲浅深，苟断不一。则居上者难以检下，于是事同而议异，狱讦不平，有伤于法。"（《晋书·刑法志》，引刘颂语）

这里把政出多门、法统不一的危害说得很清楚了，只是他说的是刑法。一其刑令，则吏知所守，民知所避，刑断深浅，上检查下，才有所遵循，否则必伤害法治。我国古代立法权高度集中，由君主垄断，这是由历史决定的，封建经济制度产生君权制，君权是封建四权（君权、族权、父权、神权）之首。我国古代历来实行中央集权的政治制度，为维护这种体制的运转、维护国家统一和社会活动的正常运转，由君权为代表的中央政府法权的统一就是必要的。

执法的统一性还体现为法的平等性原则，自战国法家变法起就产生了这项原则，是对儒家"刑不上大夫"的否定。

> "为人君者不多听，据法倚数，以观得失。无法之言，不听于耳；无法之劳，不图于功；无劳之亲，不任于官。官不亲私，法不遗爱。上下无事，唯法永在。"（《慎子·君臣》）
>
> "故明主使其群臣不游意于法之外，不为惠于法之内，动无非法。……故以法治国，举措而已矣。法不阿贵，绳不挠曲，法之所加，智者弗能辞，勇者弗敢争。刑过不避大臣，赏善不遗匹夫。"（《韩非子·有度》）

"论功计劳,未尝失法律也。便辟、左右、大族、尊贵、大臣,不得增其功焉。疏远、卑贱、隐不知之人,不忘其劳。……有一体之治,故能出号令,明宪法矣。"《管子·七法》

由此可见,法的平等性重点是针对权贵阶层法外特权的,著名的"法不阿贵"原则由此产生,"治强生于法,弱乱生于阿"(《韩非子·外储说右下》)。贵与贱,上与下,亲与疏,在法律面前人人平等,"一赏,一刑,一教","刑过不避大臣,赏善不遗匹夫","罚有罪不独及,赏有功不专与","动无非法","执一以静",故"圣人治国也,审一而已矣"。(《商君书·赏刑》《韩非子·有度》《管子·立政》《韩非子·扬权》)这些主张虽然在封建社会难以全面贯彻,但作为法治原则是可贵的,具有普遍适用性。我们现在惩治贪腐、抑制三公消费,从领导机构、领导干部中开始,正体现了"法不阿贵"原则。我们的法对腐败的"权贵"们决不能手软,"权贵"犯法,处理要从快从严。

法的平等性原则的针对性有三:恃权、恃亲、恃功。

高官权贵,大权在握,目无法纪,超然法外,是谓恃权。"法不阿贵"就是针对恃权背法的。诸葛亮说:"爵不可以无功取,刑不可以贵势免。"《三国志·蜀志·张裔传》商鞅说:"所谓壹刑者,刑无等级,自卿相将军以至大夫庶人,有不从王令、犯国禁、乱上制者,罪死不赦。"《商君书·赏刑》商鞅改革时,贵族唆使太子犯法,商鞅刑罚了太子的老师公子虔、公孙贾,公子虔又犯法,"复犯约,劓之"。《史记·商君列传》商鞅下令割了他的鼻子,体现了法不畏强大的精神。

以私情代公法,以游说扰法律,邀功避罪,无功升迁,无能得官,是谓恃亲恃情。"法不遗爱"就是针对这种情况的。法不让"行私","今君设法度而听左右之请,此所以难行也"(《韩非子·外储说左上》)。应做到"请托无所容,申绳不顾私"(《抱朴子·臣节》)。贾谊说:"里谚曰:'欲投鼠而忌器'……鼠近于器,尚惮不投,恐伤其器,况于贵臣之近主乎!"《汉书·贾谊传》执法应"投鼠而不忌器","不别亲疏,不殊贵贱,一断于法"(《史记·太史公自序》)。诸葛亮说:"赏不遗远,罚不阿近","宫中府中,俱为一体,陟罚臧否,不宜异同。……不宜偏私,使内外异法也。"(《诸葛亮集·前出师表》《三国志·蜀志·张裔传》)金世宗说:"法者,公天下持平之器,若亲者犯而从减,是使之恃此而横恣也。昔汉文诛薄昭(指汉文帝杀舅父薄昭),有足取者。"(《金史·刑法志》)唐太宗处死犯罪的外甥赵节,又将暗中游说的姐夫杨师道免去宰相职务,指出"刑法不庇亲戚"(《贞观政要·封建》)。这些皆体现了"法不遗爱"精神。

视功劳为特权,居功自恃,傲视法令,是谓恃功。针对这种情况,商鞅说:"有功于前,有败于后,不为损刑;有善于前,有过于后,不为亏法。忠臣孝子有过,必以其数断。"(《商君书·赏刑》)对国家做出过贡献者,不能由此取得法外特权,可以允许犯罪者戴罪立功,以功赎罪,但不能允许以前功抵后罪。

一法的关键是上守法,立法者、执法者要守法。"法者,天子所与天下公共也。"(《汉书·张释之传》)包拯对皇上说:"法令既行,纪律自正,则无不治之国,无不化之民,在陛下力行而已。"(《包拯集·上殿札子》)历来公正执法者注重以法治上,以法律身。如果对上网开一面,失信于民,法纪必然崩溃。马谡失街亭,诸葛亮挥泪斩马谡之后,写下了著名的《街亭自贬疏》,他说:"人君先正其身,然后乃行其令。身不正则令不从,令不从则生变乱。"(《诸葛亮集·教令第十三》)他以自贬实践了律己正身的训言。隋文帝的儿子秦王杨俊在并州总管任内有违法行为,被文帝免了职,有大臣说情,文帝以"安能亏法"为由给顶了回去(《资治通鉴·隋纪二》)。这些皆受到后人的称颂。

(二) 明法

明法即法的公开性原则。古代早期的法律是不公布的,密藏刑条,临事制刑。据春秋时晋国大夫叔向说:"昔先王议事以制,不为刑辟(法),惧民之有争心也。……民知有辟,则不忌于上,并有争心,以征于书,而侥幸以成之,弗可为矣。"不公布是为了不让人民知法,"刑不可知,威不可测"。人民一旦知道法律,就会据法力争("以征于书"),统治者就不能随意定罪处刑了,"弗可为矣"。(《左传·昭公六年》)《左传·正义》对此解释说,法秘而不宣,"设法以待刑,临事而议罪",就可使我民"常怀怖惧",有利于治理。连孔子也反对明法,晋国"铸刑鼎",由晋室内部掌握使用,"未尝宣示下民",还够不上明法,孔子也不放心,"今弃是度也,而为刑鼎,民在鼎矣,何以尊贵? 贵何业之守? 贵贱无序,何以守国?"他惊呼:"晋其亡乎,失其度矣。"(《左传·昭公二十九年》)把刑法铸成明文,贵贱都得遵守,贵人的法外特权受了限制,不利于既有贵贱秩序的稳定,是孔子反对"铸刑鼎"的根据。

秘法传统被春秋战国的变革所打破。子产"铸刑鼎"首创明法,保守势力反对激烈,多次争论,战国时期出现了系统论述明法必要性的思想。列举数例如下。

"君法明,论有常,表仪既设民知方。进退有律,莫得贵贱,孰私王? 君法仪,禁不为……修之者荣,离之者辱,孰它师?""天下晓然皆知夫盗窃之不可以为富也,皆知夫大贼害之不可以为寿也,皆知夫犯上之禁不可以为安也……是以为善者劝,为不善者沮,刑罚綦省,而威行如流,政令致明,而化易如神。"(《荀子》:"成相""君子")

"令未布,而民或为之,而赏从之,则是上妄予也。……令未布,而罚及之,则是上妄诛也。……故:号令必明著,赏罚必信密,此正民之经也。""上之畜下不妄,则所出法制度者,明也。……此谓上有明法,而下有常事也。""赏罚明则民不幸生,民不幸生则勇士劝矣。""宪令著明,则蛮夷之人不敢犯。……是故明君在位,刑省罚寡。""明赏不费,明刑不暴,赏罚明则德之至者也,故先王贵明。"(《管子》:"法法""七法""君臣上""八观""枢言")

"法者,编著之图籍,设立于官府,而布之于百姓。""宪令著于官府,刑罚必于民心。""圣人之治也,审于法禁,法禁明著,则官法;必于赏罚,赏罚不阿,则民用。……存轻货于幽隐,虽曾、史(曾参、史鱼,古贤者)可疑也。悬百金于市,虽大盗不取也。不知,曾、史可疑于幽隐；必知，大盗不取悬金于市。"（《韩非子》："难三""定法""六反"）

"圣王者不贵义而贵法，法必明，令必行"。"法制明则民畏刑，法制不明而求民之行令也，不可得也。民不从令……虽尧舜之知，不能以治。""吏明知民知法令也，故吏不敢以非法遇民，民不敢犯法以干法官也。""夫明赏不费，明刑不戮。……明赏之犹至于无赏也；明刑之犹至于无刑也。"（《商君书》："画策""君臣""定法""赏刑"）

按上述，明法要求将法形成文字（"编著之图籍"），分发到政府各部门（"设立于官府"），向社会公布（"布之于百姓"）。明法的好处如下。

第一，明则治。明法能树立统一的规范，使人民知道该怎么办（知方），做到进退有律，秩序井然。明法是民从令的前提，法不明，高明的君主（尧舜）也不能治理。

第二，明则信。明法是信于法的前提，法既然公布了，就应取信于民，官府得守法执法。上有明法，人民信任，才能下有常事。"法必明"才能"令必行"，故曰："明则信，信则必。"诸葛亮说："孙、吴所以能制胜于天下者，用法明也。""若赏罚不明，法令不信，金之不止，鼓之不进，虽百万之师，无益于用。"（《诸葛亮集·整师》）

第三，明则劝。法明才有公开的约束力和激励功能，"是以善者劝，为不善者沮。"明法能培养人们的守法精神，"政令致明而化易如神。"《荀子·君子》法明于官府，官吏不敢非法以殃民。民明法，不敢违抗执法吏。"赏罚明则民不幸生，民不幸生则勇士劝矣。"（《管子·七法》）

第四，明则不妄。明法使赏罚有个准则，可避免妄赏妄罚，妄法官员无所售其奸。为了做到赏罚"不妄"，"则所出法制度者，明也"。（《管子·君臣》）

第五，明则省。据商鞅说，用兵打仗，明令宣布"利禄官爵专出于兵"，人人都会奋不顾身，"战必覆人之军，攻必凌人之城，尽城而有之"。取得大量财富，"虽厚庆赏，何匮之有矣！……明赏之犹至于无赏也"。

《商君书·赏刑》）按此道理,管理生产的明赏能调动人的积极性,多创造财富,对贡献大的给重赏,也会增加企业的财富,同样是"明赏之犹至于无赏也"。

"明刑不戮"是说明刑可以省刑,刑法极其明确,"明刑之犹"可发挥威慑作用,使"人不敢犯"。明刑还能发动民众"众其守",有利于禁止犯法。犯法而不知,像曾参、史鱼这样的好人也可能做坏事。犯法而必知,坏人也不敢做坏事,"悬百金于市,大盗不取也"。就可做到"刑省罚寡"。故曰:"明刑之犹至于无刑也。"或曰:"明刑而不滥乎所恨!"（《抱朴子·臣节》）

(三) 常法

常法指法的稳定性原则。古人认为法既有变动性,又有稳定性。法与时宜,因时制法,时代进步了,客观情势变化了,法制需相应发展变革,不可一味法古,不可拘泥于既定的法制模式。因此,从总体来看,法是动态的。对于宏观治理或是微观治理,都应这样看。但是一定的法既经产生,在一定时期内又应该力求稳定,不可多变。因为事物的常态是在运动中具有相对稳定性,治理要有相对稳定的秩序,因而法律规范的稳定性就是必要性。

《管子》主张变法,"化变者也,天地之极也",包含法制在内的治国应该"化故从新"。（《管子·侈靡》）

"圣人者,明于治乱之道,习于人事之终始者也。其治人民也,期于利民而止。故其位齐也,不慕古,不留今,与时变,与俗化。"

（《管子·正世》）

立法以利民为准,随时俗而变。同时又主张"法制有常":

"法制有常,则民不散而上合。……君据法而出令,有司奉命而行事,百姓顺上而成俗,著久而为常。……是故治民有常道,生

财有常法。"(《管子·君臣上》)

可见法又应有稳定性,不合时俗、不利民的旧法应化去,利民合时俗的新法要立。新法一旦确立,就应力求稳定,不可朝令夕改。法多变有何害处呢?

> "号令已出又易之,礼义已行又止之,度量已制又迁之,刑法已错(措)又移之。如是……上无固植,下有疑心,国无常经,民力必竭,数也。……法之所立,令之所行,与所废者钧(均、等),则国无常经。国无常经,则民妄行矣。"(《管子·法法》)

法令多变,没有固植,人民失去信任,治理秩序就会混乱(妄行),无法凝聚力度以推进变革和发展生产,这是必然的(数也)。可见法的稳定性是治理成功的必要条件。

《管子》常法思想因其科学性而为后世法治者所继承,如唐太宗就强调"法令不可数变","诏令格式,若不常定,则人心多惑,奸诈益生",而且"法数变则烦,官长不能尽记,又前后差违,吏得以为奸。"(《贞观政要·论赦令》《资治通鉴·唐纪十》)法多变,官民都会滋生奸诈。张居正则反对"苟因"和"轻变"两种倾向。

> "法不可以轻变也,亦不可以苟因也。苟因,则承敝袭舛,有颓靡不振之虞,此不事事之过也;轻变,则厌故喜新,有更张无序之患,此太多事之过也。二者法之所禁也。"(《张文忠公全集》)

这一观点比较全面。把旧法中过时或错误成分"苟因"下来,不可;轻变又会造成"无序"状态。法治要反对这两种极端倾向,变革和稳定相结合,既不可无所事事,又不可多事。

做到法的稳定,立法须慎重,因为立法轻率是多变的原因,由此又产生了"慎法"主张。宋仁宗不慎法,轻下令,轻变易,包拯规劝说:"诏令人主之大柄,而国家治乱安危之所系焉,可无慎乎!""制敕才下,未逾月而辄更;奏语方行,又随时而追改。民知命令之不足信,则赏罚何以诅劝?"(《包拯集·论诏令数改易疏》)唐太宗则主张"不可轻出诏令",凡法"皆宜译慎而行之","必须审定,以为永式"。(《资治通鉴·唐纪十》)

三、礼法结合

"治之经,礼与刑,君子以修百姓宁,明德慎罚,国家既治四海平。"《荀子·成相》这是荀子对治理经验的总结。正常治理秩序的建立,仅依靠法的强制性规范是不够的,还需要有礼的教化性规范相配合,法治与礼治相结合。礼是行为的道德规范,"道之以德,齐之以礼,有耻且格。"《论语·为政》朱熹注:"礼,谓制度品节也。……德礼之效,则有以使民日迁善而不自知。"这是说"礼"提供了人们行为的道义准则,用以调节"品节",善与恶,是与非,正与误,有了共识,人们能自动地趋善避恶,不正确的行为就能得到抑止,达到理想的治理境界。礼的规范作用,不是靠国家命令强制执行,主要靠说服教育,靠思想的熏陶。如果说法治是治理的武威手段,那么礼治就是治理的文德手段;礼法结合就是文武结合,或曰德威并举。孙武治军主张:"故令之以文,齐之以武,是谓必取。"《孙子兵法·行军》即礼法结合思想在治军方面的阐述。

治理需礼法并用的思想由来已久。相传周代,"尊礼尚施……其赏罚用爵列"(《礼记·表记上》),已体现礼法兼施了。但是礼法之用又有区别,"刑不上大夫,礼不下庶人"(《礼记·曲礼上》)。春秋时期礼崩乐坏,天下大乱,主要表现为统治阶级内部的争斗,于是孔子认为需要"复礼"以抑止争斗,复归礼的规范,对人民则主张实行仁政。孔子强调礼治德治,不谈法治。至战国,法家人物为了强制推进变革,依法非礼,强调一切依法办理,仁义道德的礼治规范被抛在一边。惟荀子是礼法过渡性人物,作为战国后期最大的儒者,发展了孔子的礼学,又能适应社会变革的要求,重视了法的功能,从而提出"礼与刑"的结合是"治之经"的主张。

"从人之性，顺人之情，必出于争夺，合于犯分乱礼而归于暴。故必将有师法之化，礼义之道，然后出于辞让，合于文理，而归于治。……钝金必将待砻厉而后利，今人之性恶，必将待师法然后正，待礼义然后治。今人无师法，则偏险而不正；无礼义，则悖乱而不治。……无礼义之化，去法正之治，无刑罚之禁……天下之悖乱而相亡不待顷矣。"（《荀子·性恶》）

荀子以人性恶为前提论述礼法结合而治的必要性。以为人之初始性恶，礼教方能化正，刑法才能禁邪，是从社会治安角度讲的，涉及的法只是狭义的刑法，礼教也只是防范性的。其实，即使从刑法角度看，人是否为非作乱，并非决定于人是性恶还是性善。如前所说，法制不明，是非观念不清，做了坏事不被发现，性善者也可能做出坏事，"曾、史可疑于幽隐"。如果法制明，是非清，做坏事逃避不了，性恶者也有顾忌，"大盗不取悬金于市"。所以，荀子立论的前提并不妥当。但是，荀子由此得出的结论却是至理名言。撇开人性善或性恶不谈，正常治理秩序的建立，礼与法是不可或缺的两手，防止犯罪也需礼教与刑诛结合。"不教而诛，则刑繁而邪不胜；教而不诛，则奸民不惩。"（《荀子·富国》）故社会治安需礼法并用，教诛结合。推广于一般治理，"礼者，法之大分，类之纲纪也"，"为政不以礼，政不行矣"。（《荀子》："劝学""大略"）礼规范了社会行为的准则，这些准则要通过教育化于人心，"圣人化性而起伪，伪起而生礼义"。在贯彻礼义准则的过程中，有功者赏，有罪者罚，这就要依靠法了，"礼义生而制法度"，依法"赏有功，罚有罪"，因此，"法者，治之端也"。这样，礼法浑然一体，为维持既定秩序下的正常运行而服务。

荀子的论述把礼法结合几乎推广于一切治理。诸如理财、治生、养民、等级制、生态保护等一切方面，都用一定的规范纳入礼的范围，用说服教育以一人心，建立共识，再用法治保障贯彻。如理财，"上以法取焉，而下以礼节用之"。以法取民，不苛求；各级政府以礼节用，减轻人民负担，此谓"节用裕民"，"节用以礼，裕民以政"。（《荀子·富国》）在生态保护方面,"礼有三本",其中第一本就是"天地者,生之本也。……无天地,恶(何)生?"(《荀子·礼论》)没有自然界,人类何以能生? 人类应保护自然,切不可"弃其天养,逆其天政,背其天情,以丧天功,夫是之谓大凶。"《荀子·天论》)人类对待自然界,既要遵守它的运行规律(天政、天情),又要保护它相食养的功能(天养、天功),而将之纳入礼法的轨道,"隆礼"而"重法"《荀子·天论》),"隆礼重法则国有常"(《荀子·君道》)。

隆于礼而重于法的思想经荀子阐述之后,因其全面且正确,被后世称为"治之经",有识之士无不遵循这条治理路线,而形成华夏法治文化的一项特色。如贾谊认为:"礼者,所以固国家,定社稷,使君无失其民者也。"同时,法亦"庆赏以劝善,刑罚以惩恶……坚如金石……信如四时,据此之公,无私如天地耳,岂顾不用哉!"礼与法目标一致,又各有所用,"夫礼者禁于将然之前","贵绝恶于未萌,而起教于微眇(细小),使民日迁善远罪而不自知也";"而法者禁于已然之后"。(《汉书·贾谊传》)王充说:"出于礼,入于刑,礼之所去,刑之所取,故其多少同一数也。"治理应该:"道之以德,齐之以威。"(王充,《论衡》)韩愈说:"仁义是修,法度是束"(《五百家注昌黎文集》),"礼法二事,皆王教之端"(《韩昌黎文集·复仇状》)。类似提法历代不绝,可见礼法结合已成为历史上稳定的治理模式。

礼是个历史范畴,有特定的历史内涵。古人提倡的礼是以伦理道德观念将封建等级制度规范化,维持贵贱等级、三纲五常秩序,一旦破坏这种秩序而教化不足以纠正时,就靠法的强制性予以解决,即所谓"礼之所去,刑之所取"的含义。我们要吸取的是礼法结合而治的精神,在加强社会主义法制建设过程中,同样要运用道德规范的调节,使社会主义德治和社会主义法治相结合。要明确各项道德标准,吏有吏德,商有商德,医有医德,师有师德,因此在处理官民关系、军民关系、上下级关系、家庭关系、医患关系、经营者和消费者等各种社会关系时,都应该树新风,讲文明,使道德规范和法治规范相结合,也是社会主义的"治之经"。从我们的治理经验看,古人所说礼义道德在人的行为之前起作用,而法则起事后纠正的作用,并不准确。道德规范固然可以事先引导人们的行为,但如有违德行为,人们可以依据道德规范给以谴责,道义的谴责和监督也能起事后纠正作用。法律规范固然能起到事后纠正的作用,即通过法定程序对违法行为强制纠正,但法律规范通过宣传和教育,深入人心,也能起到事先引导作用,减少和避免某些违法行为的发生。因此,要通过综合治理,明确规范,广泛宣传,全面发挥德与法的事先引导、过程监督和事后纠正的治理功能。

第十一章　重　器

一、"善假于物"

打仗要有兵器,生产要有工具。"工欲善其事,必先利其器"(《论语·卫灵公》),传统管理文化是注重于器的。本章研究的是重器,从而尊重科学技术的传统。

人类和动物的根本区别是能够制造和使用生产工具,而人类的历史是从制造和使用生产工具开始的。墨子说:动物不知运用工具搞生产,只是"因其羽毛以为衣裘,因其蹄蚤(爪)以为绔屦,因其水草以为饮食","故唯使雄不耕稼树艺,雌亦不纺绩织纴,衣食之财固已具矣"。而人类要靠劳动谋生,"诲男耕稼树艺,以为民食";"治丝麻,捆(织)布绢,以为民衣";"为宫室之法曰:……边足以以围(御)风寒";"其为舟车也……可以任重致远";从而脱离了"衣皮带茭""就陵阜而居,穴而处""重任不移,远道不至"的自然状态。(《墨子》:"非乐上""辞过")墨子的论述表明了运用工具进行生产劳动在人类脱离动物界过程中的决定作用。

在华夏文明的早期已有关于生产工具较为理性的认识。《周易》记载:

> "包牺氏没,神农氏作,斫木为耜,揉木为耒(耕具),耒耨(锄具)之利,以教天下,盖取诸益。……黄帝尧舜垂衣裳而天下治,盖取诸乾坤。刳木为舟,剡木为楫(桨),舟楫之利,以济不通,以利天下致远,盖取诸涣……服牛乘马,引重致远以利天下,盖取诸随……断木为杵,掘地为臼,杵臼之利,万民以济……弦木为弧,剡

157

木为矢,弧矢之利,以威天下,盖取诸睽。"(《周易·系辞下》)

神农至尧舜时代有了原始的木制农具、独木舟和加工粮食的臼杵,加上牛马车具,利万民,济天下,华夏祖先实现了向文明的飞跃。这些在今人看来最原始的关于生产工具的认识,发生于中华文化的源头,培育了我们民族重器从而重视科学技术的传统。

始于春秋战国时期的铁器的普遍推广,使"器"在生产和战争中的作用明显加强,人们在治生和治军中已能自觉重器了,产生了"善假于物"的思想。孔子"必先利其器"的观点当是这种自觉性的早期表现。荀子作了发展:

> "登高而招,臂非加长也,而见者远;顺风而呼,声非加疾也,而闻者彰;假舆马者,非利足也,而至千里;假舟楫者,非能水也,而绝江河。君子生非异也,善假于物也。"(《荀子·劝学》)

这是荀子《劝学》篇开头的一段话。此文规劝人们要成功事业必须刻苦学习,善于学习。学习有多方面内容,首先要学会"善假于物"。他举例说,登高望得远,顺风呼声疾,皆假于势。同样的道理,人的陆行假于舆马,水行假于舟楫,叫以致远。他又说:"羿、逢蒙者,天下之善射者也,不能以拨弓,曲矢中微;王梁、造父者,天下之善驭者也,不能以辟马毁舆致远。"(《荀子·正论》)最好的射手得借助于良好的弓箭才能中的,最好的驾驶者也得借助于好马和好车才能行远。推而广之,任何生产要多得产品,都不能只靠劳动者的能力,还得有高效的生产工具;战争要能取胜,不能只靠士兵的勇敢,还得借助于锐利的武器。"凡用兵之法,驰车千驷,革车千乘,带甲十万……胶漆之材,车甲之奉,日费千金,然后十万之师举矣。"(《孙子兵法·作战》)有了战车、辎重车、盔甲、武器等装备,才可以兴师打仗,故曰:"甲坚兵(器)利,车固马良,畜积给足,士卒殷轸,此军之大资也。"(《淮南子·兵略训》)这些论述对于"器"的功能的认识要理性得多了。

"善假于物"思想的继续发展,使利器和功效紧密结合,人们把利器和功效紧密结合,把利器当做达到治理的目标——"效",即提高劳动效率和经济效益的必要手段来看待。例如:

> "明于权计,审于地形,舟车机械之利,用力少致功大,则入多。"(《韩非子·难二》)
>
> "如秦者立而至,有车也;适越者坐而至,有舟也。秦越远途也,靖立安坐而至者,因其械也。"(《吕氏春秋·贵因》)
>
> "(三国时敦煌地区)皇甫隆乃教作耧犁,所省庸力过半,得谷加五(成)。"(《齐民要术·序》)
>
> "(白米)因延力借身重以践碓,而利十倍。杵臼又复设机关,用驴骡牛马及役水而舂,其利乃且百倍。"(桓谭,《新论》)
>
> "造作水排,铸为农器,用力少,见功多,百姓便之。"(《后汉书·郭杜孔张廉王苏羊贾陆列传·杜诗》)
>
> "旧时冶,作马排,每一熟石,用马百匹;更作人排,又费功力。(韩)暨乃因长流为水排,计其利益,三倍于前。"(《三国志·韩暨传》)

这里仅举几个例子,已足以看出古人为提高生产的功效,自觉追求生产技术和生产工具的进步,并以实际成果向时人和后人展示了这种进步的巨大功效,以"机械之利"克服人体力的限制,达到增加生产和方便交通运输之功效。虽然当时驱动机械的只是自然力直接提供的能源如水力、马力之类,但从中可见我国最迟在战国时已出现了"机械"这个概念,《韩非子》已记载了"机械之利"。机械就是机发的器械,运用人体以外的动力驱动工作器具以进行生产。早期较为完备的机械如水碓、水磨、水排,已有了动力机械、传送机械和工作器具三个组成部分。这样的器械在当时已能提高功效五成、数倍、十数倍,乃至百倍。至于战争,器械坚利则是取胜的重要条件。诸葛亮治蜀,不仅做到"田畴辟,仓廪实,器械利,蓄积饶",而且做到"器械利",注重生产工具和兵器的革新。如组织布署吸取民间经验,创造了"木牛流马"和"连弩"(《三国志·诸葛亮传》),这在当时可算是相当先进的运输工具和作战武器了。

至近代,中国传统器械明显落后于西方,生产落后,国力衰落,有识之士在提倡变法图强的同时,提出了机器兴邦的主张,如魏源提出"师夷长技以制夷",郑观应提出与列强展开商战,商战要依赖机器,机器可使商品"工省价廉","精巧绝伦",足以和外货竞争,因此必须制造各种机器。孙中山实业救国的核心是技术革命,"废手工采机器",实现现代化,争取迎头赶上,驾乎英美日之上。民族实业家们大都致力于机器制造,把采用机器当做兴业必由之途。如兴办大生纱厂的张謇说"泰西以工贵,利用机械,一机所完,小者当人工数十",在机器生产条件下的竞争中,忽视技术进步,犹"欲驱跛鳖以竞千里之逸足也"(《实业文钞》,卷1),必然要被淘汰。创办厚生纱厂的穆藕初注重技术革新,创新了纺织机,获得了当时的专利权,并对全国的纺织业做出了贡献。民生实业公司的创办人卢作孚认为现代化有两大武器——技术与管理,主张舍去传统器械,"采用最新机器设备",采用新机器应该"根据世界最高纪录作为目标,根据国内目前状况作为出发点",不可贪图便宜,力求"效率最高",以取得"时间上的便宜"。(卢作孚,《工商管理·工具》)

社会越进步,科技越发展,先进生产工具的效率越高。现代高科技制造的生产工具显示出神奇的力量,成为强大的物质技术手段。如几磅重光纤玻璃纤维传送的信息量竟相当于一吨铜缆输送的信息量。日本松下电器公司,一台计算机,20多个雇员,能生产18个型号1 000多种不同款式的自行车,而且有100多种颜色和图案。在利器高速发展的今天,科技已成为一个国家综合国力和企业综合竞争力的制高点,我们只有急起直追,把以生产工具进步为核心的科技进步放在治理的首位,我们的企业才能立足于世界市场,我们的国家才能跻身于世界民族之林。

二、科技兴业

（一）发现和发明的国度

生产工具的进步依赖于科学技术的进步，又促进科学技术的进步，重器和重科学技术是一体的。在我国古代，科学技术显示了巨大的作用，创造了灿烂的物质文明。科学技术的进步集中表现为创造发明，治国，治生，治军，治理一切事业，都能依靠科学技术发明的众多的利器、新器，不断提高，以达到治理的目标。

在中世纪很长时期内，我国的创造发明领先于世，举世瞩目。兹举数例：最早创造纺织机具，远在"诗经时代"已有了具有简单传送装置的纺车和织机，和早期的提花技术。秦汉时期，主要的传统纺织机械均已出现。西欧公元1280年才有纺车，脚踏、综线织布技术公元1190年才由中国传入，提花机在公元7～8世纪和12世纪先后两次由中国传入。

在战国早期，我国已能生产高强度铸铁（黑心韧性铸铁），美国19世纪才研制成功这种铸铁。我国此项技术发明比欧美早2000年以上。秦汉时期完成了向铁器化的过渡，两汉中晚期产生了炼钢（熟铁）新技术，东汉前期炼钢工艺已普遍使用了。欧洲到18世纪中叶才有此项技术，比我国晚约1900余年。由东汉杜诗发明、三国时代韩暨改进的水排（水力鼓风器），大大提高了炼铁的质量和数量，这项发明比欧洲早1200年。宋元时期发明的鼓风技术——木风扇，也比欧洲早五六百年。到明代，木风扇发展为活塞式木风箱，此后一百多年，欧洲才使用类似的鼓风器。中国最早用煤炭炼铁，北魏郦道元的《水经注·河水》有"人取此山石炭，冶此山铁"的记载，宋苏轼《石炭行》也有以煤炼铁的记载。13世纪，马可·波罗来到中国，看到中国人燃用黑石头，竟然觉得十分惊讶。最早使用焦炭冶金的也是中国，明代发明了炼焦法并运用于冶炼，而欧洲到18世纪初才知道炼焦。总之，"在产业革命之前……中国钢铁技术是长期处于领先地位的。"（杜石然，《中国科学技术史稿》，下册，第132页）

中国也是火法炼锌最早的国家,宋代已能冶制铜锌合金(黄铜),18世纪前半叶由中国传入欧洲。

至迟在公元前2世纪我国已经萌芽了造纸术,到公元2世纪初,蔡伦总结了先人的经验,创造了能用于书写的纸,时人称为"蔡侯纸"。这是中国人于古代贡献于人类的四大发明之首项。

三国时有个机械发明家马钧,除了改进织机促进了丝织业的发展,改进"连弩""发石车"武器等以外,还创造了提水机械——"翻车"(龙骨水车),结构精巧,轻快省力,"灌水自复,更入更出,其巧百倍于常",沿用1 000余年,在近代水泵发明之前,是最先进的农田灌溉提水工具。(《三国志·魏志》)

公元6世纪的隋唐之际,被誉为文明之母的划时代发明——雕版印刷术在中国诞生了,人类从此告别了单纯依靠手写口授以传播文明的历史,大大加快了文明传播的速度。宋仁宗庆历年间(1041~1048),毕昇创造了活字印刷术,这一印刷技术史上的创举极大地促进了人类文明史的发展,奠定了近代铅字排印的基本原理。

中国四大发明之一的火药发明于公元7世纪,唐哀宗时郑璠率军攻打豫章(今江西省南昌市),曾"以所部发机飞火,烧龙沙门",这是最早出现的火炮型武器。《宋史·兵志》记载,公元970年冯继升等进火箭法,随后出现了火炮、蒺藜火球等大量火药武器。成书于11世纪的《武经总要》中的"火炮火药法",是世界上最早的关于火药配方和工艺流程的记载。13世纪,中国成功制造出由火药燃烧产生的推力弹射弹丸的铜制火铳。13至14世纪,火药和火器先后传入欧洲。可见,我国是率先由冷兵器时代进入火器时代的。中国历史博物馆收藏的元代至顺年间(1332年)制的铜火铳是已知世界上最古老的铜炮。

指南针是我国古代又一项重大发明,战国时已经有了用天然磁铁磨成的指南针,最早记载于《韩非子·有度》,"先王立司南以端朝夕"。《武经总要》中载有指南针的制造方法。沈括的《梦溪笔谈》详细记载了较为定型的指南针的构造。由于指南针的运用,加上我国古代造船术先进,帆船在结构和风力运用方面的优点,从唐代到清朝中叶以前,帆船一直是世界公认的优良海上交通工具。我国航海技术到明代初期,一直保持世界领先地位,指南针、船尾舵、风力帆是海上航船的三大组件,都由我国先后发明。从我国传入这些组件之后,西方 15 世纪才开始了海上远航。而我国在公元 842 年即已远航日本,1281 年,郑和开辟了印度洋航线。

公元 132 年(汉顺帝阳嘉元年),张衡发明称为"候风地动仪"的地震仪,用精铜铸成,圆形,状似酒樽,直径八尺,能及时测得地震发生的位置,是世界上第一台测报地震的仪器。此后 1 600 多年,欧洲第一台地震仪才面世。英国科技史学家李约瑟称张衡是地震仪的鼻祖。

南宋时在位于现今绍兴的地方建成了一座八字桥,是世界上第一座名副其实的立交桥,建在三条路和三条河的交叉处,桥呈东西向,三向四面落坡,共中二落坡下再设二桥洞,总体布局巧妙,可人舟分流。建成于宋嘉熙元年(公元 1237 年)的闽南漳州江东桥,全长 306 米,是世界史上第一座长石桥。全桥 19 孔,最大孔跨度 21 米,每节桥用宽厚各 1.7 米的石梁接铺,每根石梁的重量都在 100 吨以上,最重有 200 多吨,在世界桥梁历史上,该桥以石梁大且重而著称。造桥技术的先进,不仅在于没有起重设备而能运动如此重量的石梁,而且在于:按现代力学的桥梁弯曲理论计算,21 米大跨度,石梁自重在跨度中产生的弯曲拉力,刚好达到该石料的极限抗拉强度,如果该跨度再大一点,石梁就会因自重而断裂。而这样的计算是在古代没有高度精密科学仪器的条件下完成的,其精确度令现代世界级桥梁专家叹为观止,是中国古代的一大创造。

以上举例,已足以说明中国传统的治理文化致力于创造发明,并培育了中国人民创造发明的才能。古代中国堪称是一个创造发明的国度,为全人类做出了巨大的贡献。罗伯特·坦布尔的著作《中国——发现和发明的国度》认为现代世界的基本发明可能有一半以上源自中国。他说:

"除了指南针、印刷术、纸、火药是人们广为知晓的中国四大发明外,现代农业、现代航运、现代石油工业、现代气象观测、现代音乐、十进位制数学、纸币、多极火箭、水下鱼雷、毒气、枪炮、降落伞、载人飞行、蒸汽机的核心设计等,都来源于中国。"(转引自《半月谈》,1991年第4期)

研究中国科技史的中国学者杜石然等人也说,中国古代之所以能在十多个世纪内领先于世界,并对人类做出巨大贡献,是由于:

"科学技术取得的一系列成就是国力强盛的重要基础。先进的养蚕和丝织技术,长时期内使中国成为世界丝绸的主要产地;中国是瓷器的故乡,在中世纪世界很多地方,中国瓷器比黄金还要贵重;钢铁制品也为世所宝,其产量和质量一直遥遥领先;农业科学技术的成果使以农业为基础的社会结构得以稳固;我国一直人口繁衍昌盛,这一方面是由于农业的进步,另一方面也要归功于医药学的发达;数学和天文学的进步,很好地解决了社会各方面的需要,并远远走在了生产的前面,在许多方面取得了领先于西方数百年,甚至千年以上的光辉成就。"(杜石然,《中国科学技术史稿》,第309页)

科学技术进步和社会制度的进步是互为因果的,科技进步在我国建立和发展了较为先进的社会制度和发展程度较高的经济与文化;而这样的社会制度和经济文化又促进了科技的发展。在这种交互作用下长期的历史熏陶,培育了中华民族的科学素质,积累成重视科技、肯动脑筋、有创造性的优良传统。

近代以来,中国的社会制度落后了,内有封建制度的束缚,外有帝国主义列强的压制,社会动乱,经济文化衰落,极大地压抑了中国人民的创造才能,使得科学技术大大落后于西方。即使在这种情况下,一些企业家和科学家依然冲破阻力做出卓越的贡献。如詹天佑在洋人的蔑视和讥笑声中毅然承担起修建京张铁路的工程,这是第一次全由中国人自行筹资,自行勘测、设计和施工的铁路,难度大,花钱少,质量好,完工快,费用只有外商承包索要价的1/5。验收官员的验收报告说:"鸠庀之初,外人每疑华员勿克胜任。迩来欧美士夫远来看视,啧啧称道,佥谓青龙桥、鹞儿梁、九里寨三处省去洞工,实为绝技。"可见外国人不得不折服中国人的筑桥技术。为此,英国工程师协会于1894年选举詹天佑为该会委员。又如永利化学公司总工程师侯德榜,在外商严密封锁下克服技术难关,成功研究"联合制碱法",又称"侯氏制碱法",优于当时世界先进的苏尔维法,把世界制碱技术提高到新水平,获得了万国博览会的金质奖章。

社会主义制度的建立在解放生产力的同时也解放了中国人民科技发明的才能,使古代创造发明的传统在新的历史条件下得以发扬光大。为实现现代化,紧紧抓住科技现代化这一中心环节,突出了科技兴业,在原子能技术、生物科学、高能物理、计算机技术、运载火箭技术、卫星通信技术等方面,已经处于或接近于世界领先水平。有1 800多项人造地球卫星技术运用于机械、冶金、化工、能源、交通、纺织、医疗等领域,取得了显著成效。如将卫星使用的精密仪器、微电子技术、测控技术、温控技术运用于民用品生产,使民用品生产自动化,并开发出一大批世界领先的民用品,既增加了国内新优产品的供应,又提高了我国企业的国际竞争力。

我国科技进步已脱离了传统上民间自发的形式,而形成民间自动开发和政府有组织有计划的领导相结合而以政府为主导的管理模式。新中国成立后,1949年成立中国科学院,逐步建立起由中央各部门、高等院校和地方组成的科研体系。1956年1月,毛泽东提出:"要在几十年内努力改变我国在经济文化上的落后状态,迅速达到世界上的先进水平。"中央向全国知识分子发出"向科学进军"的号召。随后陆续制定并且实施了远景规划《1956~1976年科技发展远景规划纲要》和十年规划《1963～1972年科技发展规划》，为我国科技发展奠定了基础。1978年3月，中央制定了全国科技规划纲要，邓小平指出"四个现代化的关键是科学技术现代化"。1985年中央发出消除体制障碍的《关于科技体制改革的决定》。1986年中央启动高科技计划——863计划。1995年中央又提出科教兴国战略。

经过这些年的努力，我国在科技方面总体上缩小了与发达国家的差距，部分领域处于世界先进水平，少数已经世界领先。袁隆平杂交水稻的成功，显示了生物技术发展的突飞猛进，属于现代种植技术发展的前沿科学。杂交水稻与人类生活息息相关，其作用非常重要，是我国高科技发展的一个代表。中国杂交水稻已在30多个国家和地区研究和推广，并被冠以"东方魔稻""瀑布稻"等美称。正如美国著名农业经济学家帕尔伯格所言：袁隆平引导中国和世界过上不再饥饿的美好生活。我国核科学和导弹科学的成就也是举世闻名的，1964年原子弹爆炸成功，打破了美国和原苏联的核垄断。接着是人造地球卫星发射成功，宣告中国进入了航天时代。中国核科学和导弹技术的发展，始终坚持维护世界和平、造福人类的一贯立场。中国在两弹一星之后，不断向科学更高峰攀登，在核科学和空间技术方面硕果累累，已跻身世界先进行列，成为世界航天大国。

（二）尊重科学

创造发明，来源于实践，产生于科学。重视科学研究，勇于科学实践，是创造发明的必要条件。传统管理文化培育的优良传统，包含了尊重科学的态度在内。

古人以"巧夺天工"来称颂科学技术知识的伟大作用。元人赵孟頫《松雪斋集·赠放烟火者》诗云："人间巧艺夺天工，炼药燃灯清昼同。"王祯亦云："世间机械巧相因，水利居多用在人"，"谁识人机盗天巧，因凭水力贷疲民。"明代科学家徐光启称自然科学为"格物穷理之论"，包括数学、历算、医药、农田、水利、天文、地理、机械等"兴利除害之事"，都是"生财无尽，亟宜讲求"的科学，应推广运用。徐光启尤为重视基础理论科学的作用,如指出数学的作用很广泛,"大者为历法,为律吕;至其他有形有质之物,有度有数之事,无不赖以为用,用之无不尽巧极妙者。"可谓"度数旁通十事",农业、水利、音律、会计、建筑、机械力学、地图测量、医学、机械制造、钟漏计等,都离不开基础数学知识。(《徐光启集》:"泰西水法""条议历法修正岁差疏")

这些表明古人已经肯定了科学技术是新的生产力。由于重视科技,我国古代农业较早过渡到铁器化,春秋战国时期的农业已经向生产单元小型化过渡,以农户为单位的以耕织为主体的农林牧副手工业紧密结合的综合经营体制已经确立,形成了综合型生产力。这样的体制有利于综合运用人力和综合开发自然资源,有利于集约化经营传统的形成,因而创造了较高的劳动生产率。李躬圃在对照中世纪中国和英国农户劳动生产率差异时指出,以耕织结合为主体的中国式农业结构,其劳动生产率优于以农畜结合为特征的英国式农业。"中英古代农民家庭农业生产效率之不同,源于农民家庭生产力内涵及产业结构之不同,而这一差异取决于基本经营实体单位内资源开发利用系统配置技术之不同。简言之,即系统经营技术不同造成的。"他的研究表明"中国东周时代(北方)的租地农,家庭劳动生产率是英国 13 世纪农民家庭劳动生产率的 16 倍左右;中国明代(江南)佃农的家庭劳动生产率,是英国农民的 14 倍左右。"(李躬圃,《中英古代农民家庭经济研究》,载《中国农史》,1991 年第 1 期)事实证明科学技术是生产力。

科技越进步,它在生产力中的地位越重要,现代科技已是生产力第一要素,是第一生产力。据专家计算,由于科学技术的运用,同样价值投入的产值比,如果钢筋是 1 的话,那么小轿车为 5,彩色电视机为 30,计算机为 100,集成电路高达 2 000。由于科技的发展,电子计算机的存储器所用的原料,比相同重量的铁锅便宜,而加工增值后竟比相同重量的白金还贵。因此,科学技术的能量已经用"生产力=(劳动者+劳动工具+劳动对象)^{高技术}"这个公式来表示了。科学技术的投入可以使生产力按几何级增加,呈指数增长,客观上要求人们重视科学技术的产出功能。

　　科学技术在生产力发展中的作用,决定了科技人才是发展生产力中的主导力量,人们在尊重科学技术的同时必然尊重科技人才。我国传统管理文化又有尊重科技人才的传统。

　　科技人才古称"良工""技巧之人""技巧之士"。《汉书·艺文志·兵书略》表述为:"技巧者,习手足,便器械,积机关,以立攻守之胜者也。"这是指创造军工机械的专门技术人才的劳动创造了"器械"和"机关",提供了战争取胜的物质技术保障。推而广之,各方面的治理都需要有具备相关专门知识的"技巧者",去创造新技术和熟练运用已有的技术。我国的传统提倡尊重和爱护这些"技巧者",如《尚书·秦誓》就有"人之有技,若己有之"的说法,表示对技术人才的爱护。传说尧时(一说黄帝时)有个巧工"倕"发明了弓,黄帝时有个巧工"浮游"(或作"夷牟")发明了矢。《荀子·解蔽》记载"倕作弓,浮游作矢。"原始部落是渔猎经济,发明弓和矢当是生产力的一大进步,"倕"和"浮游"当然地成为新生产力的代表,载诸史册,传诸后世。如《淮南子·说山训》就提倡"爱倕之手",表示了对技术人才的尊重。传说夏朝奚仲创造了马车,使交通大为方便快捷,也理所当然地名垂史册。春秋时的鲁班更是历代家喻户晓的人物,他发明了磨粉的磨和木工工具,又精通建筑工艺,被奉为建筑匠的祖师爷。《周礼·考工记》把手工产品的质量归结为四项要素,除了天时、地气和美材之外,还得"工有巧","合此四者,然后可以为良"。《荀子·性恶》也说虽有"良剑","不得人力,则不能断";有了"良马","加之以造父之驭,然后一日而致千里也"。这些表明有了新的生产工具,还得有良工去使用才能实际地发挥作用。

　　《管子》一书尤为尊重专门技术人才,认为只有发挥技术人才的骨干作用,才能使国家强盛起来。它在国情普查提纲《问》中,提出要调查国内那些"男女有巧技""处女操工事"的人数,还要调查那些技术高明、有突出贡献、足以为人表率的人物,以对其进行表彰。此书记载管仲和齐桓公议论治国求富强之术时,多次强调人才和利器的作用,主张增加铁资源等精材的搜集,制造多种工具和利器,同时要广泛发掘本国人才资源,切不可"蔽才",并主张高薪招聘外国(诸侯国)的良工和专门人才。

> "'请问战胜之器?'管子对曰:'选天下之豪杰,致天下之精材,来天下之良工,则有战胜之器矣。'……公曰:'然则取士若何?'管子对曰:'假而礼之,厚而勿欺,则天下之士至矣。'公曰:'致天下之精材若何?'管子对曰:'五而六之,九而十之,不可为数。'公曰:'来工若何?'管子对曰:'(薪资)三倍,不远千里。'"(《管子·小问》)
>
> "又游士八十人,奉之以车马衣裘,多其资粮,财币足之,使出周游于四方,以号召收求天下之贤士。"(《管子·小匡》)

《管子》的记载表明先秦时期已有引进外来人才的传统,召引外来人才,一靠礼遇,二靠高薪,"厚而勿欺"。

传统管理文化在重视技术骨干的同时,还关注民众的创造实践。沈括说:"至于技巧器械、大小尺寸、黑黄苍赤,岂能尽出于圣人!百工、群有司、市井、田野之人,莫不预焉。"(《长兴集·上欧阳参政书》)民众的生产实践是科技发明的源泉,民众的实践提出科技发明的要求和课题,也积累了解决问题的经验,科技人才在这个基础上方能进行创造发明。任何科技发明都是专业技术骨干和广大民众相结合的产物,所以沈括才说各方面的劳动者"莫不预焉"。肯定劳动者参与科技发明,是对一种传统观念的纠正,因为先秦以来古文献往往把划时代的重大发明归之于圣贤的贡献。沈括是个重实践的学者,故能发现民众在科技发展中的作用,指出"岂能尽出于圣人"。

现代社会已进入高科技迅猛发展的时代,国力和企业竞争力直接决定于科技竞争,人才竞争。因此,依靠科技兴业,尊重科学,尊重科技人才,实为现代管理者的战略意识。我国科技发展的速度虽然较快,但应有危机感。据有关部门对 6 800 个大中企业调查,只有10%的企业在技术方面有危机感，急需技术革新；20％的企业有技术进步的要求，但不迫切；占多数的安于传统产业技术，没有技术进步的明显要求。这种情况表明科技兴业的意识落后于科技迅猛发展的世界潮流。强化科技兴业的战略意识实为宏观和微观管理的紧迫课题，全面推进技术改造，已历史地提上了日程。

三、中外科学技术交流

科学技术成果是全人类共同创造的，也是人类的共同财富，并在各民族的相互交流中向前发展，它在本质上是开放性的。我国自古以来就有和外国科技交流的历史传统，向世界贡献了大量的科技成果，同时也吸收外国的科技成果。总的看来，科技的输出和输入相结合，明代以前以输出为主，明代以后以输入为主。

在古代，由中国输往国外的技术，主要有农业生产技术，灌溉技术，缫丝法，纺织技法，炼铁、炼钢及铸造技术，铁器（工具和兵器）制造技术，涂漆技术，陶、瓷器制造技术，水车制造技术，铜镜制造技术，种茶技术，漏刻仪、测影仪及其制造技术，炼丹术，炼硝术，造纸法，印刷术，火药制造，指南针技术，十进位制计数法，中医、针灸及中医药，天文学，历法，以及城市建筑、桥梁建筑、寺庙建筑术等。随着这些技术的外传，大量科技著作也流向国外。科学技术传播范围很广泛，除了周边国家如日本、朝鲜、越南、南亚诸国外，还通过西亚传入欧洲，进而对世界文明的发展做出了重要而持久的贡献。

同时期由外国也输入了许多科学技术，如人参、石榴、番豆（胡豆）、香料、菠菜、番茄、荔枝、优良稻种等的栽培以及珍珠等的养殖技术。又如，印度的制糖技术、数学、天文学和外科医学；波斯的丝织技术；阿拉伯数码、土法盘法、玻璃器皿、医学；中、西亚和罗马医药学，伊斯兰建筑艺术等。这些和中国传统文明相结合，充实了中华民族的物质文明和精神文明宝库，促进了社会发展。

明朝中叶以后，随着西方传教士的来华，中国人开始学习西方先进的科学技术知识,主要是天文、地理、数学、物理火器等方面的知识。徐光启是学习西方科学的先驱者,他在总结中国传统技术(主要是农学方面)的同时,和来华传教士利玛窦合作编写了《几何原本》《泰西水法》《崇祯历书》等自然科学著作,对我国近代自然科学的发展起了启蒙作用。及至近代,与西方国力的差距迫使中国人奋起学习西方的科学技术,大量的自然科学著作被翻译引进,军械制造、机械制造、纺织、印刷、车辆、船舶等较为先进的技术,先后被引进。只是由于旧中国经济和政治制度的落后和帝国主义国家的压制,技术引进受到很大的限制。

孙中山提出赶超西方国家的思想,他说:"我们要学外国,是要迎头赶上,不要向后跟着它。"(《孙中山选集》,下卷,第658页)这个迎头赶上思想,可以节省时间和花费,对我们现在有指导意义。

科技发展既有共同的规律需遵循,又在各民族的长期实践中形成不同的特色和风格,一味照搬外国是不妥的。如我国古代炼铁术就形成了明显的特色,"形成了以'蒸石取铁''炒铁为柔'"生熟相和""炼成则钢"为主干,辅以块炼铁、坩埚炼铁、渗碳制钢、夹钢、贴钢、擦生等熔炼加工工艺的钢铁技术体系。"它和欧洲古代的炼铁法迥然不同。正如英国李约瑟指出的:"中国古代以生铁为基础的钢铁技术恰恰是和现代钢铁生产所采用的生产工艺相一致的。"(杜石然,《中国科学技术史稿》,下册,1982年版,第132页)其他如造船、纺织等多种手工制造,都形成中国独特的风格。

在发展现代科技中借鉴吸收外国先进科技的同时,应该立足于中国国情和传统文化,形成具有中国特色的科技发展道路,一味模仿、跟在人家后面亦步亦趋,是不可取的。应该引进和创新相结合,按自己的道路努力攀登高峰,这是对科学技术进行宏观调控和微观操作应该遵守的基本准则。有些企业引进技术不注意创新,陷入了"引进—落后—再引进—再落后"的被动局面。成立于1997年1月的奇瑞汽车股份有限公司,在打造自己民族品牌的同时,不忘适时"拿来",它的发动机、整车结构、设计等,分别借鉴了美国、德国、日本等国的技术,以最低成本、最快速度使世界一流技术为我所用。2010 年 3 月,奇瑞以第 200 万辆汽车下线为标志,进入了打造国际名牌的新时期。

现代科技的国际交流和古代有所不同,科技交流在古代国家之间,没有知识产权问题,可以自由流传;而现代有知识产权保护问题,国家间需要签订协议,还要付钱,才能有科技转移。

第十二章　诚　信

一、法天贵真

(一) 诚信与欺诈

诚信是华夏管理文化倡导的一项原则,也是一大特色。诚者不伪,信者不欺,都是讲究真实。诚信原本是为人处世哲学,是做人的道德准则,是古人提倡的修身内容。做人应该讲诚实,重信用,奸诈欺骗是不道德不正派的意识和行为。凡是管理活动皆需调节人际关系,管理过程中,人际关系是诚信还是欺诈,直接关系到治理的秩序,从而制约着治理的效果。前面有专题研究过"人和",讲人和,就得在调节人际关系中注重诚信。诚信能调节人际关系,实现人和,如此方能有序和有效地实行管理。因而诚信被引申为管理学的一项原则,小到齐家治产业,大到治国平天下,都要讲究诚信二字。

古人之所以提倡诚信,大概是由于人世间欺诈太多的缘故。欺诈作为一种意识形态和人际关系中的负面行为,从根本上说是私有制的产物,具有剥削阶级的属性。私有制产生了"私利",从而造成人们利益上的对抗性,剥削就是损人利己的行为,剥削者不仅欺诈压迫劳动者,而且相互欺诈以争名夺利;在一般人际关系中,也会因私利而孳生欺诈行为,会有尔虞我诈现象。《礼记·礼运》托言于孔子,说"天下为公"的古代,人类处于自然状态,不讲私利,"不独亲其亲,不独子其子",财富"不必藏于己",因此,人与人"讲信修睦","谋闭而不兴,盗窃乱贼而不作"。待进入"天下为家,各亲其亲,各子其子,货力为己"的私有制社会,人与人的关系就变了,"谋用是作",阴谋诡计由此发生。这些表明,搞阴谋,行欺诈,确是私有制的衍生物。据《左传·宣公十五年》记载,宋国和楚国经过一场战争,取得暂时的和平,双方签订和约,其中有"盟曰:我无尔诈,尔无我虞",可见当时社会上特别是统治阶层中尔虞我诈风气已经盛行,不得不以条约来加以约束。

尔虞我诈是社会矛盾的表现,又加剧社会矛盾,使社会关系恶化,难以治理。于是,传统文化形成一些贬斥性概念,告诫人们反对这些不道德、不正派的行为,如以下记载。

"王衍之为人也,容貌语言,固有以欺世而盗名者也。"(苏洵,《辩奸论》)

"欺世盗名有之,盗卖名以欺世者又有之,世事也真是五花八门。"(鲁迅,《花边文学·大小骗》)

"奸人惑众,挟左道,怀诈伪,以欺罔世主。"(《汉书·郊祀志下》)

"这等穷儿乍富,瞒心昧己,欺天诳地,只要损别人,安自己。"
(《看钱奴》,第1折)

人们把讲的和想的不一样叫作"口是心非";讲得好听,想得乖戾,被称为"口蜜腹剑"。唐代李林甫是个出了名的口蜜腹剑人物,"凡人望功业出己右,及为上所厚,势位将逼己者,必百计去之。尤忌文学之士,或阳与之善,啖以甘言,而阴陷之。世谓李林甫'口有蜜,腹有剑'。"(《资治通鉴》,卷215)人们把说话不算数称为"言而无信","言之所以为言者,信也。言而无信,何以为言?"(《谷梁传·僖公二十二年》)

古人还把心术不正、肆意妄为的人集中为一个"奸"字,如奸臣、奸雄、奸商、奸慝等。由于政事不当,"此洁士之所以独隐翳,奸雄之所以常飞扬也。"(《潜夫论·交际》)"听其言则辞辩而无统,用其身则多诈而无功,上不足以顺明王,下不足以和齐百姓。……夫是之谓奸人之雄,圣王起,所以先诛也。"(《荀子·非相》)以不当手段谋利被称为"奸利",由此致富的叫"奸富",司马迁在《货殖列传》一文中将杀人谋财、"休则掘冢作巧奸冶"、赌博、偷鸡摸狗等不正经行为称为"奸事""恶业",由此致富的就是"奸富","犯奸而富","奸富最下",为人不齿。

上述这些都是为世人所不齿的不正之风,为纠正这些不正之风,人们提出了一些与之对立的正面行为准则,总称为"诚信"。《礼记·中庸》说:"诚者物之终始,不诚无物。是故君子诚之为贵。……至诚无息,不息则久,久则征,征则悠远,悠远则博厚,博厚则高明。"曾子说"吾日三省吾身",其中一项反省就是"与朋友交而不信乎"? 应该"与朋友交,言而有信"(《论语·学而》)。孟子提倡做人应做"信人","浩生不害问曰:'乐正子,何人也?'孟子曰:'善人也,信人也。'"(《孟子·尽心下》)荀子说:"言无常信,行无常贞,惟利所在,无所不倾,若是则可谓小人矣。"故"君子养心莫善于诚。……夫诚者,君子之所守也,而政事之本也。"(《荀子·不苟》)老子也说做人应该"居善地,心善渊,与(友)善仁,言善信。"(《道德经》,第8章)

按照诚信做人准则,古人有大量的金石之言。把说话算数、信誉至上的叫作"一诺千金"。"曹丘至,即揖季布曰:'楚人谚曰:得黄金百千,不如得季布一诺。'"(《道德经》,第17章)李白《叙旧赠江阳宰陆调》诗云:"一诺许他人,千金双错刀(错刀,古钱名)。"(宋)贺涛《东山词·六州歌头》曰:"立谈中,死生同,一诺千斤重。"

把说了话绝不反悔的叫作"君子一言""一言九鼎""一言既出,驷马难追"。《论语·颜渊》有"驷不及舌"之说。欧阳修说:"俗云,一言出口,驷马难追。"(《欧阳文忠公文集·笔说》)把坦诚无私、推诚相见称为"开诚布公","诸葛亮之为相国也……开诚心,布公道。"(《三国志·诸葛亮传》)其他如把遵守诺言、实践成约称为"信用",信用度高被称为"信用卓著""信如四时",古人还树立一些"信人"榜样,出了名的有个尾生,"尾生与女子期于梁下,女子未来,水至不去,抱梁柱而死。"(《庄子·盗跖》)尾生宁死不失信,被誉为高行。"信如尾生,廉如伯夷,孝如曾参,三者天下之高行也。"(《战国策·燕策》)这些"信人"为世人所尊敬。

做人讲诚信是中华传统美德。诚信是好的,欺诈是坏的,这样的是非标准家喻户晓,长幼皆知,华夏民族以诚信著称于世。1992年春节前后,我国首次进行了社会人际关系现状的全国性抽样调查,20个地区3 309位被访者收回有效问卷3 158份。这次全国性抽样调查结果,"守信"和"严谨""热情""有责任心"被认为是我国公众最可贵的个性特征(《中国人民大学学报》,1993年第2期),这是长期历史熏陶的结果。

(二) 法天贵真

讲究诚信的根据是什么? 古人说这是取法于自然,自然界的运行真实无妄,掺不得半点假杂,鸟兽繁育,季节递换,植物生长,潮汐涨落,日月升降,四时转移,来者去,去者来,都十分守时,自然而不可改变,不可伪。"道法天"即人道效法自然,也应实实在在,不可虚假作伪,故庄子提出"法天贵真":

> "真者,精诚之至也。……真者,所以受于天也,自然而不可易也。故圣人法天贵真,不拘于俗。"(《庄子·渔父》)

前文所述"天人谐一"观是华夏传统文化的一大特色,一大优势。现在研究的"法天贵真"思想,实际上是"天人谐一"在人际关系中的引申,也是实现人和的粘合剂。儒家所说"是故诚者,天之道也;思诚者,人之道也";"诚者自成也,而道自道也。诚者物之终始,不诚无物,是故君子诚之为贵。"(《孟子·离娄上》;《礼记·中庸》,第25章)朱熹解释说:"诚者,理之在我者皆实而无伪,天道之本然也。"人应效法自然以思诚,亦"实而无伪,人道之当然也"。

在古代,自然力对于人类有不可抗拒的权威,自然力的最高抽象——"天"就成为人们崇敬和效法的对象,包括以"法天"来推行"贵真"在内的"人法天"思想,也是有效的,容易为人们所接受。自然界的运行真实无妄,人效法自然应像自然界那样真实无妄,以诚为贵,作为比喻是相当贴切的。但是自然界的真实只是客观的自发过程,不受任何意志的支配,不存在真和假的比较。而人类在处理相互关系中讲究真实无妄却是对社会矛盾的反思。人类原本是自然界的一部分,本来也是真实无妄的,自从脱离原始自然状态而进入文明时期,原始"真"性如荀子和黑格尔所说的,变成了"恶"性,必出于争夺,诈伪由是起,"故争夺生而辞让亡焉……残贼生而忠信亡焉",需经过"伪(人为)"的努力,才能使人的恶性变善"而归于治"。(《荀子·性恶》)诈伪是社会矛盾的一种表现,也是矛盾发展的一副添加剂。面对这种情形,先哲们倡导真、诚、信这些正面行为准则,都是做荀子称为"伪"的工作。这种思想的倡导者历代不绝,说明在私有制社会里诈伪现象连绵不断而已。道家主张"返璞归真",也有去伪的成分,只是冀图由倒退来归真。人类总是要归真的,在前进中归真,待到不再有私有制,人类进入大同境界的时候,人与人才能普遍地"讲信修睦",才能真正地"我无尔诈,尔无我虞",到那个时候,贵真、贵诚、贵信的意识形态也许就消失了。

二、诚信与管理

(一)"人之所助者,信也"

"子曰:佑者,助也。天之所助者,顺也;人之所助者,信也。……信则不欺乎人,是以人助之。"(《周易·系辞上》,及注)

俗话说,一个篱笆三个桩,一个好汉三个帮。一个人要成就一番事业,总得有众人的帮助,孤家寡人是办不成事的。欲得众人之助,必须诚信,人们信得过,才愿意帮助你,欺诈失信之徒,即使能得意于一时,最终也要失去人们的信任,招致失败。狼来了的故事在中国社会可谓无人不晓,一再呼喊狼来了以骗人逗乐的孩子,没有人再相信他的呼喊,结果葬身狼腹。这个寓言告诉人们,骗人是没有好下场的。周幽王自导自演了一场狼来了的闹剧,故意击鼓引来诸侯勤王,以此取悦褒姒,结果闹得众叛亲离,死于骊山之下。

晋文公重耳有个"退避三舍"故事。他曾出亡到楚国,楚成王收容并款待了他。楚成王问他如若重返晋国,将怎样报答楚国?重耳答道:像玉帛、羽毛齿革这类好东西,你楚国有的是,用不着我赠送,"若以君之灵,得返晋国,晋楚治兵,遇于中原,其辟君三舍。"后来重耳返晋为文公,晋楚战于城濮,文公履前约,果然"退三舍以辟之"。当时一些将领提出异议,文公坚持说不可"背惠食言",结果取得了将领的拥护,激发了斗志,退三舍(90里)而后反攻,"楚师败绩"。(《左传·僖公二十八年》)

诸葛亮治军开诚心,布公道,重信用,赢得广大战士的信任。"士卒蹈万死一生之地,而无悔惧之心","临阵之日,莫不拔剑而争先,以一当十。"(《百战奇略·信战》)公元227年,诸葛亮率军在汉中地区与魏军争夺关陇,激战方酣。考虑到征战连年,士卒劳累,为保养士气,诸葛亮曾制定轮换休整制,一批军队在前方作战,另一批在后方休整,定期轮换。陇西战役发起蜀军准备进攻时,适逢轮换时间到,前来接替的部队已出川口,诸葛亮立即下令前方四万部队准备回师蜀地休整,不料,魏军却在此时突然打来,有人建议等待打完这一仗再行回师,诸葛亮说:"吾闻用武行师,以信为本,得原失信,古人所惜",即使军情紧急,也不可"有失前言"。此时,军中听到魏军打来担心走不了,人心不安。诸葛亮却明令宣布不改行期,让将士们按期回师与家人团聚,将士们无不感动,反而不愿走了,纷纷表示决心与丞相一道留在前方,打退魏军再回师。诸葛亮几次下令撤离,将士们坚决不走,纷纷请战,结果,一鼓作气打败了魏军。

这两个战例都能验证"人之所助者,信也"的道理,前一个例证说明不因时过境迁、处境地位变化而背弃原先的承诺。晋文公落难时许下诺言,后来成为赫赫当权者,并不拥兵自重而弃言。诸葛先生秉持军中无戏言,规定的轮换制即使在危急关头也绝不更动。危急之际是最能考验人的信誉度之时,"疾风知劲草,路遥知马力",经得起危难和时间的考验才称得上真正的信人。有些人在落难卑微时,可以信誓旦旦,一旦富贵高迁,原先的誓言就忘光了。或者在遇到困难时,以权宜为由,轻易丢弃原先的承诺。朝三暮四,朝秦暮楚,都是用于形容那些变化多端、反复无常、不顾信誉之人。

（二）"诚者，政事之本也"

"君子养心莫善于诚，致诚则无它事矣，唯仁之为守，唯义之为行。……善之为道者，不诚则不独……不诚则不能化万民……夫诚者，君子之所守，而政事之本也。"（《荀子·不苟》）

"武（赵武）将信以为本，循而行之。譬如农夫，是穑是袞，虽有饥馑，必有丰年。"（《左传·昭公元年》）

"故用国者，义立而王，信立而霸。"（《荀子·王霸》）

如前所述，诚信可得人之助，以诚信为本，立信于民，像农夫那样勤于耕耘，虽有灾害也能夺得丰产一样，治国遇到再大的风险也能化凶为吉，兴旺发达而成就王霸大业。反之，不诚不信，失去人助，"不免危削，綦（极）之而亡"（《荀子·王霸》）。是谓"诈伪生塞，诚信生神。"（《荀子·不苟》）故养诚立信实为事业之本，当是一切治理的通则。

就治国来说："道千乘之国，敬事而信。"（《论语·学而》）

"子贡问政，子曰：足食、足兵，民信之矣。子贡曰：必不得已而去，于斯三者何先？曰：去兵。子贡曰：于斯二者何先？曰：去食。自古皆有死，民无信不立。"（《论语·颜渊》）

按朱熹的解释，失信于民，无以立国为政，治国者"宁死而不失信于民"。治理国家，充实国库和加强战备固然重要，但是取信于民却是第一位的，如果三者不可兼备，民信是不可去的，因为有了这一条，人民拥护，足食和足兵就容易解决了。故孔子强调民信第一位；亦如老子说的"言善信"，然后才能"正善治"。（《道德经》，第8章）

《管子》说诈骗只能用于敌人，军事斗争"诈密而后动者胜"。对人民切不可诈，"诈则不信于民。夫不信于民则乱，内动则危于身。"（《管子·大匡》）骗人民只能一次，第二次，人民就不再信任你了，故政府行为要注意可复性。

> "不处不可久，不行不可复。……不处不可久者，不偷取一时也。不行不可复者，不欺其民也。……不偷取一时，则民无怨心；不欺其民，则下亲其上。"（《管子·牧民》）

"不行不可复"是贯彻守信的行为准则，如此才能"处久"，达到治理好国家的目标。号令信才能有所为，商鞅在秦国推行改革，改革之"令既具，未布，恐民之不信"，因此在公布改革法令之前，先要树立信誉，于是在城南门立一根三丈之木，告示能将之移至北门者，奖赏十金。"民怪之，莫敢徙。复曰：能徙者，予五十金。有一人徙之，辄予五十金，以明不欺。"由此树立了信誉，再发布改革法令，人民都知道商君命令是算数的，莫敢不执行，史称"移木之信"。（《史记·商君列传》）无独有偶，吴起治西河，也要实行改革，为取信于民，立表于南门之外，明令有人能推倒此表，封长大夫之职。开始时人们以为"此必不信"，无人理睬。有一人说去试一下，不得赏而已，没有什么损失。结果他推倒了，吴起亲自接见，如约给以封赏。"自是以后，民信吴起之赏罚"，政令得以推行。（《吕氏春秋·慎小》）

就治军来说，《孙子兵法》讲的"将者，智、信、仁、勇、严也"，信是将领必备条件之一。《孙膑兵法》对此有所发挥：

> "威王曰：'令民素听，奈何？'孙子曰：'素信。'……吾闻素信者昌。""信者，兵（之）明赏也。""将者不可以不信，不信则令不行……故信者兵之足也。""令，一曰信，二曰忠。……信赏……不信于赏，百姓弗德。"（《孙膑兵法》："威王问""篡卒""将义"）

治军讲信的对象是士兵和百姓，信的内容是赏罚、军令和军纪，讲诚信是将领必备的素质,"寡信"则是致命的错误。"信赏必罚,其足以战。"(《韩非子·外储说右上》)"己诺不信则兵弱。"(《荀子·富国》)

春秋时晋文公欲图霸中原,广施仁政,体恤军民,凡甘肥之食,皆遍赐予堂下,与士卒共享,自己宫中留之甚少,杀头牛也散肉"遍于国中(城内)",国库收入用于改善士卒生活。对于百姓"弛关市之征而缓刑罚",派官员吊民疾苦,"贫穷不足者与之"。他以为有了这些仁政就足以使民勇于战了,狐偃告诉他还不足以战,要使军民从战,还必须使其不得不战。"文公曰:'然则何如足以战民乎?'狐子对曰:'信赏必罚,其足以战。'"怎样才能信赏必罚呢?"对曰:不辟亲贵,法行所爱。"于是文公下令第二天到圃陆打猎,日中必须到齐,不按时抵达者行军法。界时,文公一个亲信叫颠颉的人迟到了,部属请文公执法,文公"陨涕而忧",下不了手,在部属催促下,"遂斩颠颉之脊以徇百姓,以明法之信也"。百姓见到像颠颉这样的重臣都违令必斩,无敢不从命。于是文公下令出战,伐卫、伐曹、围郑、大败荆人等,"一举而八有功。所以然者,无他故焉,从狐偃之谋,假颠颉之脊也。"(《韩非子·外储说右上》)可见,治军只讲仁义还不够,还得军纪严明,信赏必罚。古往今来,善治军者无不以诚信服众律众,皆证明"信者,兵之足也"。据《韩非子·外储说左上》,楚厉王遇有警报,击鼓招百姓御敌。有一次他喝醉了酒,与左右戏,击起鼓来,人民纷纷赶来,受了骗。"居数月,有警,击鼓而民不赴。"李悝也干过这样的蠢事,他发出警报说敌人将至,命左右进入警戒状态,"如是者再三而敌不至,两和(左右)懈怠,不信李悝。居数月,秦人来袭之,至,几夺其军,此不信之患也。"

国家理财之信,集中表现为保持经济政策的可信性。国家的经济政策是为指导政府机构和民间经济活动的。古代中国政府的政策,不少是不好的政策,如重农抑商、搜刮人民、保护豪强地主等方面的政策。同时也有一些好的政策,如客观上是为了调整生产关系和生产力的矛盾,缓解上层建筑对于生产力的压迫的,有利于社会安定和生产力的发展,如轻徭薄赋,公平负担,克服通货膨胀,田制改革,抑制奢侈,规范市场行为,打击商业欺诈等方面的政策法令和措施。好的政策还需有稳定性,坚持实行,人民才能信任和拥护,才能起到安定社会、繁荣经济的作用。否则,像晁错说的那样"赋敛不时,朝令而暮改"（晁错,《论贵粟疏》）,必然失去人民的信任,达不到制定政策时所期望的目标。

货币管理很能说明问题。我国从秦汉至北宋是钱币时期,国家有钱币重量的规定,有关朝代是明文公布的。但在实行过程中,国家一遇财经困难,往往置货币重量于不顾,或者混杂铅锡,或者提高钱币的名义价值,以一当十,当五十,当百,甚至以一当千,人为地使钱币大大贬值;或者保持钱币名义价值而偷工减料,使之愈薄愈轻,及至达到薄如纸片"入水不沉"的地步。国家如此破坏钱币信誉,必然触发私铸,造成通货膨胀,搞得民不聊生,天下大乱。北宋开始发行纸币,开始规定限额发行,留准备金,定期更换。发行初期比较稳定,对经济的发展起到了积极作用。不久,政府以财政困难为由,不再留准备金,"凭虚无信",也不再遵守法定限额了,一次发行超过限额的两倍,渐增至 20 倍,以至一贯纸币由一千钱币跌至"只当十数"。币制失信造成的通货膨胀,是宋代衰败的一种表现,同时也助长了它的衰亡。

唐朝开始实行的"和籴"政策,又称"和买""和市"。按规定,官府购买民间商品"事须两和,不得限数","两和"就是自愿互利,公平交易,但执行起来却变成强权勒索。(《全唐文》,第 35 卷)正如白居易《论和籴状》所记载:"府县散配户人,促立程限,严加征催。苟有稽迟,则被追捉。迫蹙鞭挞,甚于税赋。号为和籴,其实害人。"宋代曾规定买民间的绢,官府按钱三盐七作价计付,但一般付给很少,后来干脆一点不给,成了变相的赋税,以"和买"为名,行掠夺之实。这种国家级的欺骗,极大地恶化了官民关系,是唐代至清代的一大劣政。

至于治生,诚信则是生财之道。我们的研究一再阐明,古代治军和治生在管理原则和谋略方面有许多相通之处,这里却要指出在诚信方面原则性的区别。治军为了取胜,必须取得军民的拥护,诚信就是必备的条件。但是一到战场上,对敌军也讲什么诚信,像宋襄公那样,敌军渡河时不能进攻,渡过河没有整理好队形也不能进攻,未免过于迂腐了。相反,为克敌制胜,应该"兵不厌诈",从这个意义上说:"兵者,诡道也。"(《孙子兵法》)至于在商场上,为了竞争取胜,也要计谋,却不能"商不厌诈",必须以诚信为本。因为军战是为了消灭敌人,而商战是为了争取顾客,必须以诚信的态度去配合各种策略的运用。因此商战不能用诡道,只能用诚道。

传统商品生产是社会分工条件下的私人生产,为的是私人利益,在为社会提供商品和服务的同时,要赚一些钱,使自己经济地位和生活条件好一些。前面说过私利是诈骗的根源,传统商品生产是私人生产,它就有产生欺诈的条件。商品生产者和经营者的利益是在商品交换中实现的,依赖于顾客的青睐。当一些人不具备正经的竞争优势,不足以争取顾客,又不甘心失败,就会使出不当手段去骗人,假冒伪劣、短斤少两现象由此发生。这在私有制商品经济中是常见的,故人们有"无商不奸"的说法。这是一种夸大的极言,只表明商场上奸诈不少,"商中有奸"却也是事实。至于古人把不讲信义的人称为"市侩""市井之徒""市井庸愚",那是反映抑商贱商的偏见。

商中不免有奸,而奸不是商的主导属性。商品生产有社会性一面,从属于社会分工,依赖于社会协作,创造的又是社会使用价值,为别人服务。因此,商品生产者的利益是相互关联的,通过购销活动相互结合在一起。在商品经济中活动,人们为求得顺利运行,总希望有稳定的供销关系。供货者相信你不会延期进货、压价收购、拖延结算或赖账,才能放心向你发货,不至于另觅顾主。你货真价实,量满秤足,才能取得顾客信赖而不致失去顾客。因此,经济条件决定了经商者必须考虑交易对手的利益,"利人者,人必从而利之。"(《墨子·兼爱中》)商中难免有损人利己行为,却不能成为通行的一般原则。损人可以一次性利己,但从长期看,受损者却是损人者。常有这样的情形,某人去某店买商品,吃了一次亏,就再也不去了。经商也用得上管子的话:"不行不可复者,不欺其民也。"唯诚信才是正道,诚信,财源滚滚来,故我们可以说:"商者,诚道也。"

华夏民族历来提倡诚信经商。西周时,市场管理就已注意到:"以政令禁物靡而均市……以质剂(券书)结信而止讼,以贾民禁伪而除诈。"(《周礼·地官司徒·司市》)春秋时期,《管子》中记录:"是故非诚贾不得食于贾,非诚工不得食于工,非诚农不得食于农,非信士不得立于朝。"(《管子·乘马》)可见倡导诚工、诚贾的传统由来已久。古人有云:"虽使五尺之童适市,莫之或欺。"(《孟子·滕文公上》)后人就以"货真价实,童叟无欺"作为经商的通用语言,以示诚信的经商准则。诚招天下客,信揽四方财,精明的商人无不视诚信为生命。经商最怕的是砸牌子,一些百年老字号无不珍视自己的牌子,如同仁堂从来不敢卖假药次药,自公元1669年(康熙八年)创立以来,守信不移。选料精纯,务求真货,而不惜重金;配方精妙,不允许丝毫差错;炮制虽繁,却不敢省工;品味虽贵,却不敢减药料。先后创建了十大名牌,享誉中外。其经营品种之多,规模之大,长期在我国药业界首屈一指,且远销海外许多国家。2006年,"同仁堂"进入国家非物质文化遗产目录。各地都有一些传统产品,如泥人张、天津狗不理、景泰瓷、王麻子剪刀、苏绣、湘绣、宣纸、徽笔、茅台酒、北京全聚德烤鸭、杭州西泠印社的图章……无不靠精益求精,誉满人间,靠牌子走遍天下,历久愈旺。

古人还说经商应该"巧而不贼"。明代徽商是出了名的,其时休宁有个徽商黄原梅,"言信情忠于江湖间,人莫不以为诚而信之。其规时合变,损盈益虚,巧而不贼,虽不矜于利,而贾大进,家用益富。"(王慎中,《遵岩先生文集·黄原梅传》)可见"巧而不贼"是生财之道。在借贷市场,俗话说有借有还,再借不难,是说借贷信誉高,是人在货币市场容易筹款,其事业就容易得到发展。"唐祁,歙人。其父尝贷某金,以失券告,偿之。既而他人以券来,亦偿之。人传为笑,祁曰:前者实有是事,而后券则真也。"(《安徽通志·义行传》)这个徽商一贷两还,人笑为傻,实乃守信的表现。"徽商能够雄飞于明代商界,殊非无故的。"(傅衣凌,《明清时代商人及商业资本》,第67页)联系到前面提到的"巧而不贼",重信用当是徽商发迹的一个重要原因。陈嘉庚经营实业之初,其父欠债 20 余万元,按新加坡法律,父子债不相及,陈嘉庚认为按中华传统以诚实为本,虽从法律上讲没有还父债的义务,但在道义上不免遗憾,"决代还清以免遗憾也"。于是和债权人协商,分期还了债务。此举使陈嘉庚在东南亚获得了崇高的信誉,无意中获得了发展事业的无形资本。

诚信经商在当今中国依然占主导地位,也是公认的商业道德,但不可否认欺诈也有所发展,尤其是假冒伪劣已演变成一大公害,严重冲击了发展中的社会主义市场经济秩序,损害了人民的利益。为了打击假冒伪劣,强化社会主义商业道德,弘扬传统管理文化的诚信观,是十分必要的。

三、诚信四诫

为做到诚信,树立管理权威,古人提出"四诫"。

(一) 轻诺寡信

"夫轻诺必寡信,多易必多难。"(《道德经》,第 63 章)"是故轻诺似烈而寡信,多易似能而无效。"(《人物志·八观》)轻易对人允诺,看起来很热诚,事实上很少能够兑现,势必失去信用。把事情看得太容易,以为可以轻易成功,结果遇到很多困难而不得奏效。这是有价值的经验之谈。轻诺会有两种情形:一是允诺者原本就不准备兑现,只是为了一时笼络人心,开了空头支票,许下廉价的诺言,此谓"信不由中","信不由中,质无益也"。(《左传·隐公三年》)二是轻诺者并非存心欺骗,而是对实际可能缺乏分析,许下了办不到的诺言,以致失信于人。前者叫"言意相诡",后者叫"言行相违",都有害处,"言意相离,凶也"。"言行相诡,不祥莫大焉。"(《吕氏春秋》:"淫辞""离谓")由此产生了慎诺原则,重诺而非轻诺,凡事要看后续效应,三思而后诺。西方国家选举,为了拉选票,竞选人可以抛出一大堆诺言,但选后不久就弃之脑后,这已是习以为常,何信之有! 我们的宗旨是为民谋利,国家官员不是为自己谋利益,用不着开空头支票去蛊惑人心。从这个意义上说,社会主义政治在根本上说是排斥欺骗性的,不会轻诺招来寡信。凡是人民要求解决的问题,都应该尽力去办好,但是也要实事求是。能够办到的事努力去办,一时办不到的,向人民说清楚,待条件具备再办,人民也会谅解的,并且会和政府一道去创造条件。当然,有时也会由于情况不明而许下了难以按期兑现的诺言,这是端正思想方法和总结经验的问题,也说明"慎诺"还是值得注意的。

在市场营销方面,广告宣传中什么质量上乘、服务上门、实行三包,诺言许出之前在物质、人力、技术、组织上先落实,才不至于流于空话。古人说:"诚在令外","信在言前"《淮南子·谬称训》,言前无充分的准备,言后易失于信。说的是服务上门,但是数请不到;说的是"三包",顾客却找不到维修点,或无处退换。对顾客许诺不兑现,是企业不祥的征兆。

(二)小利害信

"小利害信,小怒伤义,边信伤德。"《管子·问》失信往往是贪图小利、近利造成的,管理者不可鼠目寸光,精明的商人是不计较眼前小利的。凡在计量器具上做手脚,以斤两克扣顾客,一笔生意多赚一个小零头,自以为聪明,实则都是不通商德的蠢商,伤了信誉,堵了自己的财道。出产一批商品,有几件残次品是经常发生的,严格把关,不让残次品出厂,就能树立总体的信誉。有些厂家却舍不得这点小利,让残次品混入市场,像俗话说的一粒鸡屎坏缸酱,败坏了整个信誉。有些人只贪心盈利,企图从每一件商品上刮到尽量多的利润,贪高价,狠宰顾客,结果失去了顾客,算总账却少赚了钱。司马迁称这种人为"贪贾"。"廉贾"反之,薄利多销,在价格上人们信得过,知道不会吃亏,纷纷购买,生意自然兴盛,假如"贪贾"一年赚三成利,"廉贾"就能赚五成利,故曰:"贪贾三之,廉贾五之。"《史记·货殖列传》

(三)多变伤信

"令数变,众偷,可败也。"《孙膑兵法·将失》这里讲的是军令,指挥作战的军令一旦下达,就应坚决执行,非万不得已不宜轻易改变。如果将领忽视军令的严肃性,随便追改正在执行的命令,众将士不再相信,就会边苟且敷衍(偷),边等你改变命令,不会倾全力执行,作战行动就会失败。各方面的管理都是这样。王莽改革的失败,一个重要原因就是多变,他四年当中四改币制,西汉末年五铢钱制崩溃,物价飞涨,改革币制是必要的。但王莽不经认真准备,轻率下令改革,犯了前面讲的第一诚。在改革过程中又视法令为儿戏,一再变,彻底失去了人民的信任和耐心,加上其他改革的混乱,使原已动荡不安的社会形势急剧恶化,触发了全国性大暴动。

市场管理和经营要运用价格政策和策略,但要运用得当。提高价格可以抑制需求,但连续提价使人们不再信任物价的稳定性,会引起恐慌心理,触发抢购风,反而促使需求膨胀。企业降低销价的目的是为了促销,但如果连续降价,消费者不再信任面对的即时价格,如果明天再降,今天购买吃亏了,便持币待降,反而抑制了需求。可见市场营销策略的效用取决于这些策略的社会信誉。

(四) 疏微败信

"轻者重之端,小者大之源,故堤溃蚁孔,气泄针芒。是以明者慎微,智者识几。"(《后汉书·陈忠传》)这个道理也适用于立信。取人一章研究过,看待别人,选取人才,要注意大节,不可以计较细枝末节,免得使人们谨小慎微,"谨小者不大立"。一个人对待自己的信用却不可以这样,倒是谨小慎微才是。处人,小事情不讲信用,哪怕是一次引起了人们的疑心,也可能长期失去信用。"一节之疑,足以伤其终身之信,此固人情之所甚惧也。""若此者,虽匹夫不能自立于乡党。"(叶适,《水心别集·财计下》)

治国更是如此,不可以在一些看起来似乎无关大体的政务方面失信于民,引起天下人的疑心。"使天下疑己,不可以为天下。……古之圣人所为大过乎人者,理天下之财而天下不疑其利,擅天下之有而天下不疑其贪,政令之行,天下虽未必能知其意而终不疑其害己,故圣人之于天下无不可为者,以其所以信服天下者明也。"(叶适,《水心别集·财计下》)

叶适所说古圣人信服于天下达到这样的地步,未必如此,但他说人民无"一节之疑"才能"信服天下",却也是真理。国家在信用问题上不可以不慎微。韩非也说:"凡奸者,行久而成积……故明主蚤绝之。"(《韩非子·外储说右上》)日常好行诈,积久而成奸,信誉也靠日常的积累,"小信成则大信立,故明主积于信"(《韩非子·外储说左上》),都是讲的同一个道理。他告诫主政者不可"恃势而不恃信",也不可"恃术而不恃信"。(《韩非子·外储说左下》)

为慎微积信,应该慎于言行。"君子居其室,出其言善,则千里之外应之,况其迩(近)者乎? 居其室,出其言不善,则千里之外违之,况其迩者乎? 言出乎身加乎民,行发乎迩见乎远。言行,君子之枢机……可不慎乎?"(《周易·系辞上》)

一个管理单元的社会信誉是整体的,是各种行为的综合效应,任何一个方面哪怕是微小事情的疏忽,都可能影响其形象。比如企业的信誉是由产品质量、价格、服务、供货期限、结算、信贷等各方面综合决定的,只有进行综合治理,不疏忽任何细节,才能维护良好的形象。拿服务来说,当顾客需上门服务时,你派出的人员不准时到达,或因所携带的安装维修器材不完备、不合格而延误了时间,或者派出人员向对方额外索取谋利。客户上门联系业务,接待不周,或给对方生活安排不落实,或提供资料不准不全,这些虽然是些外围性的管理工作,但有所疏忽,依然会影响企业的总体形象,使其信誉打折扣。

一个学校,其社会信誉的核心当然是培育学生的质量。外人来参观,听你介绍,教学质量如何好,可人家到校园里一走,发现到处是烟头、灰尘,就会眉头一皱,怀疑这样乱糟糟的学校还能培养出高质量的学生吗? 把你的信誉就给否定了。高质量的学生来自于优良的校风,来自于严格管理和严谨教学,每一个环节都不可疏忽,教学、科学研究、思想工作、社会实践、生活管理、体育锻炼、文化熏陶,大量的日常工作一丝不苟,日积月累,才能培育良好校风,提高教学质量。这样的学校,学生对成才有信心,家长对子女在校能放心,社会对分配的学生信得过,学校的牌子就打响了。这也是积微历久而著信。

第十三章　勤　俭

一、勤俭传统

勤是努力生产，增加财富；俭是节约消费。两者结合成一个概念，是我们民族的传家宝，是一项固有的优秀传统，是治国、齐家、理财、治生的格言。勤俭传统由来已久。起先，勤和俭是分别提的。《左传》言："民生在勤，勤则不匮。"(《左传·宣公十二年》)《尚书》提倡"勤劳稼穑"，告诫"克勤无怠。"(《尚书》："无逸""蔡仲之命")孔子说："礼，与其奢也，宁俭。"(《论语·八佾》)可见，从源头来看，勤是用于治怠的，俭是用于反奢的。由于勤和俭关系密切，是一个问题的两个方面，人们在论述问题时，又往往把两者结合在一起。如《礼记·大学》中提到，"生财有大道，生之者众，食之者寡，为之者疾，用之者舒，则财恒足矣。"这里已有勤和俭相结合的意思，认为勤俭结合，财富恒足。到了南北朝时，颜延年提出"居备勤俭"(南朝·宋·颜延年，《陶征士诔》)，"勤俭"这个复合概念形成，后人就把"勤俭"视为不可分割的治理行为准则。如把勤劳俭朴地操持家务称为"勤俭持家"，"那刘氏勤俭作家，甚是贤慧，夫妻彼此相安。"(明·凌蒙初，《初刻拍案惊奇》)清代李绿园《歧路灯》第六十五回："想是你老子是个勤俭治家的人，不知费了多少辛苦，忍了多少饥寒，挣得一半分子家业。"这些都是把勤俭视为家庭兴旺的途径。

古人在议论治国时，勤俭又叫作"开源节流"。荀子说："故田野县鄙者，财之本也，垣窌仓廪者，财之末也；百姓时和、事业得叙者，货之源也；等赋府库者，货之流也。故明主谨养其和，节其流，开其源，而时斟酌焉，潢然使天下必有余，而上不忧不足。如是则上下俱富，交无所藏

189

之,是知国计之极也。"(《荀子·富国》)古人还把勤俭称为"强本节用",本指生产,"强本而节用,则天不能贫。……本荒而用侈,则天不能使之富"。"臣下职,莫游食,务本节用财无极。"(《荀子》:"天论""成相")"要曰强本节用,则人给家足之道也。此墨子之所长,虽百家弗能废也。"(《史记·太史公自序》)这些告诉人们,生产是财富的本源,已有物资的积累和使用是财富的末和流。要使国家富裕,国库充实,家给人足,必须一方面强本,努力生产财富,"开其源",一方面节制消费,"节其流"。两方面不可偏废,本荒或用侈,难以致富。这是国家理财的根本方针,"国计之极也"。用以告诫国家官员要注重务本节用,不可荒怠生产,嬉戏游食。

从根本上说,勤俭思想是生产和消费矛盾的反映。中国古代以农业经济为主,生产力低下,生产通常不能满足消费的需要,一遇自然灾害,往往发生社会性的饥馑,引发社会动荡。因而储粮备荒是一项长期国策,必得在本来就不多的产品中挤出一些用于储备,年景好时,努力多生产一些,留点储备,以丰补歉。而古代高官和豪门,不事生产,挥霍侈靡,扩大了生产和消费的矛盾,增加了人民的负担和苦难,正所谓"朱门酒肉臭,路有冻死骨",必然激化社会矛盾,从而破坏生产,威胁社会的安定。因此一些思想家从发展生产、安定民生、稳定社会出发,提出了勤俭思想。从治家来说,劳动人民欲发家致富,只有靠增加劳动投入和尽可能压低消费,一点一滴地积累。勤俭是必由之路。上述"勤俭治家的人,不知费了多少辛苦,忍了多少饥寒,挣得一半分子家业",是如实的写照。这些就是勤俭思想发生的历史渊源。因此,治国和治家的历史实践培育了华夏民族刻苦勤劳、崇尚节俭的传统。

新中国建立以来,一贯提倡勤俭建国,勤俭持家,勤俭办一切事业。毛泽东说:"要使全体干部和全体人民经常想到我国是一个社会主义的大国,但又是一个经济落后的穷国,这是一个很大的矛盾。要使我国富强起来,需要几十年艰苦奋斗的时间,其中包括执行厉行节约、反对浪费这样一个勤俭建国的方针。"(毛泽东,《正确处理人民内部矛盾的问题》)对此,邓小平也说:"必须再一次向干部和群众进行教育,我们是个穷国、大国,一定要艰苦创业。"(《邓小平文选》,卷2)勤俭建国、艰苦创业是由我国国情决定的,也是在新的历史条件下对勤俭传统的继承和发扬光大。

二、勤与管理

勤劳、勤恳、勤思、勤政,都是华夏传统文化形成的表示奋进的概念,办事业必须要有一股奋进精神。

(一) 勤政建设

据《庄子》记载,长悟封人告诫孔子弟子子牢(琴牢)说,治国和种田一样:

> "君为政焉勿卤莽,治民焉勿灭裂。昔予为禾,耕而卤莽之,则其实亦卤莽而报予;芸而灭裂之,其实亦灭裂而报予。予来年变齐,深其耕而熟耰之,其禾蘩以滋,予终年厌飧。"(《庄子·则阳》)

为政与种田同理,种田需勤耕耘,为政需勤政。勤政就是勤于民事,成玄英疏:"夫民为邦本,本固则邦宁,惟当用意养人,亦不可轻尔骚扰",是谓"治国有道"。(郭庆藩,《庄子集注》)可见古人是把勤政纳入民本思想轨道的。据《史记·殷本纪》记载,商汤打败桀,做了天子,发布《汤诰》说,大禹、皋陶有功于民,才能拥有天下。而蚩尤作乱百姓,为黄帝所杀,以失败告终。"夏禹勤王,手足胼胝。"(《晋书·谢安传》)古人把大禹"尽力乎沟洫"(《论语·泰伯》)当做劝勉帝王和官员勤政的榜样。刘秀算得上是个"勤王"。他在王莽动乱之后重建汉室,察知"天下疲耗,思乐息"的民情,决心让人民休养生息,而自己则勉力政务,"每旦视朝,日仄乃罢,数引公卿、郎将讲论经理,夜分乃寐。"有人见他日渐消瘦,劝他抽点时间"颐爱精神,优游自宁",他说:"我自乐此,不为疲也。"还劝大臣们"虽身济大业,兢兢如不及,故能明慎政体,总揽权纲,量时度力,举无过事。"(《后汉书·光武帝纪》)刘晏也算是个"勤臣"。唐太宗时,刘晏奉命治理漕运,首先要疏通多年失修的河道,身先士卒,挖土运土。运粮时,常见他和运夫一道干活,背负米粮。"见一水不通,愿荷锸而先往;见一粒不运,愿负米而先趋。"(《旧唐书·刘晏传》)刘晏理财,致力于建立勤廉的工作班子,提高效率,减轻民负。在漕运、盐政、常平、驿递等方面,经过仔细规划,雷厉风行地进行了 20 年的整顿,使因经历安史之乱破坏了的财政经济得以中兴。像刘秀这样的"勤王"和刘晏这样的"勤臣"在古代是不多见的,史家重以笔墨,无非是为了给人们树立勤政的榜样。

勤政的中心问题是及时办事,提高工作效率,古人称为"无宿治"。"宿"就是过夜,今天的公务(治)不能拖到明天去办。"以日治者王,以夜治者强,以宿治者削。"(《商君书·去强》)工作效率关系到国家的强与削,故对那些拖延公务的官员应严加惩办:"凡庶人欲通(下情欲上达),乡吏不(予)通,七日,囚。出欲通,吏不通,五日,囚。贵人子欲通,吏不通,二日,囚。"(《管子·大匡》)这里主张以法律手段对治拖沓的官僚主义作风。

古人倡导勤政是为了整治荒政、怠政,荒怠拖拉是封建官僚制度产生的一项顽症。社会主义中国的政务本质上是勤民之政,国家官员必须勤奋为民服务。焦裕禄鞠躬尽瘁,死而后已,是最为光辉的勤民榜样。我国当前开展评选"最美村干部""最美乡村教师""最美医生"活动,出现了大量优秀的"勤民"。如福建省检察院干部李彬,于 2007 年10 月下派到省级重点扶贫点鲜水村担任党支书,他经常下地和农民一起劳动,走家串户,学会用方言和农民交谈。他在日记中写道:"为民谋利,要真心,真情,真抓,实干。"他订了三年规划,要为村民修环村路、铺水管、建冷泉等 15 项实事。2008 年筹集到 70 多万元修路资金,2009年 8 月修好了连接三个自然村的路。2009 年又集资铺设 4 800 米管线,解决了村民的饮水问题。当地有个独特资源——冷泉,出产"冷泉鱼",李彬动员村民组成了渔业合作社。又引进海南客商投资种植 300多亩花梨木、红豆杉等珍稀苗木,带动 20 多户村民种植 100 多亩珍稀树种。经过努力,鲜水村的村民收入快速增加,2010 年人均 6 100 多元，比 2006 年增加两倍多。而李彬的身体却越来越差，又黑又瘦，可他仍坚持工作。2010 年 5 月 28 日，他突然发病，村民劝他去看病，他仍不肯去医院。被省里来人强制带回福州，诊断为过度疲劳导致肾衰竭。消息传回，正在开支部会的党员们哭声一片。村民邹金进对记者说："李彬书记为鲜水村做的实事好事，三天三夜也讲不完。"这就是现代中国官员勤政裕民的一例。

目前看来，勤政建设依然是一个十分尖锐的问题，尤其在一些政府机关里。机关本来具有雷厉风行的作风，密切联系群众，深入基层，上级为下级解难和服务，有很高的工作效率。但是随着机关的逐渐庞大，惰性积累成了惯性，为政不勤成为一大弊端，"机关作风"成了"拖沓"的同义词，上班迟到早退，文山会海，报表泛滥，工作效率明显下降。据某自治区问卷抽样调查，回收 502 份答卷，认为机关工作效率高的占 1.2%，较高的占 7.8%，一般占 40.2%，较低的占 35.3%，很低的占 15.3%。可见，九成以上的人对工作效率不满意，平均回答通常一天工作量 5.3 小时便可完成。这个调查表明为政不勤的严重性，也是腐败的一种表现。需要通过行政机构改革，精简机构，简政放权，加强行政法制，提高人员的思想素质和科技素质，改革用人制度和分配制度，强化激励机制来加以解决，以恢复勤政本色。

（二）勤劳致富

在古代，致富者未必皆勤劳，勤劳者也未必皆能致富，但是对国家或对一般民众而言，唯勤劳才能创造较多财富，是致富的必由之路。

对治国来说，国家富裕要靠人民辛勤劳动，故治国者应为人民创造得以勤劳的条件。

"国之富也，从事故富也。从事废，则国之富亦废。""下从事强，则财用足矣。""农夫必怠乎耕稼树艺矣，妇人必怠乎纺绩织纴……则我以为天下衣食之财，将必不足矣。"（《墨子》："公孟""天志中""非命下"）

对治生来说：

"鹎录疾力，以敦比其事业，而不敢怠傲，是庶人之所以取暖衣饱食。"（《荀子·荣辱》）

"'今也农夫之所以早出暮入，强乎耕稼树艺，多聚菽粟而不敢怠倦者，何也？'曰：'彼以为强必富，不强必贫；强必饱，不强必饥，故不敢怠倦。''今也妇人之所以夙兴夜寐，强乎纺绩织纴，多治麻丝葛绪，捆布縿，而不敢怠倦者，何也？'曰：'彼以为强必富，不强必贫；强必暖，不强必寒，故不敢怠倦。'"（《墨子·非命下》）

"事者生于虑，成于务，失于傲。不虑则不生，不务则不成，不傲则不失。""怠倦者不及，无广者疑神也。"（《管子》："乘马""形势"）

这几段引文皆反映古人主张勤劳致富，认为努力生产劳动（强、疾、务）才能饱、温、富，不努力生产劳动（怠、倦、旷、傲）必然饥、寒、贫。人的本性是勤劳的，因为人类是产生于劳动的，和动物的根本区别是"赖其力者生，不赖其力者不生"（《墨子·非乐上》），故"不敢怠倦"或"不敢怠傲"。勤劳致富的例子很多，这里举朱国桢《涌幢小品》描写的吴江湖州一例："余家湖边，看来洪荒时一派都是芦苇之滩……明农者因势利导，大者堤，小者塘，界以埂，分以塍，久之皆成沃壤。今吴江人往往如此法力耕以致富厚，余目所经见，二十里内有起白手致万金者两家。"力耕致富，白手起家致万金，主要靠改良土壤，把芦草滩变成良田。

值得一提的是，古代是手工生产，物质财富的产出取决于活劳动量的投入，人们为多生产一些，只有延长劳动时间和提高劳动强度，早出晚归，披星戴月，挑灯夜战，贩运则不远千里，日夜兼行，这是勤劳生产的一般常态。因此，拼体力是第一位的，而技术革新和人的技巧提高则退居次要。故古人提倡"强从事""疾力"，正反映了这种勤劳的历史特点，"不敢怠倦"中的"不敢"二字，正反映了劳动者只有"疾力"才能谋生的心态。

当今高技术生产时代,不是拼体力就可以提高劳动生产率的,加班加点也不能成为勤劳的常态,苦干精神还得提倡,但巧干是第一位的。勤劳首先是勤于技术革新,勤思加勤力。因此,现代的管理者如果只会组织大家苦干而不是巧干,那就是墨子式的勤劳,落后于时代了。

(三)"敬业"和"积微"

《礼记·学记》提倡"敬业乐群"。朱熹注:"敬业"谓专心学业,"乐群"谓乐与朋友相切磋。孙希旦集解朱熹语:"敬业者,专心致志以事其业也;乐群者,乐于取益以辅其仁也。""敬业"是一种办事业的精神,热爱所从事的事业,兢兢业业,精益求精。从事任何事业,没有这种精神是不会成功的。

古人提倡敬业精神,是指个人之于事业,或君臣之于国事。现代的治理,除了个人敬业精神外,更重要的是提倡集体的敬业精神,原因在于古代是个体生产,而现代是社会化的群体生产。培育群体敬业精神,有统一的群体意志,为共同目标奋斗,事业才能兴旺发达。一个称职的管理者不仅自己要有敬业精神,而且还须善于在所属人员中培养起群体的敬业精神。敬业精神的培育,固然要有一定的物质刺激,更重要的是进行思想教育。日本一些企业借鉴中国的传统文化,重视精神的能动作用,以"明德、亲民、至善""劳动崇高论"教育员工,"把忠诚、合作、报恩、报国作为企业的基本精神,在新时代衍生出一种对工作一丝不苟的勤勉的品格。"(祝寿臣,《日本企业与中国文化》)这种敬业精神成为日本经济发展的重要推动力。

勤劳是为了取得尽可能大的成功,显著的业绩不可能一蹴而就,要从日常小事一点一滴地积累,故古人又提出"积微"原则。

"士必从微而至著,功必积小以至大。"(《周书·苏绰传》)
"积微,月不胜日,时不胜月,岁不胜时。……能积微者速成。"
"不积跬步,无以至千里;不积小流,无以成江海。骐骥一跃,不能十步;驽马十驾,功在不舍。锲而舍之,朽木不折;锲而不舍,金石可镂。""故跬步而不休,跛鳖千里;累土而不辍,丘山崇成。""是以无冥冥之志者,无昭昭之明;无惛惛之事者,无赫赫之功。"(《荀子》:"强国""劝学""修身")

"有形之类,大必起于小;行久之物,族必起于少。故曰:天下之难事必作于易,天下之大事必作于细。……图难于易也,为大于其细也。"(《韩非子·喻老》)

这些论述可谓至理名言,表示了微著、大小、难易的辩证法,著存于微,大存于小,难寓于易,远大的目标要从近细的小事做起。一个成功的管理者不会忽视日常细小的事情,不抓小事,不能成大业。切不可只有空洞的远大目标,而忽略日常的具体组织工作。不可好高骛远,"病学者厌卑近而骛高远,卒无成焉。"(《宋史·程灏传》)对于个人来说,要有所成就,也得从平凡的工作做起。积微得有一股锲而不舍的精神,俗话说精诚所至,金石为开;只要功夫深,铁杵磨成针。上述就是提倡办事业的这种韧性。愚公移山的故事所体现的锲而不舍的勤劳精神,在今天的管理工作中也是应该培育的。

三、俭与管理

(一)"政在节财"

崇俭是我国古代在消费方面的主导思想。孔子说"政在节财"(《史记·孔子世家》),"与其奢也,宁俭"(《论语·八佾》),一直指导着理财实践。崇俭的根据如下。

1. 节用兴利

"去其无用之费,足以倍之。……圣王为政,其发令、兴事、使民、用财也,无不加用而为者,是故用财不费,民德不劳,其兴利多矣。"(《墨子·节用上》)

"用财有节,则天下虽贫,其富易致也;用财无节,则天下虽富,

其贫亦易致也。"（《大学衍义补·总论理财之道》）

"足国之道，节用裕民，而善臧其余。……而且有富厚丘山之积矣。"（《荀子·富国》）

古人把节用和兴利相联系，可作两重理解。在生产力低下、产出少的情况下，生产和消费的矛盾大，节用抑制消费，使物资相对多些，可以从消极方面缓解这个矛盾。反之，"生之有时而用之无节，则物力必屈"（《贾谊新书·无蓄》），物资短屈局面将会恶化。把节省的物资再投入生产，扩大生产规模，又能从积极方面缓解生产和消费的矛盾。故古人把"节用"视为兴利求富的必要途径。从兴利角度看，"节用"的作用在古人看来又是有条件的。一是节用要适度，墨子主张苦行僧式的俭，那就"俭而难遵"（司马谈，《论六家旨要》），极力压低消费水平，反而使生产失去动力。"既以伐其本，竭其原，而天下焦矣。""墨子之节用也，则使天下贫。"（《荀子·富国》）二是节用是一般原则，在特殊情况下也可提倡侈靡，《管子》主张在荒年生产不振、贫民失业时，发动富人"侈靡"，把分散的财富动员起来，为穷人创造就业机会，并为此推出著名的《侈靡》，提出"富者靡之，贫者为之"的论断。范仲淹为杭州太守时，就曾经在大灾年发动富家、寺庙"奢侈"，办旅游，兴土木，成功实施了一次荒政。

2. 节用裕民

"故知节用裕民，则必有仁义圣良之名，而且有富厚丘山之积矣。此无他故焉，生于节用裕民也。不知节用裕民则民贫，民贫则田瘠以秽，田瘠以秽则出实不半，上虽好取侵夺，犹将寡获也。……此无他故焉，不知节用裕民也。"（《荀子·富国》）

按传统富民观，民富是国富的本源，主张藏富于民，"百姓足，君孰与不足。"（《论语·颜渊》）国家节用，减少征税，人民生活改善，扩大生产能力，"省力役，薄赋敛，则民富矣"（《论语·为政》），国家自然富裕。如果重敛则民贫,生产减少,国家也将"寡获"。因此,君主和各级主政者,在自己和人民关系上,应该"薄于身而厚于民,约于身而广于世。"(《晏子春秋·内篇问上》)

3. 节用安民

"国侈则用费,用费则民贫,民贫则奸智生,奸智生则邪巧作。故奸邪之所生,生于匮不足;匮不足之所生,生于侈;侈之所生,生于毋度。故曰,审度量,节衣服,俭财用,禁侈泰,为国之急也。不通于若计者,不可使用国。"(《管子·八观》)

可见侈靡会造成社会不安定,"节俭则昌,淫佚则亡。"(《墨子·辞过》)"俭者不夺人"(《孟子·离娄上》),"节以制度,不伤财,不害民。"(《周易·象传·节》)民富则安,江山可保,"故其用财节,其自养俭,民富国治。"(《墨子·辞过》)反之,"庖有肥肉,厩有肥马,民有饥色,野有饿莩"(《孟子·梁惠王上》),"富贵者奢侈,孤寡者冻馁,虽欲无乱,不可得也。"(《墨子·辞过》)晏婴曾以历史经验告诫齐景公:"昔文王不敢盘于游田,故国昌而民安。楚灵王不废乾溪之役,起章华之台,而民叛之。今君不革,将危社稷。"(《晏子春秋·内篇谏下》)纵观历史,凡为政清廉,国用有度,不伤财害民,就会国泰民安。反之,荒淫靡费,伤财害民,则招致天下大乱。可见,俭与侈不仅是个经济问题,而且是个政治问题。

4. 节用助廉

"惟俭可以助廉,惟恕可以成德"(《宋史·范纯仁列传》),此话有道理。国家厉行节约,可以养成好风气,按制度支用,漏洞少,有利于官员养廉。如果侈靡盛行,制度松弛,风气败坏,就会助长腐败。节俭与廉洁相辅,侈靡与腐败一体。可见节用还是关系到吏治的重大问题。为官清廉受世人敬重,留下一些雅号。宋代名相寇准居家俭朴,一顶帐子用20年。诗人魏野赞他:"有官居鼎鼐,无地起楼台。"有个邻邦使者入宋,称寇准为"无宅相公"。明代宁波知府王琎挂出身寒微,一日,妻给他做一碗鱼汤,他说:"汝不忆吾啖草根时耶!"遂撤而埋之,时人称他为"埋羹太守"。御史姜昂官至福建参政,每日买少量肉供养老母,自己常以麦粥充饥,人称"姜麦粥"。沧州知州因纲平素穿布衣,老妻每天纺织,因纲死后,别无长物,灵枢后附载纺车一具,观者无不落泪,百姓尊称他为"布园领因爷"。清代江苏巡抚汤斌全家穿布衣,春天去田野采荠菜,和豆腐做汤,算是改善生活,百姓号为"豆腐汤"。历史上这些清廉官吏无不厉行节俭,给人们尤其给官员们树立了榜样。

5. 保障财政平衡

"量入为出"是我国传统的财政平衡原则,《周礼·王制》就已提出"量入以为出"。每年当五谷进仓以后,根据收入多少,留下必要的储备,理想的标准是三而余一(1/3用于储备),而后安排下年度的支出。量入为出包含节用在内,也需节用以保障财政平衡。对财政平衡来说,"广取以给用,不如节用以廉取之为易也。"(《史部文献通考·国用考·苏轼策别》)

上述节用的历史根据,并没有随时间的推移而消失。只要生产力没有达到那样的高度,生产不能满足需要的矛盾依然存在,节俭依然是保护和发展生产力、调节社会矛盾的必要手段,是应该提倡的一项美德。在物资不足的情况下,合理分配就是个重要问题,此多彼必寡,政府机关非生产性支出过多,势必妨碍人民生活改善,限制扩大再生产的能力。节制政府消费性支出,减轻人民负担,有利于民富和社会安定,有利于生产力的发展,最终也会增加财政收入。因此,国家治理"薄于身而厚于民,约于身而广于世",依然是值得记取的座右铭。我们要从战略高度认识节俭在治理中的意义,对于那些慷国家之慨,用公款大吃大喝,占公为私,挥霍浪费公共财物等各种侈靡现象,应严肃进行整治,以求杜绝。

(二) 治生以俭

司马迁总结富商经营之道时,指出"折节为俭"是一条经验。他在《货殖列传》中记载的一些百万富翁、千万富翁,都是一些生气勃勃、热心事业、崇尚节俭的人物，或者"家自父兄子孙约"；或者"俯有拾，仰有取"，点滴积累以致富；或者"折节为俭，力田畜"；或者"公事不毕，则身不得饮酒食肉"等。

这样的例子是很多的，略举几例。明代陕西同州商业发达，"富者皆弃本逐末，各以服贾起其家。……富不逾侈，不得谓非其俗之善也。"（《同州府志·风俗》）其时江苏苏州洞庭人发展园艺事业也很勤俭，"东洞庭座峙太湖中心，厥惟吴邑之重镇，民居鳞次，随高下结屋，若古桃源。耕田树果，殆无寸地隙。人力作耐勤苦，以俭朴为事。"（《吴郡文粹续集》）《常昭合志稿》转引《虞山杂志》记载，常熟以农商致富的谭晓、谭照兄弟十分节俭，"参且纤啬惮费，平生无纨绮服，非大故不宰割"，谭晓煮个蛋要吃三次，"三饭乃尽"，真乃"俭过于常情"，由此积累了资金，"以故参之赀日益"。近代实业家张謇，一次由南通去上海联系业务，在街头卖字解决盘缠，以节约差旅费，在他的带动下，全厂厉行节俭。他说："通厂（南通大生纱厂）之利，人皆知为地势使然，然开办之初始竭蹶艰难，而上下同心力求搏节，其开办之省亦中外各厂所无。"（《实业文钞》，卷1）

以上说明节俭是企业家精神。节俭源于价值规律，产生于竞争。商品价值决定于社会必要劳动量，个别价值和社会必要劳动量的差异决定商品生产者的命运。企业经营者必须以各种方式节约消耗，降低成本，使个别价值低于社会价值，才能取得竞争的优势。古今中外成功的企业家没有不重视节约的，浪费无疑是自寻失败。日本有些大企业，在广告方面不惜花大钱，在企业管理方面又近乎吝啬，办公用圆珠笔以旧换新，劳动手套坏一只换一只，马桶水箱里放几块砖头，省点水。靠点滴节约来建立成本优势，支持市场竞争。我们经过改革开放，企业在市场竞争推动下，节约观念在增强。但一些企业浪费现象依然严重，财务、物资管理漏洞多，物耗偏高，公物私用，公款吃喝，长明灯，长流水……所有浪费都集中表现为成本的提高，利润的减少，竞争力的削弱。因此，有必要通过深化改革，充分发挥市场机制的基础性调节功能，提倡企业节约以保障竞争的能力。

(三) 长虑顾后

荀子说劳动人民的经济条件决定了有"长虑顾后"的传统。

"今人之生也,方知畜鸡狗猪彘,又畜牛羊,然而食不敢有酒肉;余刀布,有囷窌,然而衣不敢有丝帛;(节)约者有筐箧之藏,然而行不敢有舆马。是何也? 非不欲也,岂不长虑顾后,而恐无以继之故也。……是于己长虑顾后,几不甚善矣哉!"(《荀子·荣辱》)

人们饲养家畜而不敢吃肉,家有余钱(余刀布)、余粮(有囷窌)、余物(筐箧之藏)而不敢穿丝绸、坐马车,为的是"长虑顾后""恐无以继之"。荀子说这是人的好品质(善矣哉),可见他是主张推广长虑顾后的。无论是治国还是治生,无论生产消耗还是生活消费,都应该留有余地,适当储备。俗话说"寅吃卯粮",表示不会过日子、入不敷出、生活透支,这是要不得的。

(四) 富国贫治

"国富而贫治,曰重富,重富者强。国贫而富治,曰重贫,重贫者弱。"(《商君书·去强》)富国贫治,就是富日子当穷日子过。《孝经》和《后汉书·光武帝纪》都有"制节谨度,满而不溢。"《管子》有"国虽富,不侈泰,不纵欲。"《盐铁论·褒贤》篇也有"满而不溢,泰而不骄。"可见"富国贫治"已经是经验之谈。

当今社会,重温古人富国贫治思想看来仍有现实意义。日本在经济起飞初期实行高积累、低消费,他们的生产目的是利润,主要面向国际市场,这样做行得通。我国不能这样,因为我国的产品固然会有越来越大的部分销往国外,但总体上看主要还是面向国内市场,为满足人民的生活需要服务,一味高积累、低消费只能是使国内市场萎缩,限制生产。所以要不断增加人民的收入,提高人民的生活水平。但是还是不能侈靡,适当增加积累依然是必要的,生活提高要适度,像荀子说的那样使两者"相持而长"(《荀子·礼论》)。"泰而不骄""满而不溢"的传统还得长期坚持下去。越是富裕强大，越要记住《管子》这段话："大而不为者，复小；强而不治者，复弱；众而不理者，复寡……富而骄肆者，复贫。"
《管子·霸言》

四、精兵简政和移风易俗

（一）精兵简政

精兵简政既能提高工作效率，又节省开支，既是治急，又是治靡，体现勤和俭相结合的精神。精兵简政是中国共产党在抗日战争时期根据民主人士李鼎铭等人建议而实行的一项政策，它的内容是缩小各抗日根据地党政军机构，精减人员特别是减少机关行政人员和部队的非战斗人员，使机关和部队更有效率，更有战斗力，并节省开支，减轻人民负担。

精兵简政思想由来已久。在封建社会，官多兵多是个老大难问题。庞大的官僚机构、军事组织因臃肿而运转不灵，助长腐败，又吸干民脂民膏，恶化官民关系，压迫生产力，成为政治、经济的沉重负担，实质上是上层建筑对经济基础的破坏和生产关系对生产力的束缚。因此有识之士从国家长远利益计，从民利和生产力出发，一再呼吁精兵简政。吴起治楚，"明法申令，捐不急之官，废公族疏远者，以抚养战斗之士。"
《史记·孙子吴起列传》吴起的主要目的是打击旧贵族，但他指出官员太多乃贫国弱兵之道，裁减多余的官，减少官吏的薪俸，可算是早期的简政实践。韩非也提出要裁减不能干事的"闲官"，"封君太众……此贫国弱兵之道也。不如使封君之子孙三世而收爵禄，绝减百吏之禄秩，损不急之枝官，以奉选练之士。"《韩非子·和氏》

晋初，傅玄指出三国留下庞大官兵队伍：蜀汉地区人口94万，官吏达4万人，兵有10.2万人；东吴地区人口230万人，官吏有3.3万人，兵有23万人；估算全国官兵总量相当于农业人口的一半，造成农业劳动力的奇缺。因此，他主张从精简政府机构入手解决矛盾，把多余官员下放务农，"使冗散之官为农，而收其租税"，不再"坐食百姓"。有病的官员"优其礼秩"使之离职。通过这些措施,以达到政府机关"臣不废职于朝,国无旷官之累。"(《晋书·傅玄传》)即提高效率,又节省开支。

东汉末至魏晋南北朝实行州、郡、县三级行政体制,层次多,机构重叠。至隋初,仅原北周地区就有 221 个州,508 个郡,1 124 个县,形成"地无百里,数县并置;或户不满千,二郡分领"的局面,官员多如牛毛。另武将有 125 种职称。隋文帝采纳兵部尚书杨尚希的建议,大刀阔斧进行精减,"今存要去闲,并小为大"。(《隋书·杨尚希传》)撤销郡级建制,裁减了大批州县乡官。

唐太宗提出"官在得人,不在员多""量才授职,务省官员"(《贞观政要·论择官》)的方针,对中央机构进行并省、撤销非常设机构,把官员从 7 000 多人减至 640 余人,裁减 90% 以上。并且法律规定:"诸官有员数,而署置过限及不应置而置,一人杖一百,三人加一等,十人徒二年。"精简了官吏,同时要提高工作效率,经办官文"小事五日程,中事十日程,大事二十日程",凡会签文书也限以时日,"经三人以下者给一日程,经四人以上给二日程,大事各加一日程。"(《唐律疏义·职制》)签发文书超过规定期限者要被惩罚。

宋代实行"恩荫"制度,各级主管官员可荫封子孙为官者一至三人。凡祭天和皇帝生日都要举行南郊大典和诞圣节,各级主管官员皆可获封子孙为官。"荫子固朝廷惠下之典,然未有如宋代之滥者。"(《宋史·职官志二》)到仁宗时已是"州县之地不广于前,而官五倍于旧。"(宋祁,《景文集》,卷26)因此,宋代要求简政的呼声尤烈。曾巩、司马光、范仲淹、李觏等人都曾要求简政。曾巩指出景德年间(1004～1007 年)民 730 万户,官一万余人;治平年间(1064～1067 年)民 1 290 万户,官员达 2.4 万余人。仅三班院的属官由最初不到 300 人增加到元丰年间(1078～1085 年)的 11 690 人,另有宗室 870 人。他强烈要求"可罢者罢之,可损者损之",使官员数恢复至景德时期的水平。(《曾巩集·再议经费札子》)司马光指出"国用所以不足者,在于用度太奢,赏赐不节,室宗繁多,官职冗滥,军旅不精",因此必须"节流",即"减损浮冗而省用之"。(《续资治通鉴长编拾补》)王安石改革中采取一些精简措施,共裁减州、郡、监38个,县127个,裁军数十万人。这是国家财经状况好转的重要原因。总之,精兵简政是整个中世纪善治国者的共同主张,但是封建政权未能从根本上解决好这个问题,这是由其政权的本质决定的。

历史的发展使精兵简政问题又一次突出起来。我国原先实行计划经济体制,由国家直接管理和经办社会经济文化事业,政府机构需大量的人办事。垂直指挥,上下对口,分工细、机构多、人员多。改革以来,政企分开,企事业自主管理,政府机构没有原先那么多事务性工作,人员一下子显得过剩了,而历史的惯性却使机关继续膨胀,机构庞大越显严重。1985年末,全国行政人员为315.85万人,1990年末增至372.61万人,净增56.76万人。中央政府每设一个机构,全国县以上部门相应增设3 000多个机构。1990年,全国地县(市)级机关总数超过中央规定的20%以上。"每个县平均有五六十个机构,机关行政编制平均每县700多人,大县1 000人以上。事业编制一般在3 000人左右。还有一些编外人员,机构确实太庞大了。"(李鹏,《积极推进县级机构改革》,载《人民日报》,1992年7月7日)大城市每百万居民中的行政人员数,上海为5 016人,北京6 599人,天津7 257人,重庆高达14 675人。又出现官多现象,官越多效率越差。据湖南省对某县的调查,1950年局级机构19个,国家干部601人,副局级以上51人,占干部总数的8.5%。1983年以后,副局级以上猛增至1 633人,占干部总数9 400人的16.3%。干部总数为1950年的15.65倍,副局级为1950年的32.02倍。有些乡镇机构除了炊事员,几乎没有副局级以下干部了,真可谓"全员皆官"。辛辛苦苦建立起来的庞大机构成为政府的沉重负担,行政费居高不下。1985至1990年,我国的行政费支出由90.03亿元升至197.45亿元,年均增长16.2%。超过了同期国民收入、财政收入的年均增速。许多县级财政只能应付发工资,成了吃饭财政。再看企事业单位,由于第三产业落后,从国家机构分离出来的企事业单位,吃饭、住宿、托儿、交通等都得自理,各自设立一大堆管理机构,成了个小社会。这种效益差的管理模式,使机构膨胀,妨碍生活服务的社会化和现代化,也是管理层次增多、二三线人员增多、中层干部增多的原因。20世纪80年代,一家汽车厂6.4万人,一线人员只有1万人,二三线人员占75%。和外资或中外合资企业相比,国有企业在生产、计划、技术、质量、财务管理、研究开发、销售采购等方面人员的比重明显偏低,而总务、人事、秘书、党务等非生产人员的比重则明显偏高。加上向政府看齐,过多地提拔实职和虚职的领导干部,助长了官多现象。

因此,为了减轻社会负担,解放生产力,消灭财政赤字,扭转企业效益低的状况,必须大力精兵简政。傅玄说的"臣不废职于朝,国无旷官之累";司马光说的"减损浮冗而省用之",在新时代又有了现实意义。改革开放以来,我国逐步地并持续地实行适应社会主义市场经济的体制改革:1982年撤并经济管理部门,改建为经济实体组织,同时使干部队伍年轻化;1988年,主要以推进政府职能转变为重点的政府机构改革;1993年,主要是以政企分开为中心的政府机构改革,加速构建社会主义市场经济的基本框架;1998年,以中央政府人员、机构减半为改革主要目标;2003年,主要以政府机构职能划分清晰以规范施政为改革目标;2008年,以实行大部制、健全宏观调控为主要改革内容。当前和今后一段时期,要以转变政府职能为核心,规范行政权力,调整和优化政府组织结构与职责分工,改进政府管理与服务方式,推进政务公开,提升公务员素质,全面提高行政效能。

(二) 移风易俗

汉朝初年,鉴于秦朝灭亡的教训,实行省禁轻税,天子和各级封君少领或不领国家经费,注意廉政、勤政和节约,社会风气也较好。到了文帝时,经济趋向繁荣,官僚们一片歌颂升平之声,唯独贾谊认为好像睡在一堆随时可能自燃的干柴上:

> "今不猎猛敌而猎田彘,不搏反寇而搏畜菟,玩细娱而不图大患,非所以为安也。……今世以侈靡相竞,而上亡制度,弃礼谊,捐

廉耻，日甚，可谓月异而岁不同矣。"(《贾谊新书·治安策》)

因此，需要"移风易俗，使天下回心而向道"。欲"化成俗定"，应由上面带头，靠"上之化也"。(《贾谊新书·治安策》)贾谊提的"移风易俗"在以前就有了，《荀子·乐论》和《礼记·乐记》中都说："移风易俗，天下皆宁。"好的社会风气形成要靠上面带头，是一项传统，唐代宗的宰相杨绾严于律己是出了名的，上任不久，一些大官纷纷收敛，御史中丞崔宽在京郊有座豪华别墅，不敢用了，派人拆掉。中书令郭子仪在邠(今陕西省彬县)行营，知道杨已拜相，赶快将座内音乐减散五分之四。可见，上级长官以身作则带头节俭，对下级既是示范又是震慑，有利于好风气的形成。明代张居正控制经费从皇室开始，内宫修造、宴会、采购一律从严掌握。明万历初年，慈圣太后在涿州建桥修庙，张居正拒绝拨款，太后只得自己出钱。太监奉内宫之命请求买金珠宝玉，也一概驳回。这样就狠刹了由上到下的侈靡风，加上多种配套改革措施，成功地缓解了社会矛盾和财政危机，"海内殷阜，纪纲法度，莫不修明"(《明史·张居正传》)，明代得以中兴。

(三) 反腐倡廉

反腐倡廉是移风易俗的重要方面。腐败是封建制度的痼疾，也是众多王朝覆灭的直接原因。为长治久安，反腐倡廉就成为有识治国者的共同主张。官员能否廉洁自律，又是百姓鉴别官员优劣的基本尺度。前述贾谊是古代早期的反腐倡廉者。司马迁也说过，有"国士之风"的人，应具有"事亲孝，与士信，临财廉，取与义，分别有让，恭俭下人"的品质。(司马迁，《报任少卿书》)唐朝初年"货赂公行，纪纲紊乱"(《资治通鉴》，卷193)，李世民即位后整治腐败，指出不可放任特权者纵欲，"顺一人之颜情，为兆民之深患，此乃亡国之政也。"对于那些贪污受贿奢侈浪费者，即使皇亲国戚，也依法查处。追随李世民打天下的重臣唐俭，时任礼部尚书，因贪污被撤职。江夏王李道宗贪污，被捕入狱，免官削封邑。经严整，吏风好转，聚集了大批廉洁奉公人才。又采取一些防止腐败措施,如限制地方的纳贡,贬斥搜刮民财以贡奉取宠的地方官员;释放宫女,先后放走宫女数千人;释放禁苑猎犬以节制狩猎;不居台榭,严禁广筑宫殿等。《《资治通鉴·唐纪》》从抑制皇室侈靡入手,从上到下形成了较好的清廉风气,使得贞观二十年间,风俗俭朴,衣无锦绣,如文德皇后"性尤俭约,凡所服御,取给而已"。《《旧唐书·后妃传》》户部尚书戴胄"宅字弊陋"。《《旧唐书·戴胄传》》尚书右仆射温彦博也是"家贫无正寝"。《《贞观政要·俭约》》诸葛亮不仅是智慧的化身,也是廉洁自律的典范,他曾上书后主自报家产,表示廉洁的决心。"初,亮自表后主曰:'成都有桑八百株,薄田十五顷,子弟衣食,自有余饶。至于臣在外任,无别调度,随身衣食,悉仰于官,不别治生,以长尺寸。若臣死之日,不使内有余帛,外有赢财,以负陛下。'及卒,如其所言。"《《三国志·诸葛亮传》》

　　明代,河北省无极县县大堂的墙壁上镶嵌着一块一米见方的石匾,据传是知县郭允礼所立,其文曰:"吏不畏吾严而畏吾廉,民不服吾能而服吾公;公则吏不敢慢,廉则民不敢欺;公生明,廉生威。"这段石匾文是地方官的自律座右铭。新中国成立后,中共无极县委书记刘日发现此匾,拓片贴于办公室以自警。一个共产党的县委书记继承了古代县太爷的宝贵文化遗产,被传为佳话。

　　在我国革命和建设过程中,多次进行过反对贪污腐败的斗争。早在 1926 年 8 月 4 日,中国共产党就发布了第一个反贪污腐化的文件——《坚决清洗贪污腐化分子》,在中央扩大会议通告。1931 年,工农民主政府开展了大规模反贪污浪费的斗争,于都县查出县级干部贪污案 23 起,县苏维埃主席被判刑入狱,财政部会计科长被处死刑。新中国成立后多次开展了反腐败斗争。1952 年初,全国县以上党政机关开展"三反"(反贪污、反浪费、反官僚主义)运动,全国县以上党政机关参加运动的为 383 万人,共查出贪污 100 万元(旧币)以上的贪污犯 10 万余人,判有期徒刑 9 942 人,无期徒刑 67 人,死刑 42 人。其中最引人注目的是被处死刑的天津刘青山、张子善大贪污案,这是新中国反腐第一大案。改革开放以来,历次党代会都把反腐倡廉作为关系党和国家命运的大事来抓,做出专题研究和部署,查处力度持续加大,从源头上防腐的措施逐步推出,对群众反映强烈的问题在逐步解决。总之,反腐倡廉取得阶段性成果。需要关注的是:作为个案,反腐总有个了结;从总体上看,反腐倡廉是无止境的,需要持续地坚持下去。

管理谋略

第十四章　运　筹

一、谋略与管理

　　谋略,古人又称计策、计谋、谋术、权谋、筹划、策划等,都是指办事业(大至治国,小至营生)的规划、策略和方法。由朝廷做的谋略又称为"庙算""庙策""庙谋""庙略"。杜牧注《孙子兵法·计》:"庙算者,计算于庙堂之上。"张预注同篇:"古者兴师,命将必致斋于(祖)庙,授以成算,然后遣之,故谓之庙算。"《邓析子·无厚》:"庙算千里,帷幄之奇,百战百胜,黄帝之师。"杜甫诗句有:"猛将纷填委,庙谋蓄长策。"杨炯诗曰:"坐谋资庙略,飞檄伫文雄。"以庙冠略,表明以庄重的态度对待谋略。

　　谋与略词意相通,原本是独立概念,单独使用。如《尚书》有:"疑谋勿成。……无稽之言勿听,弗询之谋勿庸。""视曰明,听曰聪。……明作哲,聪作谋。"(《尚书》:"大禹谟""洪范")《左传》有:"咨事之难易为谋。"《诗经·小雅》有:"载驰载驱,周爰咨谋。"这些是说谋要靠人的智慧,而智慧来于公众,要广泛调查(视、听、咨、询)才能有可行之谋。至于略,《尚书·武成》有:"敢祗承上帝,以遏乱略。"《荀子·王霸》有:"乡方略。"后来谋与略组合为一个概念,《淮南子·兵略训》有:"防敌之萌,皆在谋略。"《三国志》作者陈寿说:"予既奇(陆)逊之谋略,又叹(孙)权之识才,所以济大事也。"(《三国志·陆逊传》)他又赞扬魏国谋士程昱、郭嘉等人为"才策谋略,世之奇士"。(《三国志·程郭董刘蒋刘传》)早期的"谋略"概念是指处理国家大事,后来延伸于一切事业的治理。

　　谋略作为人类大脑智慧的功能,产生于治理实践,以达到治理目标的需要。人们在治理实践中遇到矛盾,出现困难和阻力,就要开动脑筋,想出办法来解决矛盾,克服困难,化解阻力,求得事业办得快一些,好一些,省一些,于是形成了谋略。可以说谋略是人类的固有优势。原始人在与自然界的艰苦奋斗中,学会了以群体力驱散兽群,再集中围攻一只猛兽的捕猎法,已是克"敌"制胜谋略的萌芽了。进入阶级社会,人类文明了,斗争也复杂化了,除了与自然界斗,还有社会斗争,包括政治、军事、经济、文化领域的斗争和市场竞争。普遍存在的对抗性使治理行为复杂化,谋略更带有自觉性、系统性和多样化,逐渐丰富和成熟起来。华夏民族是善动脑筋重韬略的民族,出色的谋略家代出不穷,文韬武略,丰富多彩,积累了丰富的谋略文化。如兵法谋略实为世界上最为丰富的,仅《孙子兵法》中的谋略,至今仍给战争和市场竞争以有益的启迪,国内外众多的政治家、军事家、企业家和学者都在研究和运用其思想,就是证明。

谋略在管理中的地位,古人多有阐述。《论语·雍也第六》:"子路曰:子行三军,则谁与(友)? 子曰:暴虎冯河,死而无悔者,吾不与也。必也临事而惧,好谋而成者也。"《管子·霸言》:"正四海者,不可以兵独攻而取也。必先定谋虑,便地形,利权称,亲与(友)国,视时而动,王者之术也。……夫争强之国,必先争谋、争刑、争权……故精于谋,则人主之愿可得,而令可行也。"《孙子兵法·计》:"夫未战而庙算胜者,得算多也;未战而庙算不胜者,得算少也,少算不胜,而况于无算乎!"《孙子兵法·谋攻》:"故上兵伐谋,其次伐交,其次伐兵,其下攻城。"明代吴惟顺等所著《兵镜吴子十三》有:"勇怯在谋,强弱在势。谋能势成,则怯者勇;谋夺势失,则勇者怯。"

这些指谋略在治军中有着广泛的影响和作用。勇而无谋,如同徒手搏虎、徒步过河,竟然死而无悔,是不可指挥打仗的。用兵的最好办法是以谋略取胜(上兵伐谋),以"智谋胜之"。在用兵之前要"多算""先定谋虑",军争"必先争于谋",故曰"好谋而成"。所以《孙子兵法》提出为将五条标准(智仁信勇严)中,"智"是第一条,可见谋略在治军中的地位,治军将领首先应是谋略家。

　　古代凡是大规模国内战争中的最后胜利者,除了战争的性质这个决定性因素外,无不得力于高超的战略谋划。元末,诸路农民起义军并起,最后只有朱元璋取得了胜利,建立起明朝,这与朱元璋的战略高明是分不开的。在政治上他高举民族旗帜,收拢人心,礼贤下士,优待元朝降人;在经济方面屯田垦荒,开辟财源,减轻民负;在军事上不求速成,稳扎稳打,有步骤地推进。当他离开江淮渡江南下之际,接受谋士冯国用等人建议,夺取金陵建立了军事根据地,避免了历来农民起义军的流寇主义。当他取得了初步胜利,一些部属劝其称帝,他却接受了朱升的谋划,实行"高筑墙,广积粮,缓称王"的战略方针,从而避免了树大招风、众矢之的的结局。他称帝在各路起义军首领中是最晚的一个,也是唯一成功者。朱元璋的金陵根据地夹在两股敌对势力之间,仅"所得江东数郡而已,陈友谅据上游,张士诚为吾心腹之患,一有警报,首尾牵制,吾居中应之,实为艰难"(《明实录·太祖实录》),两线作战,凶多吉少。为避免两线作战,他按刘基的谋划,实行了先西后东的战略。因为"(张)士诚自守虏,不足虑",可以先放一下;而陈友谅"地居上游,其心无日忘我,宜先图之",且"陈氏灭,张氏势孤,一举可定。然后北向中原,王业可成也"。(《明史·刘基传》)"先西后东,先南后北"的战略部署,保证了朱元璋明朝王业的最终成功,体现了谋略在治军中的决定性作用。

　　两军对垒,除了战场上的谋略运用,还有外交谋略的配合。战国时期盛行的合纵连横术,就是诸侯国之间外交谋略的大演习,可谓壮观。古人把运用外交谋略击败敌人称为"折冲樽俎",折冲即折退敌人的冲击;樽俎即古酒器,喻指宴会上的谈判。后来泛指"折冲樽俎"为运用外交谋略制胜对方的活动。"折冲樽俎间,制胜在两楹。"(《文选·张景阳·杂诗》)"不出樽俎之间,而折冲于千里之外。"(《晏子春秋·内篇杂上》)外交领域历来是谋略盛行场所之一。

　　对于国民经济的治理,为使经济正常运行,达到国富民康,谋略也不可或缺。在我国历史上,宏观经济治理历来有不同的谋略,有主张自由开放的,孔子肇其始;有主张国家干预的,桑弘羊开其先;有主张以国家干预为主,辅以一定的自由开放的,以《管子》为代表;主张以自由开放为主,辅以必要的国家干预的,以司马迁为代表。(蔡一,《中国古代经济思想教程》,高教出版社 1989 年版,第 2、6、7 章)当经济领域矛盾尖锐化时,往往会出现出色的经济谋略。战国时民生困难,从事兼并战争的诸侯又急需经费,于是管仲提出"无籍(税)而用足"的谋略,采取山水资源收归国有,由国家开发经营,运用货币、价格政策调节市场,向困难农户发放贷款等措施,既减轻民负,安排人民生活生产,又增加财政收入。"未尝籍求于民,而使用若河海。"(《管子》:"轻重乙""轻重丁")汉武帝时面临财政危机,社会兼并,分化严重,桑弘羊经过分析,设计和实行了以"盐铁专卖""均输""平准"为主要内容的一套改革方案,有效地解决了财政危机,调节了地区间的财政负担,平抑了物价,限制了大商人的市场兼并,从而创立了一种国民经济管理模式。这些是切合当时需要的出色的国民经济管理谋略,说明治理经济必须讲究谋略。

在治生方面,被誉为"治生祖"的白圭总结其治生经验时说:"吾治生产,犹伊尹、吕尚之谋,孙、吴用兵,商鞅行法是也。是故其智不足以权变,勇不足以决断,仁不能以取予,强不能有所守,虽欲学吾术,终不告之矣。"(《史记·货殖列传》)治生的市场竞争是多方位的,在卖者与卖者、买者与买者、卖者与买者之间,竞争形态变化多端,惊险迭生,随时都有机会与风险,通行利益对抗、优胜劣汰法则,迫使人们必得动脑筋,想计谋,抓机会,避风险,在竞争的海洋中驾驭竞帆之舟,乘风破浪,避免灭顶之灾。其谋略的重要性不亚于兵战,故近代有"商战"的提法。凡从商者皆要有知权变、斗智谋、决断、取予、舍守之术,以智谋驭实力,以实力行智谋。故商场是斗智场,是谋略最为丰富、运用最为广阔的一个领域。下海经商者必得学会经营谋略,像用兵打仗一样,必先争于谋,"富者必用奇胜"(《史记·货殖列传》)。

20 世纪初,发生过一个中国商人在陶瓷市场大胜德国商人的故事。当时中国城乡盛行汽灯照明,汽灯的丝织灯泡和安装灯泡所用的三脚陶质龙头,皆属易损部件,换灯泡需同时更换的三脚陶泥龙头,市场需求很大。该商品为德商谦信洋行垄断,每打 12 只售大洋 1.2 至 2 元,而成本仅 5 至 8 分钱,获利二三十倍。当时蜀山有个窑户张兰舟,他经反复摸索研制出这种产品,质量与外货一样,以每打 8 角钱在马路上推销,并在上海等城市寻找代理商,与德商展开了竞争。德商被迫降价至每打 8 角,试图与张货抗衡。尔后双方展开跌价竞争,最后张兰舟将价格降至每打 5 分钱,终于迫使德商退出了中国市场。张氏还适应当时国人不满列强商人剥削的民族义愤心理,打出"创造国货,挽回利权"口号,说:"我生产泥龙头、三脚子,不是为了赚钱,完全出于抵制外国货的心愿,所以收回成本稍有利润就好了。"他靠正确的宣传策略、价格策略和推销策略,战胜了德商,打了一场于国于民于己皆有利的商战。

所以,治理任何事业,谋略都是极其重要的。毛泽东总结中国革命的经验,指出政策和策略是党的生命,千万不可粗心大意。政策和策略也就是谋略。一个政党以路线、方针、政策、策略为生命,突出地表明了谋划在党的事业中的地位。这个道理适合于一切事业的治理,谋略是生命,应该是管理者的座右铭。

二、运筹帷幄

(一)"运筹"概念的产生

"运筹策帷幄之中,决胜于千里之外",是刘邦评价张良的一句话。刘邦坐定江山,举行酒宴,在宴席上问大家:我是怎样打天下的? 要讲真心话。有几个人尽说些奉承话。刘邦说:"公知其一,未知其二。夫运筹策帷幄之中,决胜于千里之外,吾不如子房";治理财政搞后勤,我不如萧何;指挥打仗,我不如韩信。我的长处只是信任和重用这三杰,"此吾所以取天下也"。(《史纪·高祖本纪》)这是说善于用人是事业成功的条件,其中有一类是"运筹帷幄"的人才,也就是后世所谓军师、谋士这类人才。这里的"策"是战略决策,"运筹"指通盘规划,"帷幄"是军队的帐幕,"运筹策帷幄之中",就是在军营里对作战总体方案做出周密的策划。后来形成"运筹帷幄"这个管理学成语。《水浒传》第78回的标题中有"运筹帷幄,替天行道宋公明"。可见"运筹"原本是军事用语,是指挥战争的谋略思想。现代运筹学最先也是产生于战争,1940年前后,英国人出于"二战"实践的需要,提出"运筹学"这个概念,用以研究军力的部署,武器的配置,军需物资的运输等问题,可见西方的运筹学原先也是军事管理谋略。后来,运筹学广泛运用于经济、工程、企业、行政等各方面的治理,形成了"规划论""对策论""全面质量管理"等众多分支。

西方现代运筹学主要运用数学方法,通过数量分析来进行合理规划。数学方法虽然也得借助思维的分析判断,但从主要方面看是硬科学。我国传统的运筹术,主要是通过调查研究,依靠抽象思维,也运用数量分析,在认清主客观情势的基础上,对行为方案做出总体决策和综合性规划,以最有效、最经济的途径和办法达成事业的目标,因此可以视为软科学。但它和西方运筹学又有相通之处,都是在事业开始之前对全局性的战略进行策划,做出总体性的决策。我国传统运筹术和西方运筹学一样,后来推广到其他领域,如经济、工程、治生、家计等许多方面,运用运筹术取得了许多成功的经验。

(二) 运筹术在管理中的地位

传统运筹术作为总体性、综合性的决策和规划,对于事业的进程和结果,有决定性的影响。运筹的特点有全局性、长远性和根本性,对各项战术的运用,对各项管理措施的制定和实施,处于决定性的地位,善运筹实为主管人员、指挥人员必备的素质。诸葛亮运筹茅庐,在准确分析敌友我力量对比的基础上,为刘备筹划出"联吴抗曹,三分天下,西和南抚,东联北抗"的总谋略,是运筹术的生动运用。"豫州当日叹孤穷,何幸南阳有卧龙! 欲识他年分鼎处,先生笑画图中。"(《三国演义》,第38回)诸葛亮命童子取出一幅西川军事形势图,挂于中堂,按图与刘备策划取西川建基业,从而制定出三足鼎立的谋略。周世宗柴荣是位有所作为的君主,史书赞他"尤务韬晦……神武雄略,乃一代之英主也"。(《旧五代史》)为推进统一战争,他要令臣二十余人,各写《为君难为臣不易论》《平边策》,提出多种方案,经综合形成先取江南、后移兵北上幽燕、统一中原的决策。再加上经济、政治、文化的综合治理,"区区五六年间,取秦陇,平淮右,复三关,威武之声震慑夷夏。而方内延儒学文章之士,考制度,修《通礼》,定《正乐》,议《刑统》。"(《新五代史·周世宗本记》)文治武功,为北宋之统一中国奠定了基础。这也是运筹谋略的成功运用。抗日战争开始后,毛泽东对中日双方战争的性质、力量对比、国情和世界形势做出科学的分析,制定了持久战的战略方针,并规划出抗日战争的三个战略发展阶段:战略防御,战略相持,战略反攻。这一总体战略运筹,制约着我们在国内外一切战术和政策的制定和运用,指引着抗日战争夺取了最后胜利。

《史记·孙子吴起列传》记载孙膑赛马的故事。田忌和一些王公赛马,按马力分上中下,捉对比赛,田忌总是输,不愿再赛了。孙膑仔细观察了马,要田忌尽管下大赌注,保证赢。于是田忌与齐威王下了千两黄金的赌注。孙膑让田忌用上马赛对方的中马,用中马赛对方的下马,用下马赛对方的上马,结果二胜一负,使总体上的劣势转化为总体上的优势。齐威王输了比赛,由此发现孙膑有战略脑筋,拜他为军师。

设以 a、b、c 代表田忌上中下三种马,A、B、C 代表齐威王上中下三种马,U 代表马的速度,则 $Ua<UA,Ub<UB,Uc<UC$。用 +、- 表示田忌的胜负,分组比赛的结果:

(1) $aA-bB-cC-$　三负;

(2) $aA-bC+cB-$　二负一胜;

(3) $aC+bB-cA-$　二负一胜;

(4) $aB+bA-cC-$　二负一胜;

(5) $aC+bA-cB-$　二负一胜;

(6) aB＋bC＋cA— 二胜一负。

前五种程序皆输，惟有第六程序为赢。看来孙膑通过运筹选取了最优组合，才使总体劣势转化为总体优势，取得了比赛胜利。齐威王输了比赛，却由此发现了优质人才，聘请到重臣。

上述几例足以说明运筹谋略对于事业治理的极度重要性，当然不仅治军，在治政、理财、治生、工程等各种事业的治理中，运筹术都是必要的。

三、运筹要素

传统运筹术的运用，不同方面的治理有不同的具体内容，通过古人的实践和论述，也提供了一些可供后人借鉴的基本要素。

(一) 深远谋略

"深谋远虑，行军用兵之道。"(《贾谊新书·过秦论上》)"深虑远图，欲尊主安民者也。"(《后汉书·邓禹传》)深谋，深入仔细地谋划，把握有关的全面情况，认识事物的内在矛盾，分析有利条件和不利条件，助力和阻力，发展的可能趋势，慎重地确定行为的总目标和阶段性目标，提供若干实施方案作优化选择。这些皆需深思熟虑，尔后才能做出全局性决策部署。浅尝辄止，不足以运筹。必须远虑，高瞻远瞩。战略决策是规划一个长时期的行动，要站得高，看得远，鼠目寸光，急功近利，不足以运筹。全局性的战略问题，不是光凭感观可以直接把握的，从具体问题入手也难以解决，必须在大量感性材料的基础上，在高度概括中思考，故古人主张在处理大问题时要深思熟虑，深谋远虑。战略决策的过程，往往是个别的或少数的领袖人物经过冷静的反复思索、比较、提炼而形成的。张良的运筹形成于帷幄之中，诸葛亮的《隆中对》构思于茅庐内，毛泽东的持久战略运筹于延安的窑洞里。全国的形势是产生重大决策的大环境，安静的小环境便于深思远虑，使思维得以升华为决策。

诸葛亮以深谋远虑著称于世，他在《便宜十六策》中说："思虑之政，谓思近虑远也。夫人无远虑，必有近忧。"七擒七纵孟获就是深谋远虑的军事行动，他接受马谡攻心为上的谋略，打败孟获，并使他诚服，征服了南方部落的人心，而后给以自治权，使其忠于蜀汉，化敌为友，解除了后顾之忧，得以全力对付主要敌人。曹操也是精于谋略的，却犯过一次急功近利的大错。他统一北方之后，被胜利冲昏头脑，企图一举统一南方，不顾军队连年征战的疲惫，不顾自己在长江流域不具备天时地利人和，不顾北军南下不善水战的弱点和军需补给的困难，轻率挥师南下，结果被孙刘联军以少胜多，大败而还。

"自古不谋万世者，不足谋一时；不谋全局者，不足谋一域。"（清·陈澹然，《寤言二·迁都建藩议》）这是指运筹谋略的长远性与全局性原则。有战略眼光的管理者，策划事业总有前瞻性，多看几步，预计未来的发展，做出超前性规划。日本松下公司前总裁谷井昭雄在20世纪70年代，就为本企业规划出21世纪的发展蓝图，在开拓新服务领域、开发新技术、拓展全球化经营、提高人才素质等方面，做出了全面规划。这是企业管理前瞻性运筹的体现。

（二）系统谋略

前面研究的是从纵向角度看运筹，表明运筹应有时间上的前瞻性、超前性。现在再从横向角度来研究。一个有一定规模的事业，不是单轨的而是多轨的运作，总是不同方面的配合。正如农作物的生长要土水肥光等多因素的综合作用一样，任何事业的成功都是诸因素的综合效应，运筹规划不可单打一，只注意到一个方面而忽略其他方面。因此运筹应有系统性、全面性，注重综合效应。《孙子兵法·计》论述指导战争的总谋划，体现了运筹谋划的全面性："经之以五事……一曰道，二曰天，三曰地，四曰将，五曰法。……主孰有道？将孰有能？天地孰得？法令孰行？兵众孰强？士卒孰练？赏罚孰明？吾以此知胜负矣。""有道"就是战争要得到人民的拥护；将领素质要高，具备智、信、仁、勇、严；士卒训练好；得天时地利等自然条件；军法行，军纪严。这些系统性运筹是打胜仗的必备条件。

荀子提出"以政裕民"的经济治理方略,认为富国先要富民。"下贫则上贫,下富则上富。"(《荀子·富国》)国家治理应从扶持人民生产着手,生产发展了,人民能富裕。人民富了,生产积极性高,国家以法征赋,"有富厚丘山之积矣"。为此他提出一系列富民政策:做到官民和、军民和、"谨养其和"的"和政";"罕兴力役",不误农时,保护自然资源,"以时禁发"的"时政";反对奢侈,"节用裕民"的"节政";减轻民负,让利于民,实行宽、饶、简、易的"赋政";"收孤寡,补贫穷""布施天下"的"荒政";简化政务,提高效率的"吏政"。这六项政策规划在当时已是全面性、系统性的政务运筹。

我国古代许多工程如长城、运河、故宫、都江堰等,都是宏大的系统工程,其工程管理体现了高超的系统谋略。如战国时期由李冰父子主持修建的都江堰水利工程,沿岷江有百丈堤、都江鱼嘴、内外金刚堤、人字堤、宝瓶口等一系列工程,其中有都江嘴分水、飞沙堰排沙、宝瓶口引水三大主体工程,结合水位信息系统等辅助工程,相互配合,使引水、排沙、分洪、控制流量、调节水位,形成有机的整体,化水害为水利,防洪、灌溉和航运开发相结合,并有一套有效的维修管理系统,历两千余年而继续发挥效用。其系统的运筹谋略,让人叹为观止。

《郁离子》记载一个养蜂老人的故事,灵丘(位于今山东省南部)有位老人善于养蜂,富得像个贵族。他有一套科学的养蜂办法:把木料挖空做蜂巢,没有裂缝,置于房中,疏密适度,经常消防害虫,保障安全;蜂巢通风无臭味;蜂巢排列疏密适当,窗户向阳开,随季节调节温度;及时繁殖分群,蜂王和幼蜂搭配适当。老人根据蜜蜂的生活规律,系统筹谋,综合治理,取得了事业的成功。可惜的是经验没被下一代继承下来,儿子接管后,风雨冻晒,毛虫、蚂蚁、鸟、狐偷蜜吃,蜜蜂都跑了,只得破产。作者刘基借陶朱公的话说:"噫,二三子识之,为国有民者,可以鉴矣。"作者借此告诫治政者不但要有敬业精神,勤于治理,而且要善于运筹和管理。这适合于各种事业的治理。

（三）关键谋略

运筹的系统性着眼于全面性,说明运筹应有全局性,不可单打一,但一个事业涉及的诸多方面,并不各自独立,也不处于同等地位,还应注意抓关键,系统谋略和关键谋略是并行且相互结合的。俗话说擒贼先擒王,射人先射马,打蛇打七寸,就是说做事要抓关键,抓要害,才可带动一般,取得成功。抓关键从运筹策划开始,在全面分析的基础上,找出关键部位,围绕着关键筹划整体的运行。

宋真宗年间,皇宫失火被焚,宰相丁谓主持修复工程,面临三大问题:取土、运料、处理建筑垃圾。皇城附近不便取土,要从远处运来;建筑垃圾也不可堆放在皇城附近,也要运出去;汴河不在皇城的附近,木、石、砖、灰等建材需运来岸边,再陆运至皇城工地。这三项所需人工和费用十分浩大。丁谓想了一个点子:在皇宫和汴河之间开挖大道取土,就近供应工地;大道变成了一条河,引汴水入河,各地运料船直接开进工地,免得陆地转运;工程完成后,把建筑垃圾填入河中,再恢复道路。抓住挖路取土这个关键,把三大问题一齐解决了。"一举而三役济,计省费以亿万计。"（沈括,《补笔谈》）

（四）优选谋略

明确了关键部位,还需采取适当的行动方案方可实施。达成目标有不同的方案,不同的方案虽然都有可行性,但所花的时间和代价是不一样的。首先要有不同的方案才可进行挑选。"自古成事非一途",行动方案由一个核心人物或核心集团来确定,都会形成不同的方案供选择,从中选出效率高、代价低的一个方案,而后付诸实施。因此,优选是运筹谋略的一个要素。

战国时有个"围魏救赵"的故事。魏国伐赵,赵国危急,求救于齐。齐威王派田忌为将、孙膑为军师率兵救赵。田忌提正面出击方案,引兵去赵国抗魏。这个方案需长途行军,待赶到了,魏军已经破赵,士气正高,有喘息之机,齐军不易取胜。孙膑提出避实击虚方案,引兵攻打魏都大梁,调动魏兵回救,使其疲于奔命,腹背受敌,既可救赵,同时利于

打败魏军。田忌便接受了,终于迫使魏军星夜赶回,齐军埋伏在马陵,取得大胜。(《史记·孙子吴起列传》)

"围魏救赵"是"攻其必救"谋略原则的运用,"我欲战,敌虽高垒深沟,不得不与我战者,攻其所必救也。"(《孙子兵法·虚实》)消灭敌军,用阵地战还是运动战,是不同的选项。1858年,清军围困天京,太平军正面迎敌,两年奋战,未打破清军的威逼。1860年1月,李秀成会合李世贤攻打杭州,清军急忙分出近一半的兵员回救杭州。清军返回杭州时,太平军已由山路北返,会师建平,回援天京,攻克清军江南大营,解了天京之围。这是"围魏救赵""攻其必救"谋略原则的运用。我国在解放战争中实施的"围城打援""围点打援"的战术,变攻坚战为运动战,大量歼灭了敌人,也是"攻其必救""围魏救赵"谋略的运用和发展。

再举一个工程管理的例子。《梦溪笔谈》记载宋仁宗年间黄河在商胡决口,堵水工程屡败。水的决口叫"龙门口",有60步,堵决口用竹索、柳条、土石等材料制作的"埽"压堵,叫"合龙门"。埽有十多丈长,成千人才可拉动,费功夫也压不下水底。有个水工提出方案,分三段沉埽,每埽20步,每埽之间用索相联,先压第一层,压下去,再压第二层,接着压第三层。第一层压下后,水流虽未截断,而水势削弱了,压第二层时只用一半功夫,压第三层时水势更弱,等于平地施工,更省功夫。这个运筹方案考虑了水的流速和冲力、埽的体积和阻力,化解了阻力,使本来难以做成的事情做成了。

由上可知,优选行动方案可快些好些达成事业的目标。古代的优选主要据经验判断,但也依据数量分析,围魏救赵要计算军力多少和行军路途的远近,评估其影响。商胡堵龙门要计算合拢距离、水流冲力、沉埽体积和阻力等,只是这类计算不是很精确,而是依据经验大体估算。这种运筹谋略在现代发展为运筹学的一门精密科学——优选法。现代优选学是运用一定的数学模型,以尽可能少的试验尽快地确定最优方案。此法已不单是生产和科研单位,在国民经济各部门,在治军、行政管理、文教、卫生等各方面,都有广泛的运用,成为管理中行之有效的一种运筹谋略科学。

（五）转化谋略

通过运筹优选的行动方案，还应包括促进矛盾转化的构思。事业的成功都是矛盾转化的结果。任何事业都会有困难和阻力，挫折和失败，在行动之前和行动过程中，应预计可能发生的困难和不利因素，策划应变的策略，促使矛盾的转化，化不利为有利，转祸为福，转危为安，这是运筹谋略的一项基本功。"故善为天下者，因祸而为福，转败而为功。"（《贾谊新书·铜布》）"圣人转祸而为福，智士因败而为功。"（《后汉书·桓潭冯衍列传》）古之优秀谋略家都是转化的能人，"（管仲）其为政也，善因祸而为福，转败而为功。"（《史记·管晏列传》）"皆高才秀士……出奇策异智，转危为安，运亡为存，亦可喜，亦可观。"（刘向，《战国策·书录》）

中国军事史上有"减灶"和"增灶"的故事，是转化谋略的成功运用。公元前 341 年，魏国攻打韩国，韩向齐国求援，齐应允，但按兵不动，等韩国五战皆败后，齐用田忌为将，孙膑为军师，率师直取魏都大梁，魏将庞涓返军打齐兵，按实力齐兵没有必胜把握。于是孙膑用减灶骄敌法，入魏当天挖十万灶坑烧饭，表示有几十万人吃饭。第二天挖坑五万个，第三天只挖三万个，庞涓率大军在后面追，数三日坑灶，大喜曰："吾固知齐军怯，入吾地三日，士卒亡（逃亡）者过半。"于是他甩掉步兵，挑选精锐骑兵星夜兼程追赶齐兵。孙膑估计庞涓当晚赶到马陵，便在这里埋伏重兵，命士兵削去路旁一棵大树的皮，在剥皮处写上"庞涓死于此树之下"。果然庞涓夜至树下，见白处有字，点火读之，火光发出信号，孙膑预伏的箭兵万箭齐发，魏军大败，庞涓自知智穷兵败，自刎而亡，齐军大破魏军，并俘魏太子申。公元 115 年（东汉元初二年），虞诩奉命戍边，领兵三千就任武都太守，行至中途，羌兵数千人在陈仓、崤谷拦接汉兵。虞诩知道敌众我寡，不可强进，乃下令停止行军，扬言上书请派援兵，待援兵到后再进军。羌兵听到这个假情报信以为真，以为汉援兵一时到不了，便分头掳掠去了。虞诩乘机快速行军，宿营时命每个士兵挖两个坑，每天增加一倍。羌兵见坑灶增多，以为增援汉兵已到，不敢追逼。虞诩赢得了进军武都的时间。进武都后,又被一万多羌兵包围,虞诩令士兵从东门出,北门进,换了不同颜色的服装几进几出。敌人以为汉兵众多,势难攻城,慌忙撤退。汉军伏击成功,赢得了边境的安宁。诸葛亮为了摆脱司马懿的追击,也用增灶法骗了他,得以安全撤退。一减灶一增灶,都是在敌强我弱的形势下,运用策略调动敌人,引起敌人心理变化,转化力量对比,以战胜敌人,是运筹术的巧妙运用。

(六) 规范谋略

在事业的管理过程中,会遇到不同的情况需要处置。对于处置的准则,如果事先没规划,就可能发生两种情形:一是执行者自行处置,就会失去原则上的统一性;二是逐级上报,待批复后再处置,又会失去时效性。这两种情形都不利于达到事业的目标。因此,在运筹中对于过程可能遇到的不同情形有个大体的估计,如何处置有个原则性的规定,使行为过程规范化,也是运筹术的一项内容。

据《梦溪笔谈》记载,北宋科学家沈括曾在"三司"任职,主管东南产粮区的粮食收购。当时实行的办法是:粮食上市后,派驻地方的收购机构先将市价上报中央,中央经平衡后下达各地收购指标,贵处少购,贱处多购。上报和下达颇费时间,待指标下达时,粮价又升了,只得贵买,常高价买粮。沈括做了改革,把数十年的年景、粮价和收购数作了统计分析,把不同价格收购的不等量分为五个等级,第一等最高,第五等最低,列成对照表,下发基层,作为收购的规范。

价格等级	收购等级
一	五
二	四
三	三
四	二
五	一

一等价格最高,表明年景最差,按五等最低数收购。五等价最低,表明年景最好,按一等最高数收购。各级价格和收购数对应,一目了然。中央政府只掌握收购进度,调节地区负担。如收购总量已完成,则减免远处贵处的收购;如收购总数尚不足,则增加贱处、近处的收购。这样,既有统一的原则,又便于各地自主地执行,争取了时效,又节省了开支,还起到地区余缺调剂的作用,是经济工作中规范化运筹成功的一例。

(七) 方法谋略

过河要解决船和桥的问题,办事业要解决方法问题,方法好,事情就会办得快些省些。有些事看起来很难完成,只要筹划出好办法,也就迎刃而解了。会办事的人总是先想办法再动工,办法有了,再执行,"今兵威已振,譬如破竹,数节之后,皆迎刃而解。"(《晋书·杜预传》)故方法谋略也是运筹术的一个要素。

据南宋洪迈《夷坚志》记载,宋徽宗得到一个贵重礼品——玻璃瓶,要太监找个匠人在瓶内托一层薄金瓶胆。瓶子口小腹大,众金匠不敢接。一个锡匠接了,他把金子加热打成纸一样的薄片,裹在瓶外成瓶形,剥下来,用银筷子轻轻插入瓶内,注入水银,盖住瓶口,反复摇晃,薄片贴托在瓶内,再将瓶口金片摩匀压平,成功了。众金匠面面相觑,锡匠解释道:玻璃易碎,不宜用坚物加工,唯水银柔且重,注入摇晃,不伤害瓶子。这是个生产工艺方面的运筹,说明方法对于事业的成功不可或缺,其原理对于管理也是适用的。

我国封建社会的田赋,先秦时已提出公平负担原则,但是权势之家逃税而平民负担过重的现象又是一个老大难问题,历代解决不好。王安石想了个办法。他针对长期以来土地所有权变更而田赋不调整所造成的产去税存或有产无税的混乱局面,采用了"方田均税法"。每纵横千步土地为一方,合41顷66亩有余,按土质分五等定税,同方土质大体相等,实行同一税率,方内税额按各户面积分摊,在各户参与下确定。这个办法顺利解决了逃税漏税和多负担的问题,表明方法运筹对于经济治理的必要。

《梦溪笔谈》有个工程管理的例子：宋初，皇室有艘几层楼高的豪华大游艇，船底坏了，找了许多工匠都修理不成，关键是无法架离水面。到了神宗年间，太监黄怀信想了个办法：在池边挖个大澳，澳底打些桩，桩上架起梁，放进水，把船开进去停放在梁上，而后把水抽去，船体架空了，工匠进入底部加工，修好船再放进水浮起船，上方修个大篷盖，变成存船库，再不怕日晒雨淋了。这个方法解决了难题，省工省费，并实现了船的保养，还创建了中国古代第一个大型船坞。这表明方法谋略在工程管理中的重要性。

第十五章　预　谋

一、"预则立,不预则废"

谋略都是事先策划的,凡谋略,皆预谋。关于"预"在管理中的地位,孔子说:"凡事豫(预)则立,不豫(预)则废。言前定则不跲,事前定则不困,行前定则不疚,道前定则不穷。"(《礼记·中庸》,第21章)"豫则立,不豫则废",历来被视为办事业的通则。何为"预"? 荀子说是"先事虑事,先患虑患。先事虑事谓之接,接则事优成。先患虑患谓之预,预则祸不生。事至而后虑者谓之后,后则事不举。患至而后虑者谓之困,困则祸不可御。""敬戒无怠……预哉! 预哉!"(《荀子·大略》)可见"预"是考虑问题的前瞻性。事先谋划好(虑)是为了使事业办得快些(捷)和好些(优成),避免困难、挫折和损失(困、祸)。司马光说:"道前定则不穷,事前定则不困,人无远虑,必有近忧。"(《司马温公文集·远谋》)此话也是这个道理。

我国古代有"未雨绸缪"一句治理格言,语出《诗经·豳风·鸱鸮》:"迨天之未阴雨,彻彼桑土,绸缪牖户。""鸱鸮"这种小鸟,能在雨前就啄剥桑树皮修补窝巢,做好防雨准备。古人以仿生为喻,以"未雨绸缪"告诉人们做事情应该预先做好准备。"宜未雨而绸缪,毋临渴而掘井。"(明·朱柏庐,《治家格言》)有许多鸟兽能随着自然环境的变迁,事先做好防雨、防寒、越冬的准备,那是物种进化逐渐积累的适应环境的本能行为,生物学称为"预先适应"。没有这种本领的必然为自然所淘汰。而人类对于事业的治理,"未雨绸缪"则是自觉的行为,不学会这种本领,同样会被社会法则所淘汰,招致事业的失败。

"不打无准备的仗",是毛泽东提倡的指挥战争的一项准则,也是历代兵家的经验。姜子牙就说过:"先谋后事者昌,先事后谋者亡。"孙武说:"以预待不预者胜。"吴起说:"安国家之道,先戒为宝。"刘向在评论治兵权术家时也说过:"权谋者,以正守国,以奇用兵,先计而后战,兼形势,包阴阳,用技巧者也。"孙武主张做好充分准备,"不战而屈人之兵"。(《孙子兵法·谋攻》《吴子·料敌》《汉书·艺文志》)姜子牙曾提出"文伐"方针,他用十二条谋略分化殷纣王阵营,使之土崩瓦解,也说明预谋之重要。

对于经济治理,《管子》说"物有预",市场物价变动是有预兆的,国家应该掌握这种预兆,预先做好准备,调节措施应"预先……授之,使君无失时,无失策,万物兴丰,无失利。"如果国家"无预,则君失策而民失生矣。"(《管子·山权数》)《管子》作者是古代国家干预宏观经济理论的倡导者,作者认为市场商品供求和价格变动是互为影响的,政府对于市场的自发变动不能放任不管,应参与市场活动,对于季节价格变动大的商品主要是粮食,贱时收购,贵时销售,使市场趋向平衡,避免物价变动过大,以安定民生,又能为国家增加收入,充实财政,减少税收。这里三个"无失"很要紧,及时性的"无失时"是关键,及时调节才能避免犯错(无失策),进而避免损失(无失利),生产发展,物资丰富,这就要求"预先授之"。"无预",就会导致国家"失策",人民"失生",于国于民皆有害。这是古人对于"预"字在经济治理中作用的较好论述。经济活动中总会出现这样那样的矛盾,凡治理皆是处理矛盾的行为。矛盾的进程大体上可以认识,处理的办法也是大体可以规划的,关键在于突出一个"预"字。不预,凡事临头才想办法,那就是"临阵磨枪","临渴掘井",是不会治理的表现,"夫病已成而后药之,乱已成而后治之,譬犹渴而穿井,斗而铸锥,不亦晚乎!"(《黄帝内经·素问·四气调神大论》)

治生也要突出"预"字。司马迁的《货殖列传》总结商界经验时,很注意经商中"预"的学问,其一是"乐观时变","与时俯仰,获其盈利",是指利用季节变化引起的供求矛盾去赚钱。"人弃我取,人取我予。夫岁熟取谷,予之丝漆;茧出取帛絮,予之食。"其二是注意价格变化,适时买进或抛出，"论其有余不足，则知贵贱。贵下极则反贱，贱下极则反贵，贵出如粪土，贱取如珠玉。"其三是注意季节变化和自然灾害引起的供求变化而预作准备。"夏则资皮，冬则资绵；旱则资舟，水则资车，以待乏也。"其四是通过政情预测而预作部署。秦亡之后，胜利者都争取贵重货币，唯任氏以为天下未定，粮食是战略物资，于是"独窖仓粟"。不久楚汉相争，民不得耕种，粮价大升，结果"豪杰金玉尽归任氏"。可以说，从商业诞生时起，由于市场竞争的需要，"预"就是经商成功必备的学问和才能。"预则立，不预则废"思想对于现代管理的适用性，是不言自明的，在许多管理工作中，预测、预报、预谋、预算、预警等，已发展成为专门的学问，"预"的内涵愈加精密化和科学化了。可以说无事不"预"，没有"预"的功夫，已不可从事任何管理工作了。

由于科技的进步和社会化商品经济的发达，客观形势的变化加速，随时都要处理瞬息万变的情势，而且处理的时机转瞬即逝，难以把握，因此预先准备十分重要，特别是相关预警体系重要性突显。古人没有明确的预警思想。周代都城靠近西戎，与诸侯相约，如戎人来犯，击鼓传递信息，诸侯闻鼓声后，需自动带兵去保卫天子，可以说是最早的一个预警系统。公元前628年，秦穆公派兵攻打郑国，行军两个月，很接近了，郑国一无所知，说明它没有预警系统，幸亏秦军被郑国商人弦高碰上，弦高见情况紧急，冒充郑国使臣用十二头牛犒劳稳住秦军，同时派人速回通报，才得以免遭国难。现代预警体系也是从军事开始的。现代军工技术使战争具有极大的突发性、破坏性和速决性，一旦战争爆发，可供抉择的时间极其短暂。为了防备突发性战争，军事管理实行了预警体制，有一整套组织的和物质技术的手段，按特定的程序对有关信息的搜集、加工、传递、决策和处置实行控制。

预警体制也适合于经济治理。现代市场经济是高度动态化的经济，利润动机和竞争杠杆的作用，使经济活动有不断扩张的趋势，扩张性是活力的表现，但社会在一定时期内可能承受的扩张度是有限的，过度将会使社会关系紧张化。因此，宏观经济治理应有预警制，对于诸如生产发展速度、货币投放速度、库存积累额、劳动失业率、物价上升率、投资基金和消费基金的增幅、财政赤字升幅、公私债务的积累等，设置适当的警戒线，实行预警制，适时亮出黄牌，及时做出调整，以免因矛盾积累而带来损失。

同样地，在企业经营中对经营风险的预警制也有必要。在千变万化的市场上，企业随时随地都会遇到机会，也会面临风险。为趋利避害，也得"预"字当头。对产品合格率、成本变动幅度、积累率、债权债务变动等方面，皆应有确定的警戒线，视情况适时做出预警报告，及时采取措施，才能保持竞争力，减少经营风险。

二、预测

（一）预测——先见之明

预的内涵有预测、预谋和预备，核心是预谋。为预谋，必先预测，在预测的基础上谋划出方案；行动方案制定以后，还需落实到组织、人力、物力的预备。《三国演义》第46回孔明借箭的故事，是一次成功的谋划。诸葛亮向周瑜立下军令状，三天搞十万支箭。当周瑜出于忌妒欲谋害诸葛亮之际，处事谨慎的孔明，没有把握是不会"愿纳军令状：三日不办，甘当重罚"的。原来诸葛亮分析了气象，预测到第三天夜晚大雾漫天，长江上对面不相见；又分析了曹操心理，料定他不敢在浓雾中派战舰迎战，遇敌情必以射箭防御；于是策划了草船借箭的谋略。谋略既定，准备20只船，布满布幔草束，每船30余人；又料到周瑜会牵制破坏，一切皆秘密准备。只待时辰一到，开船受箭。这次出乎曹吴双方预料的在高度保密下胜利完成的战术行动，是预测、预谋、预备的三结合。

古人称成功的预测为"先知""先见之明"。"故明君贤将，所以动而胜人，成功出于众者，先知也。先知者，不可取于鬼神，不可象于事，不可验于度，必取于人，知敌之情者也。"（《孙子兵法·用间》）"是故圣人见出以知入，观往以知来，此其所以先知之理也。"（《列子·说符》）先知才能成功，要得先知，必须调查研究，通晓事物的本质，才能预测未来的演变。

迷信鬼神,占卜吉凶(验于度),或停留于事物表象的观察(象于事),不可能达到"先知"。

预测的主要功夫是信息先知,军事学称为"知此知彼",《武经总要》指出:"兵家有采探,犹人身之有耳目也,耳目不具则为废人,采探不及则为废军。""采探"就是情报的搜集,曾公亮说:"善制战必先审于己,一得地利,二卒习服,三器用利,然后审彼之形势。不明敌之政者,不加兵;不明敌之情者,不誓约;不明敌之将者,不先军;不明敌之士者,不先阵;知彼知此,则始定计于内,兵出于境。"(《武经总要·叙战上》)毛泽东也说过:"指挥员正确的部署来源于正确的决心,正确的决心来源于正确的判断,正确的判断来源于周到的和必要的侦察,和对于各种侦察材料的连贯起来的思索。"(《毛泽东选集》,卷1,第179页)可见,善于侦察,明于敌我,思索和判断,是军事预测的基本功。

善于准确预测者,古人称为"神算""神机妙算""料事如神"。如"祭足料事,可谓如神矣"(冯梦龙,《东周列国志》,第4回),"何师爷广有韬略,料事如神"(清·李嘉宝,《官场现形记》,第35回)。诸葛亮草船借箭成功,周瑜慨然叹曰:"孔明神机妙算,吾不如也。"要能神机妙算,必得有丰富的知识和经验,诸葛亮不认为自己如鲁肃赞扬的那样是天生的神人,只是说自己通天文,识地理,晓阴阳,精通军事布阵,明白兵势等,表明他有多方面的知识才会有多次准确的预测。刘备招亲时,诸葛亮交给赵云的三个锦囊妙计,也表明其料事如神的预测能力。赵云护送刘备到东吴后,打开第一个锦囊,按计采取公开化策略,使东吴朝野都知道刘吴结亲。因为诸葛亮预测到孙权结亲是假,骗取人质索还荆州是真,于是第一计用公开化策略迫使孙权弄假成真。当刘备招亲以后,诸葛亮料到可能乐不思返,被孙权拖作人质,于是有第二个锦囊妙计,谎报军情,激刘备逃出来。出逃以后,为防东吴追杀,又有第三个锦囊,即利用公主的权威,斥退东吴追击的将领。由准确预测而制定的三个锦囊妙计,在关键时刻都发挥了效用,化险为夷,导演了一出招亲凶喜剧。诸葛亮之所以被视为智慧的化身,就在于他一再表现出先见之明,具有驾驭事物发展的才能。

历史经验证明,古人称为"先知先觉"和"先见之明"的预测才能是治事成功的必要条件,是治事者的必备素质。

(二) 预测方法

怎样进行预测,古人并没有进行过有意义的探讨和总结。这是因为传统预测一般是经验性的,没有上升至理论;一般是在治理实践中结合需要进行,多属近期预测;而且没有分化成为相对独立的管理职能。因此,预测没有成为一门科学。如果说古代有哪门知识可以称为"预测学"的话,那就是占卜术,但它恰恰是非科学的。倒是"未卜先知"有些科学成分,"未卜"可以"先知",依据人间经验推测事物的可能发展,有所预见。从古人"未卜先知"的一些经验,还是可以看出一些有价值的预测方法。

1. 调查预测法

通过调查研究,尤其是亲身观察,由事物的现状而推测其未来发展。据《国语·周语中》,周定王派单襄公出访,路过陈国,但见陈国治理很糟:路上垃圾堵塞难行,路旁不植树;湖堤失修,河上不建桥;十月里打谷场和田里堆着谷物,不抓紧脱粒,农民被征去筑楼台;来往客人无人接待……总之,陈国君臣只顾玩乐,不理国事。周襄公归来后对周定王说,陈国必亡。后来被他言中了,过了两年,陈被楚国灭了。单襄公预言陈亡,是依据亲身观察而判断的。

《管子·八观》认为对一个国家要从八个方面观察,才能预测其未来。这八个方面是:民之饥饱,国之贫富,俗之俭侈,国库之虚实,社会之治乱,赏罚是否公正,法制是否严明等。从这些方面综合分析,"兴灭之国可知也",对其前途就可大体做出预测了。

2. 经验推测法

依据直接的或间接的经验(包括历史经验),对事物的发展做出预测,这是古代预测的主要方法,通常也能有相当的准确性,条件是"先知者"有丰富的历史知识和实践经验,深谙世道。据《左传·僖公三十三年》记载,公元前 628 年,郑国的杞子送信给秦穆公,说自己有郑国都城北门的钥匙,秦国派兵来攻城,他愿做内应。秦穆公动心了,要发兵出征。蹇叔认为不可:一是路途远,劳师动众,师劳力竭;二是长途进军,难以保密,郑国必有准备,以逸待劳;三是途中有崤山险要,郑国友邦晋国会在那里狙击我军;因此凶多吉少。秦穆公不听劝阻,命三位大将出征。蹇叔哭送他们。结果秦军大败,三位大将都做了俘虏。蹇叔依战争经验和地理知识,对秦军远征的结果做出了准确的预测。

子贡有经商才能,孔子赞扬他"忆则屡中"（《论语·先进》）,朱子解释,"忆则屡中"就是"料事而多中也"。用今天的话说,就是商情预测的准确性相当高。由于他善预测,及时抓住商机,赚钱有术,故能成为显赫一时、与诸侯分庭抗礼的大商人。子贡的预测才能和他丰富的社会实践是分不开的,他曾在卫、鲁从政,又到过吴、越、齐、晋等国,对各地的经济、民俗了解颇深,再加上从商实践,故积累了预测的才能。可以说,他的预测才能不是来自于从孔子那里学来的书本知识,而是来自于实践经验,用的是经验预测法。

3. 循道预测法

"循道"即遵守客观规律去作预测,是科学性的预测。前述两种预测法,就其符合于实际情况来说,也有一定的科学性,但是它主要依靠直观和经验,还够不上科学的预测。在古代,能依靠一定的科学知识进行预测的事例不多,却更有意义。前述诸葛亮草船借箭,就是运用气象科学知识作预测的一例。紧接着的火烧赤壁一役,又一次表现了诸葛亮运用气象知识进行预测的才能。为破曹军,诸葛亮和周瑜不约而同地各自在手心写一个"火"字,以为火攻为上。周瑜为火攻方案做了多项策划,但忽略了关键一条——风向。当他突然发现冬天风由西北起,不由急得口吐鲜血,不省人事,而又不愿承认失误,被诸葛亮一语点破:"欲破曹公,宜用火攻,万事俱备,只欠东风。"此时,孔明已预测到一月二十日夜将有东南风,欣然接受"呼风"任务,促使周瑜准确选定了火攻时间,从而取得了火烧连营的胜利。在赤壁战役中,还穿插两个经验性的预测,一是他深知周瑜的为人,算得事成之后,周瑜必加害于己,故意谎称自己"可以呼风唤雨"。于江边山上筑坛,只身登坛祭风,借以避开吴营;命令守坛的东吴战士各人固定方位,严禁乱说乱动,以便自己有行动自由;又事先和刘备取得联系,派赵云前来接应。因此,当东风乍起,战役打响之际,周瑜派人前来杀害时,孔明早已脱险出走了。二是孔明算得曹操失败后必走华容道,堵截任务不可交给关云长,因为他深知关云长重义气,必然不肯擒杀有厚遇之恩的曹操,只是在关云长立下军令状,才勉强把这一任务交给他。结果,关羽还是把曹操给放跑了。(《三国演义》,第46~50回)诸葛亮这些神机妙算,在文学家笔下不免有所夸张,但文学夸张更能表明预测对于事业的成败,对于化险为夷,是多么重要。

范蠡试图运用预测"施于国"以治理经济,"施于家"以治理产业,他说:"知斗则修备,时用则知物,二者形则万货之情可得而观已。""万货之情可得而观",就是市场预测。为能进行市场预测,就需要掌握两方面的情形(二者形),一是考察竞争(斗)的趋势,以便做好准备;二是考察"时用"即季节需求的变化而引起的货物余缺。为此,他试图以某些科学方法进行预测:从商品供求变动和价格升降相互关系方面出发,"论其有余不足,则知(商品)贵贱。贵上极则反贱,贱下极则反贵"。"贵出如粪土,贱取如珠玉",市场价格受商品供求关系牵制,反映供求变化,又制约供求,国家经济治理应依据市场变化,采取"贱取""贵出"的措施,以平衡物价和供求。贱取和贵出,既平衡了市场,又增加了财政收入,减轻了人民税收负担。司马迁说,范蠡善预测,治理措施又适当,在越国"修之十年,国富"。后又用于本人治产业,"十九年之中,三致千金。"可见,预测在治国和治家中都发挥了效用。

在现代治理中,预测已经成为相对独立的管理职能,预测学已经是一门相对独立的学科,在各方面的管理中发挥着重要的作用。有远见的企业家在追求近期利益的同时,无不把眼光放在未来。随着我国改革开放的深入发展,有些经济界人士预见将出现商品、服务、人才、信息、信誉等十大竞争趋势,预作因应措施。有些企业家按未来学理论规划了两代人的构想。预测学作为一门科学,它产生于现代管理实践,也有历史渊源,吸取前人积累的预测经验,有利于自觉有效地进行科学预测。

三、预谋

(一)"谋先事则昌"

"谋先事则昌,事先谋则亡。"这是汉代刘向《说苑》中的一句名言。据说姜子牙也说过:"先谋后事者昌,先事后谋者亡。"行动之前先谋划好,事业就可能兴旺发达,这是谋略优先原则,凡谋略都应事先制定。不会办事的人,干起来再说,先干后谋,难免要失败。《管子·霸言》:"正四海者,不可以兵独攻而取也。必先定谋虑,便地形,利权称,亲与国,视时而动,王者之术也。……争强之国,必先争谋。"《孙子兵法·谋攻》有"上兵伐谋"。《孙子兵法·计》则说:"夫未战而庙算,胜者得算多也……不胜者得算少也。多算胜,少算不胜,而况于无算乎!吾以此观之,胜负见矣。"《管子》从战略学方面说明预谋对于战争胜负的决定性意义,欲征服四海统一国家,不可以单纯迷信武力,而应该先定好谋略(必先争谋),包括选择有利的时机,权衡利弊,搞好友邦的关系(亲与国)等,然后才能推进统一战争。因此,权谋是称王的依靠。孙武则从战役学方面说明战前必须进行庙算,无算不胜,伐谋是指挥作战的上策,而计谋必须先定。古今众多战例,尤其是以弱胜强的战例,都是"伐谋"的历史教材,使人懂得预谋是一条必要的治理原则。

《聊斋》以寓言的形式讲了许多成功的谋略,其中有一则说两个牧童从狼窝里捉两只幼狼,想出一个治死老狼的办法,他俩各抱一只狼崽,分别爬上相距百步的两棵大树,待老狼回来寻找小狼时,两个牧童在树上分别折腾狼崽,让两个小畜生轮番嚎叫,引得老狼循声来回奔跑,急得乱抓乱咬,最后累得气绝而亡。这也是比喻"上兵伐谋","敌能战,应不与战,专以走疲之,则可常活。"《太平天国新军的运动战》,引张宗禹语）我国的革命战争大大发展了传统形成的"强而避之""避实击虚""专以走疲之"等军事策略思想,确定了运动战、游击战方针,调动敌人疲于奔命,在运动中造成敌人总体优势下我方的局部优势,相机消灭敌人有生力量,最后造成我方总体的绝对优势,取得胜利。

(二) 预谋六要

1. 甄别信息

信息是预谋的素材,外界提供的信息有真有假,有些反映或者掩盖事物的本质。有些反映事物稳定的趋势,有些仅反映转瞬即逝的过程。在复杂的事物发展过程中,尤其在对抗性的斗争过程中,虚假信息是大量存在的,人们在紧张气氛中容易误判信息,导致错误决策和行动。"八公山上,草木皆兵",苻坚误以为山上晃动的草木都是晋兵,精神先垮了,以致溃逃时闻风声鹤唳皆以为是追兵,90万大军竟被谢玄8万兵打得一败涂地。诸葛亮在危急关头使出空城计,以假信息吓退了司马懿。市场给经营者提供的信息,如市场商品需求的变化,有的增长幅度虽然不大,但它建立在居民收入稳定增长的基础上,符合消费群的偏好,因而是稳定持久的。有的虽然一时需求快速增长,但它是少数弄潮儿掀起的,无群众基础,因而是短暂的。因此,甄别信息,去伪存真,去粗取精,要权衡,要明辨。毛泽东说:"指挥员……将侦察得来的敌方情况的各种材料加以去粗取精、去伪存真、由此及彼、由表及里的思索,然后将自己方面的情况加上去,研究双方的对比和相互关系,因而构成判断,定下决心,做出计划。"(《毛泽东选集》,卷1,第179~180页)这就是收集信息、甄别信息、运用信息以作预谋的过程。

2. 周密为宝

"凡谋之道,周密为宝。"(《六韬·武韬》)预谋应力求周到严密,不可粗心大意,古人有"天网恢恢,疏而不漏"(《道德经》,第73章)一说,以渔网比喻天道之网,看起来稀疏,但又十分周密,不会放掉一个坏人,用以告诫人们不可作恶。我们将之借喻于管理的预谋也是恰当的。制订计划或方案也好像编织一只网,既有总体框架,又要有各项细节,有纲有目,疏而不漏,如果漏织几个甚至一个纲目,就可能网而无获。制定预谋漏掉几个甚至一个重要细节,也可能劳而无功。强调周密性,并不是说事无巨细、概无所遗,不突出重心。不管细节是否重要,眉毛胡子一把抓,不可能有善谋。这里用得上古人"纲举网疏""纲举目张"思想。"善为政者,纲举而网疏。"(《晋书·刘颂传》)要抓住主要方面,一般细节不过多计较,围绕关键去规划有关措施,各项安排"如网在纲,有条而不紊"(《尚书·盘庚上》),办起事来就会"举一纲而万目张"(郑玄,《诗谱序》),"有纪有纲。一引其纪,万目皆起;一举其纲,万目皆张。"(《吕氏春秋·离俗览》)"若罗网之有纪纲而万目张也。"(班固,《白虎通·三纲六纪》)

事实上,绝对周密的预谋是难以做到的,任何事物的发展进程都会有不确定和难以预料的因素,即使是高明的谋略家,"其智虑多当矣,而未周密也"的情况也是难免的,连诸葛亮尚有因用人失误的街亭之失。因此,善谋者既要周密其初始谋略,又应视情况变化而及时修订谋略和调整部署。

3. 备于无形

事业的过程总会有可以利用的机会和需要避开的风险,其出现具有突发性,其形成又有积累的渐进性,萌芽时一般人难以察觉,突显时因出乎预料而使人措手不及,错失因应时机。高明的谋划者能及时发现其萌芽状态,谋划时能预先考虑在内,一旦露形,能及时因应,趋利避害。"唯有道者能备患于未形,故祸不萌。"(《管子·牧民》)"绝恶于未形,杜绝于未成也。"(司马光,《进五规状·重微》)诸葛亮在《将苑·将强》中指出将有"八恶",其中有"智不能备无形,虑不能防微密",这也是预谋超前性的要求。东汉时四川有个任文公,自幼从父亲学得气象知识,当了州刺史的助理,一年大旱,他预测到某天有大雨,建议州官及早预防,州官不信,任文公只得自己准备几条船,到了某天,烈日当空,他催家人快装财物上船,又派人向州官报告,州官一笑置之。临近中午时,天空升起一片乌云,一会儿大雨倾盆,黄昏时河水猛涨,冲坏了大批房屋,几千人被淹死。(《后汉书·方术列传》)这个故事给司马迁《货殖列传》中"旱则资舟,水则资车"的理论提供了一个佐证,告诉人们物极必反,一种倾向在发展时,另一种相反的倾向也就萌发了;一种倾向达到极点,相反倾向也就出现了。形而上学世界观只见一种倾向,掩盖另一种倾向,失去预见性,不能备患于无形,不足以预谋和指导事业。我们需要的是辩证世界观,比如当国民经济高速发展时,或企业兴旺发达时,在繁荣的背后往往积累新的矛盾,有道者在高兴的同时,还会关注潜在的风险,备患于无形,避免不必要的损失。正如荀悦说的,对于错误倾向有"三术,一曰防,二曰救,三曰戒。先其未然谓之防,发而止之谓之救,行而责之谓之戒。防为上,救次之,戒为下。"(荀悦,《申鉴·杂言》)善治理者当然持第一种态度。

4."治之于微"

预谋的前瞻性,还应体现"治之于微"的要求。老子说的"合抱之木,生于毫末;九层之台,起于垒土"(《道德经》,第64章),表示人们治事要从小事积累,同时表示对于可能发生的偏向要及早防治,这种精神在预谋时就应得到体现。"善不积不足以成名,恶不积不足以灭身";"积正不倦,必生节义之志;积邪不止,必生暴弑之心。"(王符,《潜夫论·慎微》)这是说的修身,对于事业治理也适用。如治人方面的精神文明建设,"民之谨小礼,行小义,修小廉,饰小耻,禁微邪,治之本也。"(《管子·权修》)一个国家、企业和单位,都能从细小事情上讲究礼义廉耻,不搞歪门邪道,道德水平一定是高的。在事业治理中发生的困难和矛盾,也应"治之于微":"夫水之微也,捧土可塞,及其盛也,漂木石,没丘陵;火之微也,勺水可灭,及其盛也,焦都邑,燔山林;故治之于微,则用力寡而功多;治之于盛,则用力多而功寡。"(司马光,《进五规状·重微》)

5."杂于利害"

"智者之虑,必杂于利害。杂于利,而务可信也;杂于害,而患可解也。"(《孙子兵法·九变》)凡事皆有利和害两个方面,在战场上,便于我展开兵力之地形,风险较小,往往又是敌人回避之所,或重点防卫之处;不利于我展开兵力之地形,风险较大,又往往是敌人布防之薄弱环节,有时反而有可乘之机。在市场上,凡利润高的经营方向,往往是竞争集中之点,得利容易,风险也大。利润低的经营方向,竞争者往往也少,风险也相应较小。对经营者来说,拓宽了经营方向,有利于不同方向的业务互补,盈亏互济,取得综合效益;但经营分散化,加大了管理难度,难免顾此失彼。工业的发展带来了经济的繁荣,同时也恶化了环境;治理环境污染要付出大量的人力物力,限制了近期积累,却能带来长期的环境效益。可见,得与失,利与害,总是共生的,只要利和得,不要害和失,通常是不可能的。只图利,不顾害,只取得,不顾失,于事业是有害的。聪明的谋略者(智者之虑)必须"杂于利害",从全局和长远的观点衡量利害得失,按利大害小的标准决定干什么、不干什么。古人常说"趋利避害""因利而动",只能理解为利大于害而动。完全避害,如打仗既要取胜又想不伤一卒,不发一弹,通常是难以做到的。孙武说不战而胜最好,但毕竟是罕见的,通常只能是战而胜之,既战,难免有代价。做生意必得有付出,收入大于付出,就可以做了。韩非说:"法有立而有难,权其难而事成,则立之;事成而有害,权其害而功多,则为之。无难之法,无害之功,天下无有也。是以拔千丈之都,败十万之众,死伤者军之乘(应为'垂',古谓三分之一为'垂'),甲兵折挫,士卒死伤,而贺战胜得地者,出其小害计其大利也。夫沐者有弃发,除(病)者伤血肉,为人见其难,因释其业,是无术之事也。"(《韩非子·八说》)利害并存,办事业时尽可能发展其利,限制其害,这是杂于利害的第一层意思。第二层意思是要注意利害转化,在一定的条件下,利和害能相互转化,有利条件能使人放松努力,不利条件又能激发人,关键在于条件。谋略家要能探明利害转化的条件,要考虑如何创造化害为利的条件,和防止转利为害条件的形成。第三层意思是两利取其大,两害取其轻,当利和害并非单一时,资源和力量不足以兼取两个以上利益或避开两个以上危害时,应选择较大利益和避开较大损失。第四层意思是谋略方案本身也得利害并存,达到目的必有代价,办成事业总得付出代价,对可能的风险要有所估量,对能够承担的力度要有所准备。治理国家的经济或办企业,当情势变化而发生较大困难时,暂停一些项目或收缩企业规模,保住主要阵地,以便渡过难关,再求发展,就是必要的。即使在正常情况下,百废俱兴,多头并进,也不可取。应尽可能突出重点,兼顾一般,顾不上的先放一下,有局部牺牲,才有全局更好的发展。

6. "不守一术"

"太公曰:凡举兵师,以将为命。命在通达,不守一术。因能授职,各取所长,以为纪纲。"(《六韬·龙韬·王翼》)谋略的"不守一术"有两层含义:一是不固守一套方案,即使经过缜密考虑而制定的行动方案,也不可能完全按初始方案执行,主客观情况变化而需局部调整的情形是经常发生的。因而不可拘泥于既定措施(术),情况发生重大变化而需改变总体布局的情形,间或也会发生。这就需要事先有备用方案,才不至于造成工作停顿与混乱。比如市场开发,购销对象、合作者、价格变动等,不是经营者可以控制的,根据情况变化而及时改变策略的"不守一术"就是必要的。台湾地区有个松峰公司,曾经和日本佳能公司合作开发生产吹风机、电唱机所需的小马达,花了400万元台币没有成功,只好放弃合作。松峰公司事先已有准备,另有开发日光灯的备用方案,及时转产,并打开日光灯的销路,使企业出现了转机。二是不固守以往实行过的方案,谋贵创新。人们在治事中积累的经验是可贵的,但不可固守,那会使思想僵化,落后于形势。客观事物"千变万化,不可穷极"(《列子·周穆王》),"国事,千变万化而不穷"(《庄子·田子方》)。世上没有两件完全相同的事情,人们不会处理两个完全相同的事件,兵家有一条"战胜不复"的经验,"故其战胜不复,而应形于无穷。"(《孙子兵法·虚实》)这个道理适合于一切治理,凡谋略皆应有创新性,创新的根据一是吸取以往失误的教训转化而来,二是新事物在观念上的反映。例如我国民主革命中,井冈山时期游击战、运动战的基本经验,一直延续下来,但在抗日和解放战争中,不同的对手,战术又灵活运用,发展成丰富的战略战术。著名的三大战役,实行运动战、阵地战相结合的方针,每次又是不同的打法,都是战争谋略的创新。企业的经营,即使经营范围不变,但每个周期都得面对新的市场环境,或者顾客变了,或者竞争者变了,或者协作对象变了,或者替代品出现了……要求企业推出新的因应措施,这也是谋略的创新性。墨守成规,只会按老一套办事,不是善谋的企业家。

四、预备

经预测制定了方案,还不足以举事,还得有必要的预备。俗话说"兵马未动,粮草先行",这是泛指办任何事都得提前做好各项准备,其重要性为:"惟事事乃其有备,有备无患。"(《尚书·说命中》)"居安思危,思则有备,有备无患,敢以此规。"(《左传·襄公十一年》)"夫谋无主则困,事无备则废。是以圣王务具其备,而慎守其时。以备待时,以时举事,时至而举兵。……故善攻者,料众以攻众,料食以攻食,料备以攻备。"(《管子·霸言》)"事备而后动,故城小而守固者,有委也;卒寡而兵强者,有义也。夫守而无委,战而无义,天下无能以固且强者。"(《孙膑兵法·见威王》)事事有备,事无备则废,也是治理格言。

不同的事业需准备的内容不同,但主要内容大体有:

(1) 物资准备。"夫积贮者,天下之大命也。苟粟多而财有余,何为而不成?以攻则取,以守则固,以战则胜。怀敌附远,何招而不至?"(《汉书·食货志》,引贾谊语)《管子·问》列出战备物资检查提纲:一是军粮可维持多久?二是兵器是否备足?三是物资储藏所是否修建?四是战用车装备是否完好?五是军器原料有无来源?六是城郭、门楼、护城河是否坚固?任何事业都得有必要的物资保障,国家建设要有物资保障,并留有余地,以便及时填补可能出现的缺口。办企业要有多种物资保障,也是不言自明的。任何事业的治理,都不能用"徒手而得"的原始捕鱼法。

(2) 人力准备。任何事都得靠人去办,对人又有一定质和量的要求,"将孰有能?……兵众孰强?士卒孰练?"(《孙子兵法·计》)打胜仗要靠能将强士,将士要靠训练。《管子·问》又有人力调查,如"乡子弟力田为人率者","男女有巧技,能利备用者","处女操工事者","处士修行,足以教人,可使帅众莅百姓者几何人","士之急难可使者","工之巧,出足以利军伍,处可以修城郭、补守备者"等,包括领导人才、技术人才、操作人才。在古代有这几类人才,办事大体有把握了。现代事业需要综合的人才群体结构,需谨慎地进行人才选择和组合,并需必要的培训,按一定的编制组合起来,行动的指挥方能"如身之使臂,臂之使指"(《汉书·贾谊传》),前后呼应,左右相随,推进事业的发展。

(3) 政策准备。定政策是预谋的要素,又是实现预谋方案的保证。故古人治国注意于"治王公之政令"(《周书·天官·小宰》),"道之以政,齐之以刑。"(《论语·为政》)有了政策,人们知道该做什么,怎么做,再辅以奖惩,促使人们按政策办,以实现预谋方案确定的目标。从广义角度看,政策就不限于国家的政令,凡实施方案而制定的条例、策略和奖赏规定等都可当政策看待。

(4) 舆论准备。要吸收民众协助事业,应有舆论准备。古人举事会借助天命以兴王者之师,或者借民命打着为民请命旗号,就是造舆论的方法。刘邦酒后斩了一条蛇,假借蛇母(显形一老妪)之口,说是斩了白帝之子,谎称自己替天行道,胁迫服从者畏之,以便率众起事,起义时又约法三章,这些都是造舆论。洪秀全起义也是从造舆论开始,打着上帝的旗号,写了《原道救世歌》,表明他是替上帝行道。替天行道或为民请命,在古代确实起了舆论动员的作用。古代经商也精心积累了许多广告手段,精美醒目的牌子,酒字旗,大剪刀,一副对联,一幅画,一首诗,巧妙悦耳的吆喝声、顺口溜,都能使人驻足,扩大销售。现代销售的宣传作用更大,新产品投入市场之前,广告已是必不可少的预备,"王婆卖瓜"是企业家的一项基本功。

(5) 行为准备。实施较大规模或较复杂的方案,有时需要预演。古代治军,向来注重以模拟实战的方式进行演习。现代除了实战演习,还以多种模拟方式进行作战准备,如沙盘作业法,根据实地地形,按一定比例尺度用泥沙、兵棋堆制成模型,用以研究地形、敌情、兵力部署、主攻方向和助攻方向,为作战方案的制定和实施作准备。这项方法已被运用于经济治理,某些经济政策制定后,先选点试验,新产品试制成功后,先在有限范围内试用。这些试验性实践也可视为一种行为准备。

由上所述,预备是多方面的,其广度和深度以保证事业成功为准则。总的来说,预备以严些周全些为有利。宁可失之于严,不可失之于疏;宁可失之于全,不可失之于缺。准备时多花一分心思,行动时就少一分损失和代价。但不必要的准备也应避免,古人把不作边际的准备喻为"预搔待痒","不可预搔而待痒"(宋·道原,《景德传灯录·洪忍禅师》),也是值得记取的。

第十六章 运 术

一、"以计为首"

本章研究管理的方法和策略问题,古人统称为"术",又叫作"术数""权术""权谋""计""计略"等。关于"术""计"在事业治理中的作用,古人说:"人主所以尊显,功名扬于万世之后者,以知术数也。"(《汉书·晁错传》)"权谋者,以正守国,以奇用兵,先计而后战,兼形势,包阴阳,用技巧者也。"(《汉书·艺文志》)"凡用兵之道,以计为首。"(《十一家注孙子》)"凡知道者,势、数也。故先王不恃其强而恃其势,不恃其信而恃其数。"(《商君书·禁史》)"上兵伐谋,其次伐交,其次伐兵,其下攻城。"(《孙子兵法·谋攻》)这些表明术数在事业管理中的地位,也表明其属于技术范畴,"权谋者"即"用技巧者也",可见是个方法问题。欲达事业成功,除了要有实力(恃其势),还得有术数(恃其数)。古往今来,凡治世成功者,无不靠适当的政策和策略,都是知术数者。治军者知术数,"以权术为道",就可"无有不胜"。孙武说的"伐谋",如运用外交谋略分化敌之盟友,孤立主要敌人以战胜之。战国时秦国推行统一战争,采用了"远交近攻,逐个击破"的谋略,是"伐交"和"伐兵"相结合的成功运用。

实践告诉人们,凡管理任务的完成必须有恰当的方法。毛泽东说:"在这里,工作方法的问题,就严重地摆在我们的面前。我们不但要提出任务,而且要解决完成任务的方法问题。我们的任务是过河,但是没有桥或没有船就不能过。不解决桥或船的问题,过河就是一句空话。不解决方法问题,任务也只是瞎说一顿。"(《毛泽东选集》,卷1,第139页)这里的方法是广义上的,包括方针、政策、策略、计划等,也就是古人说的

"计"和"术"。毛泽东还进一步指出,当有了正确的理论和路线之后,"确定方针、方法、计划或政策,也就是主要的决定的东西。"(《毛泽东选集》,卷1,第326页)这些表明运术在事业治理中的极其重要性。

作为华夏管理文化的要素,管理谋略的组成部门,"运术"是相当丰富多彩的,可谓琳琅满目,且大多对当代有用,在现实中继续发挥其效用。我们只能研究其中有普遍意义的主要策略原则。

二、合分之用

古人用兵,提倡按情况有分有合,各得所宜。陆贽说:"夫制军御将,所贵见情,离合疾徐,各有宜适。"(《全唐文·陆贽十》)"合兵"就是集中兵力,孙武称为"并力",孙膑称为"并卒",造成战场上己方的绝对优势,快速消灭敌人。孙武说:"兵非贵益多也,惟无武进,足以并力、料敌、取人而已。"(《孙子兵法·行军》)"并敌一向,千里杀将,此谓巧能成事者也。"(《孙子兵法·九地》)刘基也说:"凡兵散则势弱,聚则势强,兵家之常情也。……法曰:聚不聚为孤旅。"(《百战奇略·合战》)这个用兵法,孙武形象地喻为"以镒称铢","镒"和"铢"是古代重量单位,一镒为24两,24铢为一两。"以镒称铢"表示集中己方并力,造成敌我力量悬殊,"故胜兵若以镒称铢,败兵若以铢称镒。称胜者之战民也,若决积水于千仞之溪者,形也。"(《孙子兵法·形》)集中了兵力,就像从千尺高处决开积水一样,造成不可阻挡之势。孙膑认为两种情况下运用集中原则尤为重要:一种是敌众我寡。"客倍主人半",应"善剪断之",把敌人分割开来,像宰牛剔除骨头一样,分解成碎块,己方再集中兵力,就好应付了。"能分人之兵,能按人之兵,则镒铢而有余;不能分人之兵,不能按人之兵,则数倍而不足。"(《孙膑兵法·主客人分》)另一情况是敌我兵力均衡时。"威王曰:'击均奈何'?孙子曰:'营而离之,我并卒而击之'。"(《孙膑兵法·威王问》)这两种情况都是己方总兵力不占优势,要使敌人分散,用强力分割,也可用计调动敌人,己方则集中兵力造成局部优势,一点一点地吃掉敌人。也可集中军力攻打敌之要害,以收取粉碎敌军全部的效果。

正像孙武所说:"故形人而我无形,则我专而敌分;我专为一,敌分为十,是以十攻其一也,则我众而敌寡,能以众击寡者,则吾之所与战者约也。"(《孙子兵法·虚实》)

这种用兵原则的道理其实很简单,战场上通行强凌弱、众暴寡法则,集中战力以众取强势,才可压倒相对寡而弱的敌军。这是古今中外的一条共同法则。这一用兵规则最早由孙武确立,提出"并敌一向,千里杀将"的著名论断。西方直到 19 世纪初,集中兵力原则,才被曾在法、俄、瑞士军中当过将军的军事学家约米尼当做战争"真正的规律"而"发现"。其在我国革命战争中的运用,叫作集中优势兵力打歼灭战,每战集中若干倍于敌之兵力,四面包围敌人,争取全歼,著名的三大战役是这一战术的光辉典范。第二次世界大战中,苏军在一小时内集中打出 365 万发炮弹,很快突破了德军防线。而第一次世界大战中的凡尔登战役初期,英法军对 17 公里宽的德军地带炮打七昼夜,效果却不大。这些战例正如《淮南子·兵略训》所说:"夫五指之更弹,不如卷手之一梃;万人之更进,不如百人之俱至也。"

在我国现代化建设中,集中战术被成功运用于经济管理。用集中优势资源打歼灭战的方法,又快又好地完成了一些重点项目,如大庆油田的建设,原子弹、导弹、人造卫星的研制等,就是靠这个战术在短时间内成功的。"大会战"已是我们经济管理的一项传家宝。这一战术在企业管理中也可适当运用。1991 年,中美合作在上海造 MD-82 型飞机时,美方麦道公司专家为工期长短,数次打赌都败给中方管理者。第一次,3 月中旬,中方提出 4 月 1 日开铆,美方按他们惯例,说最少 70 天,4月 1 日不行。提出打赌,谁输谁请客。中方按自己的方法,厂长书记现场指挥,集中主要力量进行突击,科室后勤服务到工地,奋战十昼夜,4月 1 日准时开铆。美方买了八个大蛋糕,大箩饮料,开铆现场请客。第二次,中方定 6 月底对接半机翼,美方又不相信这个速度,表示如成功,他们在现场举行世界记者会。结果也兑现了。第三次是喷漆厂房,美方说前两次你们赢了,因为容易。无非拼体力,现在全机准时喷漆,按美国经验,现代化喷漆厂,设备 100 多套,单立柱就 280 多根,每根打 24 米深,施工要两年,按中国条件,两年也不能完成。这时只有 10 个月了,你们要能按时完成,从香港运来烤炉,烤热狗招待。结果,中国仍按会战法,10 个月建成了。1987 年 5 月 23 日建成,24 日机身进厂房,在 25 日按时喷漆。这天,美方经理捧热狗,一个个请中方工人、专家吃。三次打赌,美方都输了,但输得很开心,他们体会到中国传统文化在现代管理中运用的效率。

集中和分散又是结合的,用兵不可一味集中,在一定条件下实行分战,以分战辅助合战也属必要。即所谓"离合疾徐,各有宜适"(《旧唐书·列传》)。刘基在指出"聚不聚为孤旅"时,同时强调"分不分为縻军"(《百战奇略·分战》),该分兵而不分,就是束缚自己的军队。毛泽东在井冈山时期就提出"红军以集中为原则,赤卫队以分散为原则"。后来在论述集中优势兵力打歼灭战的战术时,一再指出"置红军的支队于次要的作战方向也是必要的,不是一切都要集中。""许多任务,例如扰乱、钳制、破坏和做群众工作等,都以分散兵力为原则。"(《毛泽东选集》合订本,第 69、221、400 页)

使分兵和合兵相结合,是战术管理的一项艺术。兵员分路行动,梯级配置,才可有效展开,四面包围敌人,集中兵员打歼灭战,这是以分求合。分一部分兵力阻击、分散、骚扰进攻之地,利于集中的主力军寻机突破敌之一部分而迁灭之,这是以分兵助合兵。重大战役只抓一个突破口,有时反而不利。同一目标多处同时突击,波浪式强击,反可奏效,这是以分兵行合兵。"二战"时,盟军在"赛马会"战役中,集中向五公里正面之敌接连进攻,敌人也集中防御,结果碰了硬钉子,盟军伤亡大。"斯大林格勒保卫战"中,原苏军在 650 公里的正面选定六个突破口,分兵强击,歼敌 76 个师。这是用分散兵力实行集中攻击的成功战例。

合分术在经济治理中的运用,就是集中和分散、重点和一般、点和面的结合问题。在宏观管理方面,每一时期都有需突出的重点,如重点科技攻关、强化基础产业、治理通货膨胀等,当某方面成为一定时期主要矛盾的时候,抓住它就有全局意义,这属集中原则的运用。同时对面上的一般工作,适当安排,分散一些资源给以保障。保重点和按比例要结合。重点需面上配合,突出重点也是为了带动全面的发展。否则,抓点不管面,只会延误发展。例如重点项目,集中资源攻关会战,必须有分散的多方面的配合,并带动有关事业的前进。

在微观经营方面,我国有一业为主、多种经营的传统,也是合分管理术的运用。《吕氏春秋》中"农学"开头的多部农学著作,对中国传统的农学经验的总结,有两方面的记述:一是以种植业为主,主要资源用于开发种植业,同时顺应时令变化,多种经营,农林牧副渔工相结合,综合利用自然资源,开发时间效益;二是在种植业中,实行轮作、间作、套作,用地和养地相结合,主次品种结合,有效利用地利,开发空间效益。当时只是增进使用价值财富,虽有市场因素,却非市场经营类的开发。近代以来,一业为主、多种经营的策略广泛运用于企业经营。主要有以下两种类型。

一类是有机结合型,围绕主业,组织相关产业的多种经营。20世纪30年代初,上海成立的安乐布厂,起初是织布,为保质并及时获得原料,遂集资自建纱厂。为促外销,避免中间商的剥削,自营了进出口公司。到40年代初,建成纺、织、染、销一条龙体系,成为以织布为主体的有机结合的经营体。我国化工业初创人之一的吴蕴初(和范旭东齐名,人称"南吴北范"),20世纪20年代发明国产味精,与人合建味精厂,生产"天厨"牌味精,和先占了中国市场的日本"味之素"竞争。主要原料有面筋和盐酸,建了淀粉厂生产面筋。盐酸还得从日本进口,价高,还受日商控制。吴氏集资引进设备,建厂生产盐酸,保障了供给。装盐酸的化学陶器,起初由法国进货,价高,供应还不及时,吴氏再建陶器厂。这样,围绕味精生产的综合性生产体系建起来了,大大降低了成本。我国第一个味精企业,在外资压价倾销的夹缝中成长,在味精市场、漂白粉市场和烧碱市场,都站稳了脚跟。此类多种经营,虽资源有所分散,但以辅业促主业,形成总体优势,取得高效益,我国改革开放以来,已广泛出现。20 世纪末,河南省有个镇建煤矿——庙沟煤矿,因煤矿需机器设备维修,建了个机械厂;利用维修机械的多余产能,制造保险、档案设备等 30 多种产品。再投资建了磷肥厂,装磷肥用编织袋,再建一个编织厂。连环式系列性开发,以业养业,到 20 世纪末,一个煤矿已带出七个厂,组成已具规模的生产综合体——豫中煤化总公司,是原先单一煤矿固定资产的 22 倍,年产值增长近 50 倍。

另一类是平行结合型,以一业为主,同时办一些互不相干的产业。一些资本雄厚的企业,原有经营范围已无扩展余地,为了分散风险,以丰补欠,会用这种策略。《史记·货殖列传》中所列古代大商人,多是兼营多种产业,有的畜牧业兼商业,有的渔、盐、商兼行。成立于 1918 年的上海永和实业公司,开初时资本少,只生产牙粉、头腊等少数产品。随着资本的积累,实行多向经营,有雪花膏等日用化工品系列、热水袋等橡胶制品系列、印刷油墨等文教用品系列、六神油等药品系列,还有眼镜盒等轻工产品。多向平行经营,既可多占市场,还可以丰补欠,不同产品淡旺季衔接,有利于全年均衡生产,承担市场风险的能力明显要大于单一经营者,因此有很高的经济效益。这类多种经营在现代也是重要的,国外有些大型综合商社,涉及贸易、房地产、旅游饭店等众多行业,国内外市场同时挺进。一些小型企业如快餐业,不再单一经营,而是推出多种快餐食品,以满足不同顾客的需要。"不把宝押在一个点上",是现代企业家的格言。南京从 20 世纪末起,有 12 家大型企业集团,也采用综合商社模型,组成工贸银相结合的涉及 20 多个行业的国内外多向经营的联合体,即是这类经营模型的推广应用。

三、刚柔相济

华夏传统管理文化有"刚克""柔克"之术,"克"就是"治",用刚柔两法治理。《尚书·洪范》:"三德:一曰正直,二曰刚克,三曰柔克。……强弗友,刚克,燮友,柔克;沈潜,刚克,高明,柔克。"宋代蔡沈注:"刚克柔克者,威福予夺、抑扬进退之用也",表明"刚克""柔克"是一种策略运用。对于行为对象,"强弗友者"即刚强对抗者,也用刚强法对付之,是谓"以刚克刚";"燮友"即柔顺可争取者,用柔法应付,是谓"以柔克柔";"沉潜"即温和而锋芒不露者,可用刚强法应之,先声夺人,是谓"以刚克柔";"高明"即锋芒外露、锐气旺者,用柔数制之,是谓"以柔克刚"。总之,刚克柔克,需灵活运用,原则是刚柔相济。《三国演义》第71回曹操训夏侯渊时说:"凡为将者,当以刚柔相济,不可徒恃其勇。"

上述四种选择中,古人尤重"以柔克刚","贵柔"是华夏管理文化的一大特色。"贵柔"思想起源于《道德经》:"弱者道之用";"柔弱胜刚强";"天下之至柔,驰骋天下之至坚";"天下莫柔弱于水,而攻坚强者莫之能胜……弱之胜强,柔之胜刚,天下莫不知,莫能行"。(《道德经》,第40、36、43、78章)老子研究的不是军事学、管理学问题,他把柔弱喻为"婴儿""赤子",认为"人之生也柔弱,其死也坚强;万物草木之生也柔脆,其死也枯槁。故坚强者死之徒,柔弱者生之徒。"(《道德经》,第76章)这里研究的是哲学问题,新生事物总要战胜陈旧事物,现存"坚强"的成熟之物,总要被新生柔弱之物所取代。后人把这个哲学思想用于管理,有了战术意义。如"行柔而刚,用弱而强"(《淮南子·原道训》),"天下有常胜之道,有不常胜之道。常胜之道曰柔,常不胜之道曰强"(《列子·黄帝》)。

从广义上说,柔术就是行为的弹性,坚持的韧性,形态的可变性,适应的广泛性,可调节的灵活性。人们以水比喻,水是至柔的:可直可弯,可进可退,可分可合;急则汹涌澎湃,一泻千里,缓则涓涓细流;静则澄如明镜,聚能填满江河,散则普撒人间;既能升华为气,又可凝固为冰。将水的柔性运用于战术,就是提倡弹性战术,韧性战术,灵活战术。孙武说:"夫兵形象水,水之形,避高而趋下;兵之形,避实而击虚。"(《孙子兵法·虚实》)"避实而击虚"只是战术灵活性之一,借鉴的是水之形。借鉴水柔性的战术灵活性有更丰富的内容,古兵法提倡的"因形用权""以迂为直""见可而进""知难而退""途有所不由""军有所不击"等,都是指导战争灵活性的表现,都是柔术的运用。战场形势多变,应灵活处置,"若审知敌人有可胜之理,则宜速进兵以捣之";"若敌众我寡,地形不利,力不可争,当急退以避之。"(《百战奇略》:"进战""退战")"敌劲而居死势,必死战,我切毋战。彼怠则进,彼前则却,久之自毙。"(《兵家权谋》,战士出版社1983年版,第145页)因时、因地、因势制宜,是指导战争的柔术。我国革命战争中,以游击战、运动战为主要形式,具有高度灵活性,敌进我退,敌驻我扰,敌退我追,敌疲我打,敌人抓不住我,又摆脱不了我,调动敌人在我选定的地点和时间消灭之。对柔术的强调并不是否定刚术,宜柔则柔,宜刚则刚,且柔术的坚持也得有刚性。作为华夏管理文化特色的是"刚柔相济"。

刚柔相济对于当代中国经济管理模式的形成有特殊的重要性。把柔术用于经济管理,就是按市场经济的特点,建立弹性的可自动调节的机制,使企业行为在供求、价格的作用下带有自动性,像水之避高趋下一样,顺应自然;像水有着广泛适应性一样,灵活多变。这也是一种柔术。但只柔不刚也不能创立社会主义市场经济,开放市场竞争的同时,宏观调控却需要必要的刚性。在市场总供求、货币供给、发展速度、投资和消费总量控制、强化财政和信贷制约、强化市场法治等方面,都应刚性管理。且各项体现柔术的开放措施,也有个持之以恒的问题,这也是刚性的一种表现。

企业在竞争中前行,也要刚柔相济,在坚持追求既定目标的同时,实行弹性管理,随时保持企业行为的灵活性和可调节性。尽可能长期保有并扩大已开发的产品和市场,又不固守一个方向,依市场形势能自动反弹,像流水遇阻自动改变方向一样,一个经营方向碰了钉子,不是不顾形势硬顶下去,而是自动反弹到另一方向。有时硬顶一下是必要的,也许人家顶不住先退避,像拔河一样,双方力均韧者胜。但在市场中一味硬顶,那就是贵刚不贵柔了,不是上策。要顶一下,不可见难就退,又要适时变换,避实就虚,避难就易,这取决于经营者准确而及时的判断。为实行企业的弹性管理,需要进行新产品的多向开发和梯状开发;产品既适应一般需求的大量生产,同时又适应特殊需要的少量生产甚至个别生产;生产设备既有专用性,同时又具一定的共用性;商品价格具有可变动性;企业组织管理既有集中统一性,又有适当分散性;经营规模具有可伸缩性;主攻方向具有坚定性和可变性;结算方式具有多样性等。

四、合纵连横

战国时,诸侯间混战,弱小者难存,强大者制服天下也不易,形势迫使各诸侯国寻找同盟,搞统一战线,当时叫纵横术(南北曰纵,东西曰横)。"天下方务于合纵连横,以攻伐为贤。"(《史记·孟子荀卿列传》)出现了不少纵横家,著名的有苏秦联合齐楚燕韩赵魏,合纵攻秦;张仪反制合纵,游说六国服从秦国,瓦解了齐楚联盟。纵横术是在有敌我友三方的情况下,团结友军、孤立敌军而取胜的策略。《管子·霸言》:"夫轻重强弱之形,诸侯合则强,孤则弱。骥之材,而百马伐之,骥必罢矣。强最一伐,而天下共之,国必弱矣。"纵横术在《三十六计》中叫"借刀杀人",此成语在日常是个贬义词,在军事学中却是一项谋略。诸葛亮舌战群儒,说服吴国联合抗曹,赢得了喘息之机,才使蜀汉得以三足鼎立。后来的战争指挥者,多用这种纵横术。我国革命战争中的统一战线,是新时代的一大法宝,是最为光辉的纵横术。

古人在抵抗外来侵略时,有"以夷制夷"术,又叫作"以夷攻夷",汉朝时就有"北虏分争,以夷伐夷。"(《资治通鉴·汉章帝章和二年》)"议者咸以羌胡相攻,县官之利,以夷伐夷。"(《后汉书·邓寇列传第六》)汉章帝时,羌人聚众4万多人作乱西部,又威吓一个少数民族小月氏胡,邓训团结胡人,收容其老弱妇孺,照顾其伤病员,再招降一部分羌人,依靠胡羌人马,打败了作乱诸羌,恢复了边境安宁。

在商战中,纵横术也大有用处。市场竞争的胜负取决于资金、技术、产品开发、信息、公关、服务等多项条件,单靠企业自身,会孤掌难鸣。成功的企业,都要借力多方才可发展起来。善于借助众人之力,才可劈开竞争之路,善于借用各路来风,才可使自己的船畅驶于竞争之海洋。包玉刚智取九龙仓是纵横术的成功运用。20世纪末,该仓拥有18

亿港元资产,是香港最大的码头,由英国怡和财团控制。包玉刚要争夺其控制权,无必胜把握。当时他和李嘉诚在争夺另一英商控制的"和记黄埔",也都不顺手。于是包和李联合,包把自有的"和记黄埔"股票让给李,助他攻占。作为回报,包也取得了李所有的九龙仓的股票,增强了攻击火力。化竞争对手为竞争伙伴,联合作战,各取一方,包玉刚快速购进九龙仓股票 1 000 万股,再赴英国向英商借款,回港和英商决战,以"联华制夷"和"联夷制夷"两手,终于以 5 000 万股的优势控制了九龙仓。

经商纵横术是多样的。其一,叫"联合体",也称"一体化""企业集团化"。近代民族企业家在与占优势的外商竞争中,就有用"联华制夷""联夷制夷"的策略,并取得成功的经验。刘鸿生经营鸿生火柴厂,遇日本、瑞士在华资本的强大竞争,日本火柴占领北方市场,瑞典火柴倾销华东、华南,鸿生厂不能敌。于是刘鸿生联合上海和内地七个火柴厂成立火柴集团公司,产量占华中火柴总产量的一半,并邀集八省火柴业组成了产销管理委员会,合力营销。联华后再联夷,和美商美光公司谈判,组成产销管理委员会。凭借集团实力,迫使日商妥协,保住了国产火柴的南方市场。改革开放以来,全国兴起贸工农一体化、产供销一条龙的经营形式,以龙头企业为核心,突破所有制、行政区划和行业界限,城乡结合,内外衔接,使多方面优势互补,形成综合优势,在市场经济中显出优越性。山东省各大城市从 20 世纪 80 年代起,以外贸公司为主体,结合诸城养鸡户和有关企业建成良种鸡繁殖、饲料制作、屠宰、冷冻、出口等肉鸡贸工农一体化,不但大大发展了肉鸡产业和肉鸡出口,还带动了其他行业,相继出现了粮油棉麻等多条龙,使全市 75% 的农副产品得以就地加工,大大提高了全市的经济实力和人民的生活水平。

其二,叫"集资"。这是"集腋成裘"传统治理格言在经商中的运用。明清时期,民间已多有合资契约。晚清时泉州有个集资契约写道:"盖闻裘重千金,谋成需集夫狐腋;市利三倍,置本先务于鸠资。""鸠资"即"联财创业""协同谋利"。(《中国社会经济史研究》,1985 年第 3 期)据明代汪道昆《太函集》记载,当时徽商已善于合股经营,"合志同方,营道同术"(《礼记·儒行》)。徽商程锁与十人联合经商赚了大钱,都成了富翁。1873年创建的轮船招商局是我国最早的近代意义上的股份制企业。宋棐卿建东亚公司,自己资本不足,向社会募集资金,提出"不怕股东小,就怕股东少",以优惠条件吸引大量的民间零散资金。利用外资,最早是由郑观应提出来的。甲午战争后,郑观应最早提倡吸引外资,实行"华洋合股",在"主权操之在我"的前提下,"归轮船招商局和洋人合股承办,可期两有裨益。"华洋合股有两利:一是可利用洋工程师的技术,"非洋工程师有股,不能洁己认真";二是利用外商招徕生意,"非洋商有股,不能招徕生意。"(郑观应,《盛世危言·船政》)在现代,善于通过市场,在企业之间,按适当条件融资,已经是企业一项必备的经营艺术。

其三,叫"代理商"。社会上有些人和机构,在信息、公关、经营术方面有优势,委托其办理营销、采购、反馈信息,优于企业自身去搞。宋裴卿的东亚公司推销毛线,在全国五大地带选定店家为经销商,派员帮办,风险主要由公司承担,经销商有较高的利润,业绩高的还可得东亚股份,并计息分红。和经销商组成利益共同体,是东亚兴旺的重要原因。在国外市场营销,选代理商也很重要。沈阳第三机床厂进军美国市场,与在美台商开莱公司合作,建起稳定的销售网,开莱熟悉美市场,选刊物做广告,使沈阳机床厂的产品很快扩销,沈阳机床厂也成为创汇大户。

其四,叫"合办"。不同地方、部门、国家之间都可合办。沿海的企业出钱、技术、设备,和内地合作,开发资源产品,既可满足沿海企业的资源需求,还可借助投资地政府的支持,减少投资风险。在国外市场,联手合办也很重要。有时借助别国企业,有利于扩大活动规模,分散风险。我国企业在外国投标、承包工程,有时独立担当,有时和外企联合,以扩大规模和分散风险。如工程承包,有时独自承包,有时和外商、在美华商联合,借以带动我国技术、设备、材料和劳务的出口。我国录像机市场,在20世纪末,几乎为外商垄断,为夺回市场,1992年11家定点厂组成联军——中国华录电子集团录像机股份公司,集资 10 亿元引进设备,当年就推出录像机 54 万部,占领了 1/4 的国内市场,很快超百万部,几年工夫满足了国内市场,外商垄断被打破。这类大手笔,不是个别企业能完成的,可见"合办"多么重要。

经商纵横术和军术虽不一样,但有一点是相通的,就是寻找利益共同性,军事同盟得有共同利益,商业联盟也得互利,各自承认并保护合营者的利益,才能相助互利,共同发展。

五、忧患意识

"忧患"是一种精神状态。华夏民族历史悠久,既宏伟壮阔,也灾祸迭生,和自然灾害斗,和入侵敌人斗,兴盛和衰败交替。悠久的历史培育了民族的忧患意识,忧患意识又催人奋进,成为智慧的催化剂,以及成功的推动力。古人言:"人不忧患,则智慧不成。"一部《周易》,就是殷周之交,人们和自然斗、和社会斗、"困穷而通"的精神升华。"作《易》者,其有忧患乎?"忧则困心衡虑,则奋发,渐趋于吉;虞则志得意满,渐向于险。(《周易》:"系辞上""系辞下")古代一些传世佳作,大都创作于忧患之中。"昔西伯拘羑里,演《周易》;孔子厄陈、蔡,作《春秋》;屈原放逐,著《离骚》;左丘失明,厥有《国语》;孙子膑脚,而论兵法;不韦迁蜀,世传《吕览》;韩非囚秦,《说难》《孤愤》;《诗》三百篇,大抵贤圣发愤之所为作也。"(《史记·太史公自序》)近代从魏源到孙中山,其著作无不充满忧患和愤发精神。当代更有落后挨打的忧患意识在激励着人们。正如古人说的"是故君子安而不忘危,存而不忘亡,治而不忘乱,是以身安而国家可保也。"(《周易·系辞下》)

将忧患意识用于治军,是有效的激励术。军事行动中,随时不忘危险,"用兵者,无时非危,故无时不谨,入军如有侦,出境俨临交,获取验无害,遇山林险阻必索奸,敌来虑有谋,我出必裕计。慎以行师,至道也。"(《兵经百篇·谨字》)这叫"怯防勇战",怯于防,随时备险,才能常备不懈,鼓舞士气,勇于战。南梁冯道根,奉命防守阜陵,初到时就抓紧备战,提醒部属注意危险。有人讥他胆小怕敌,冯说这是怯防勇战。不久,北东魏军来犯,由于梁军早有防备。而魏军自以为强大必胜,进攻而不防范,结果溃不成军。此战例说明,弱军怯防可胜,强军无忧患意识也会失败。此外,古人说的"故抗兵相若,哀者胜矣"(《道德经》,第69章)"聚三军之众,投之于险,此谓将军之事也"(《孙子兵法·九地》),"绝地逢生""破釜沉舟""置之死地而后生"等,都是战争中忧患激励的运用。《孙子兵法》主张"绝地无留",作战要选有利地形。同时,为激发士气,在一定情况下又主张死地迎敌,"无虑而易敌者,必擒于人"(《孙子兵法·行军》),"疾战则存,不疾战则亡者,为死地。死地则战……死且不北……不得已则斗"(《孙子兵法·九地》),士兵被迫成为勇士。韩信攻赵,令众兵背水列阵,大败赵军。诸将问何以背水而战,韩信回答:"兵法不曰'陷之死地而后生,置之亡地而后存'?"(《史记·淮阴侯列传》)

办企业,当然不可故意置企业于死地,遇风险还得善于避开,遇绝地要及时绕道,但风险意识不可无。市场总有风险,也会遇绝地,需随时警惕,企业家应有危机感,"无时非危",才能"无时不谨"。企业的危机感和忧患意识,是市场环境的必然产物。扬州通用集装箱公司大门口树一座"风险碑",6.5米高的水泥圆柱顶上,放个集装箱造型,一角凌空支住,给人以随时倒塌的危机感,用以告知员工居安思危,团结拼搏。20世纪末开业以来,扬州通用在全国同行中领先,成为创汇大户,被江苏省政府评为先进企业。

为提高企业的危机意识,需注意以下几点:

第一,在高科技时代,技术落后要被淘汰。我们不少部门、不少企业技术还比较落后,最应有危机感。即使是技术领先的部门和企业,也应随时注意被人赶上。运用传统技术的企业,更应提高科技忧患意识。

第二,买方市场形成了,"皇帝女儿"也会愁嫁。经营的失误,竞争者的策略推进,随时可能失去顾客,这是企业忧患的核心所在,来不得半点马虎。

第三,产品质量是隐忧明患,劣质品一时坑害的是顾客,最终却是经营者的大患,砸了牌子,后患无穷,万不可贪图一时之利。

第四,竞争者各有优劣,应从优势中找差距,看己之不足,防止盲目自满。总体处于优势的企业易失去忧患意识。即使快速成长的企业,也应着眼长远,把树立忧患意识当做企业文化建设的要点。

第五,在成功中寻找可能失败的条件。企业快速前进时,会积累危机的因素:弱点逐步暴露,使人有机可乘;别人仿效而来;更优更廉的产品为人制造;新潮使顾客消费趋向改变……这些不是一朝一夕的变化,而是不知不觉的渐变,经营者无先见之明,出现时就会措手不及。因此,当企业兴旺时,不可忘记"福兮祸所伏"的警语,注意繁华背后隐藏的危机。

第六,"螳螂捕蝉,黄雀在后",攻不忘防。"园中有树,其上有蝉,蝉高居悲鸣饮露,不知螳螂在其后也;螳螂委身曲附欲取蝉,而不知黄雀在其旁也;黄雀延颈欲啄螳螂,而不知弹丸在其下也。"(汉·刘向,《说苑·正谏》)这是一位少年为说服吴王不要攻楚的说辞。意思是说不要只想打别人,要提防自己身后的危险。商场是多角竞争,你抢别人的地盘,人家也抢你的阵地,随时有机会也有风险,既不能放弃进攻策略,也不可只攻不防。只有守住原有阵地,才有进攻之可能。

六、正合奇胜

"奇正"原本是军事术语,出自《孙子兵法·势》:"凡战者,以正合,以奇胜。……战势不过奇正,奇正之变,不可胜穷也。""奇正"是两类战术,其内涵有:合常规的为正,不合常规的为奇;正面相抗曰正,侧面迂回曰奇;大张旗鼓明战曰正,偃旗息鼓偷袭曰奇;阵地战曰正,游击战、运动战曰奇;闭门拒敌曰正,开门邀敌曰奇;以强凌弱用正,以弱胜强用奇等。总之,"正"指常规一般的战法,"奇"指不合常规的战法。正奇结合是军事战术理论,为后世军事理论所继承。高明的指挥员,要能善用正,也可按情势的变化用奇术。常法不可无,也不可拘泥,主导是以奇制胜。古人提倡"攻其不备""出其不意""避实击虚"等,韩信暗度陈仓,诸葛亮的空城计等战例,都是奇术的运用。

奇正术作为治理的常法和变法,常态下用常法,非常态下用变法。在社会安定时,用通常的方法治理;一旦出现动乱,就需断然措施以恢复安定。当社会经济平稳发展时,用既定措施作微调;当高速发展造成资源紧张、通胀、企业大量滑轨等,微调已不足以平衡时,则需强烈的变动措施以恢复常态。其他治理都会有常法和变法相结合、交替使用的情形。商品经营的薄利多销、三包、老少不欺、和气生财等一般经营规则,是常法、王道。当用常法突破不了时,一般人想不了和做不了的奇术往往更有效,竞争使商界多奇术,司马迁说:"富者必用奇胜。"(《史记·货殖列传》)可见,"出奇制胜"在古代早用于商战,成为经商的学问。价格策略上适应消费者的趋廉心里,以薄利多销为正道,有时厚利高价、赔本折价也能收奇效。20世纪20年代,上海有家商业银行,附设旅行社,十几年亏本经营,代客买车票,订仓位,编送旅游手册,签发旅行支票,多方为旅客免费服务,赢得了旅客的支持,扩大了吸储、保管、委办业务,使银行业务得以快速发展。负责人陈光甫说:"上天不负苦心人,为社会服务,利在其中矣。"同一时代,郑州亚细亚商场附设以单独核算的"售后服务公司",免费提供上门送货、维修、退换商品等服务,一年赔100多万,却为商场赢得三亿多元的营业额。成为全省第一商场。这些是以局部赔求得全局赚的策略。美国的雷诺公司的圆珠笔,因刚问世,利用人们的好奇心理,一支半美元成本的笔卖20美元,变成了炫耀身份、馈赠亲友的佳品。后来价格才逐渐降下来。这是以离奇高价拓宽市场的策略。20世纪末,香港地区出现一元拍卖行,拍卖家电、玩具,底价一元,每次举手100元。一元起拍引起的笑话,很卖座,虽绝无一元拍卖,在哄笑中开拍,效果还不差,坚持了十多年。其他类似例子如"回扣餐馆",将一定的利润回扣给顾客,既不和同行搞削价战,又能廉价竞销。像北京"小木偶"快餐厅那样,您瞧着给,不给也可以。购买耐用消费品达一定年限,退换购贷款等,都是价格策略的奇术。

产品开发方面的奇术,要有创新性,及时捕捉市场信息,推出可迎合人们某些欲望的新产品,有时小改小革也有效。明代人穿毡袜,夏天穿不方便且热,松江府尤墩生产一种细白布,当地人用"尤墩布为单暑袜,极轻美,远方争来购之",号"尤墩暑袜"。(明·范廉,《云间据目抄》,卷2)在当时是一项创造,松江府有了百余家暑袜店,有很高的收益。20世纪30年代,李润田在上海成立一家香料厂,根据不同客户的特殊要求,分别开发香料,专户供应,保质保量,不混同,使不同客户的名牌产品,如蝶霜、明星花露水、绿宝香水等,香气保持如一,各具特色,这些厂家的产品有销路,香料厂的销路就有了保障。这是现代市场细分化策略的先驱。

创名牌是产品开发的最高境界。近代刘国钧的大成纺织印染公司,在外资夹攻下能站住脚,迫使"洋布"销量下降,是由于他分析了"洋布"的优缺点,取其长,避其短,创出比外货更优等的"白兔牌"绒布,和"英雄""东征"两个名牌漂布。系列名牌产品是最大的竞争资本。名牌效应在现代市场中的作用更为明显,世界范围的名牌商品如万宝路、可口可乐、雀巢咖啡,其中品牌价值能达年销值的两倍之多。可口可乐年销售84亿美元时,品牌身价达240亿美元。比较之下,我国创名牌效应要差些,服装业按规模是世界第一,创汇居国内行业之首,但档次不高,在国际市场中平均卖价低,和意大利比,其每吨服装换汇额比我国高5.8倍。可见,创名牌是多么重要。

文学艺术效应也可运用于商业,朱元璋定都金陵,一次微服私访,到一家阉猪店,应店主请求,写了副对联:"双手劈开生死路,一刀割断是非根。"有一年除夕,乾隆帝微服出游。见一户鞋店门口没贴对联,一问,店主生意不行没心思贴。乾隆替其写上,上联:"大榔头,小榔头,打出穷鬼去";下联:"粗麻绳,细麻绳,引进财神来";横批:"鞋店兴隆"。这店后来果然生意兴隆。宋哲宗时,海南岛儋县有个卖烧饼的老板,环饼做得很好,谪居于此的苏东坡来就餐,说美味,当即挥毫:"纤手搓来玉色匀,碧油煎出嫩黄深。夜来春睡知轻重,压扁佳人缠臂金。"这首诗把环饼工艺，及环饼色鲜、喷香、酥脆和形象诱人的特色，刻画得令人食欲大振，店主裱过悬于店堂，生意更加兴隆。近年电视台有个广告，"默默无'蚊'的奉献（驱蚊器）"，也表明用成语和典故做广告，有促销的效应。

七、取予、擒纵之术

"将欲取之，必先予之。"《道德经》第 36 章说："将欲废之，必固兴之；将欲夺之，必固与之。"《周书》也有"将欲败之，必姑辅之；将欲取之，必姑予之"。《管子·牧民》把这一思想运用于治国，"故知予之为取者，政之宝也"。先给予人民，而后才可向人民有所求索，多予才能多取。治政："政之所兴，在顺民心"，欲得民心，必须给民实惠，使民得以"佚乐之""富贵之""安存之""生育之"。"故从其四欲。则远者自亲"，就能令行国治。理财：要想增加国家财政收入，先要为民理财，治理好经济，让民增财，而后才能取民财。如国家经商，在供给人民商品、调节物价、保障民生和生产的同时，国家也增加了财政收入。又如实行"夏贷以收秋实"的信贷政策，青黄不接时贷款给农民，秋收时折收谷物，既取得实物，又得利息。（《管子》："牧民""海王""国蓄"）这些都是"欲取姑予"术。亦如《荀子·富国》所说："不利而利之，不如利而后利之之利也。"不利民而取民利，不如先利民而后取民利更有利可图，前者是"危国家者也"，后者是"保社稷者也"。

经商取予之道最为实际，也最为有效。经商者要想赚顾客的钱，不仅要提供商品和服务，而且要质优价廉，讲奉献。如只顾赚钱，不给客户以利益，就根本赚不了钱。商谚有云："与人分利，于己得利""三分利得利，七分利吃本""薄利招客，暴利逐客""占了顾客便宜，坑了整个生意"。上海有个协大祥绸布店，是 1912 年创建的老字号，一贯实行"足尺加一"推销术。别的布店足尺就不错了，只有这家店买一尺多一寸，结果生意兴隆，到 1949 年，由一个小店发展成为上海最兴盛的大布店，销售额占全市棉布零售总量的 18%，利润总额为创业资本的 400 多倍。北京有个丁德山,1903 年,靠一辆手推车,在东安市场摆个饭摊,经营有术,20 年代末,发展成为有六层楼的大饭庄——东来顺饭庄,可同时接待四五百人,服务重点也逐步由劳工转向富人。底楼还保有粥摊业务,供应廉价饭菜,方便劳动民众。许多人力车夫为此竞相拉外地旅客来就餐。以廉拉贵的策略,扩大了营业。香港商人精通此道,备有多项免费服务,休息室、打电话、停车、保管提包、送货上门、上门结账等,一概免费服务。"小恩小惠"利于赚大钱,予之为取也。现在不少企业也用类似做法。哈尔滨一副食店,200 多种商品都先尝后买,一些本来不畅销的商品,变成了畅销货。某个月内,免费品尝的商品 50 多元,销售额却增多了 9.1 万元。上海市免费试销成风,达能酸奶公司赠送十万瓶酸奶,上海市民尝其风味,吸引了大量订户。这些,都是"欲取姑予"术的成功运用。

"欲擒故纵"和"欲取姑予"类似,意思是要打败敌人,先要放纵他。《鬼谷子·谋》:"去之者纵之,纵之者乘之,无不胜者。"《太平天国·文书》也有:"欲擒先纵,欲急姑缓,待其懈而击之,无不胜者。"擒纵术是说,把敌人逼得太紧,会强力反弹,增高代价,不如暂缓先纵,让其松懈减势,而后"乘其懈而攻之",就可手到擒来,轻易取胜。这里的"纵"并非脱离接触,而是紧跟而不可逼人太甚,保持压力而不直接进攻。公元前 684 年,齐军进攻鲁国,两军会于长勺,鲁庄公要立即迎战,曹刿说不可,齐军强于鲁军,要先削其士气,等齐军三次击鼓,进攻受挫后再反击。结果齐军士气"三鼓而歇",齐军抓住鲁军气歇时,一鼓作气打败了鲁军。这种先纵后擒术又叫"后发制人"。毛泽东说:"楚汉成皋之战……吴蜀夷陵之战,秦晋淝水之战等有名的战役,都是双方强弱不同,弱者先让一步,后发制人,因而战胜的。"(《毛泽东选集》,卷1,第 204 页)

欲擒故纵术在商业谈判中也有用场,与外商谈判,会遇上虚张声势的人,一开头表现气势很大,不接受他的条件就免谈,也会用退出谈判相要挟,碰了钉子,顶不住又会妥协,是所谓"先硬后软"者。对此,可用欲擒故纵术应之,如我方有优势,可拖时间,挫其锐气,待其态度缓和软化、条件有利时再拍板成交。如对方有优势,会怕你不谈(不谈,其优势就不起作用了)。可和其同进退,愿谈则谈,不谈拉倒,也许在劣势中能占点便宜。有的人在谈判中有王牌,寸步不让,锱铢必争,一旦对方妥协,签约时会妥协让点步。己方得利,对方也觉得你能照顾其利益,是可信赖的合作伙伴,有利于长期合作。1985 年,大连造船厂投标挪威11.8 万吨油船,按惯例,卖方竞争,最低价成交。但大连厂按竞争态势,认为自身优势有吸引力,于是报价 3 600 万美元,高出买方出价 170万美元。买者欲还价,大连厂谈判者故作不急于成交姿态,"买卖不成仁义在",同时热情礼遇,终于按我方价签了约。

八、弛张、迂直之计

"张而不弛,文武弗能也;弛而不张,文武弗为也。一张一弛,文武之道也。"(《礼记·杂记下》)这是弛张治理术的来源,借喻弓弦拉紧再放松才能射箭的道理,说明人事治理也需有张有弛。"文武之道"指理想的治理境界。孙颖达说:"言弓一时需张,一时需弛,喻民一时需劳,一时需逸,劳逸相参。"人事治理有张有弛,才能推进。人们做事需劳逸结合,办任何事都这样。1984 年,晋绥日报在反错误斗争中有些问题,毛泽东指出:"你们主要缺点是把弓弦拉得太紧了。拉得太紧,弓弦就会断。古人说'文武之道,一张一弛。'现在'弛'一下,同志们会清醒起来。"(《毛泽东选集》,卷 4,第 1321 页)

弛张术用于事业的治理有普遍意义。在现代化进程中,经济在市场竞争的推动下有内在的扩张性,高速发展会积累矛盾,使资源和比例关系紧张化,需适时降温,控制增长,消化矛盾,才能积累继续增长的势头。如一味高速,势必失控而被迫调整。主动软着陆总比迫降好。利用财政、信贷杠杆调节经济,也需视需要交替采取扩张和紧缩性的调节政策,一时弛,一时张;或一手弛,一手张。可见,经济治理也有弛张术,以推动经济波浪式发展。

企业经营也有张弛术。企业经营事业中会有若干周期,显现阶段性。实现某一阶段目标时，需全力以赴，绷紧弦；达目标后，坐下来修正一番，实施奖惩，调整资源配置，以利于向新目标再进。企业在确定主要目标时，以次要目标作为牺牲，如孟子说的："人有不为也，而后可以有为。"(《孟子·离娄下》)有所张必有所弛，全线出击不是好办法。日常治理也应该既不松松垮垮，又要得以喘息，张弛有节，劳逸结合。

"以迂为直"又叫"以曲为直"，与"以退为进""以屈求伸"属同一类策略。《孙子兵法·军争》："凡用兵之法……莫难于军争。军争之难者，以迂为直，以患为利。故迂其途，而诱之以利，后人发，先人至。此知迂直之计者也。"军争是与敌人争有利的制胜条件，最难得在于运用迂回策略，走弯路，隐蔽绕道而行，以利诱拖延敌人，抢先占领有利地势，这叫"以迂为直"之计。直路近，弯路远，时间、速度可以结合，远近又可向反面转化。弯路为远，无阻，急行军，后人发，先人至，实际为近。有时长些的迂回之路或退路反是达成目标的捷径。《三国演义》第99回记载，诸葛亮传令退兵30里下寨，司马懿怕中计不敢出，诸葛再退30里，司马还不出，三退30里，终于引蛇出洞，在野战中大败魏军。明人洪应明有"退为进张"之说："让，懿(好)行也"；"达士知处阴敛翼"，为人处事，"让一步为高"，"行不去处，须知退一步之法；行得去处，务加让三分之功"，"退步即进步的张本。"(《菜根谭》)《周易》有："尺蠖之屈，以求信也""屈信相感，而利生焉"，借喻软体动物昆虫屈身前进，说明人事治理也需屈伸相继，才能功利相生，这在某种意义上可说是普遍规律。姜子牙也以仿生比喻告诫周文王，讨伐纣王时应敛势取低姿态，"鸷鸟将击，卑飞敛翼；猛兽将搏，弭耳俯伏；圣人将动，必有愚色。"(《六韬·武韬·发启》)《古诗源》亦有："将飞者翼伏，将奋者足跼，将噬者爪缩，将文者且朴。"以屈求伸，以敛势求突发，这些动物界的本能行为，经古人观察总结，升华为人事治理的有效策略。

简单化的思想方法，使人们在事业治理中贪图直、进，忽视曲、退、屈，结果往往事与愿违。要懂得直与曲、进与退、屈与伸的辩证法，思想方法要活一点，实为治理成功的必要。例如，当改革速度超过群众承受力和认识时,适当减速并做群众工作,可带来更好更快的改革。经济过热时作调整,下马一些项目,可换来较多项目,提高执行效率。有时给职工多加些工资,暂时限制了积累,却能提高职工的积极性及其企业归属感,从而增加企业往后的积累。企业经营目标处于竞争热点,利润虽多而风险在增强,可实时移向,人弃我取,舍金求玉,另辟新天地。下决心技改,更新设备,会一时付出大代价,或运作减速,却会换来长期的竞争潜能。有些企业通过免费试用、免费培训人员、传授使用及制作技术等,使服务对象满意后成为企业忠实的顾客,自发为企业做宣传,是谓曲线宣传,做广告还不如其效果。20 世纪末,服装业成投资热门,竞争空前激烈。有的厂退出这行业,却在赚这行业的钱,改搞为此行业服务的产业,有的专门为服装出口作产前处理,结果利润高于服装厂。这是以退为进、以曲求直策略在企业经营中的一例。

总之,思路活了,脚下路也广了。用孙膑的说法是:"故兵有四路、五动:进,路也,退,路也;左,路也,右,路也。进,动也,退,动也;左,动也,右,动也;默然而处,亦动也。善者四路必彻,五动必工。"(《孙膑兵法·善者》)

九、虚实、长短之用

避实就虚,扬长避短,是人们熟知的传统策略。虚实长短之用,是相当丰富多彩的。传统的虚实之用是对抗行为之术,虚进实止,避实击虚,虚则实之,实则虚之,虚而虚之,实而实之等,在不同场合,虚实有不同的妙用。"水之形,避高而趋下;兵之形,避实而击虚。"(《孙子兵法·虚实》)"用兵须审敌虚实,而趋其危。"(《吴子·料敌》)"故善用兵者,避其锐气,击其惰归,此治气者也。"(《孙子兵法·军争》)"角之而知有余不足之处……观其虚则进,见其实则止。"(《十一家注孙子·始计》)何为虚?《吴子·料敌》列出敌人远来新到、未设防、指挥失误、奔走疲惫、处险道狭路、涉水半渡等 13 种我方可乘之机为"虚",应"见可而进"。如对手坚强无可乘之机,则"知难而退"。是谓"攻坚则韧,乘瑕则神。"(《管子·制分》实而止，难而退，并不是从此放弃；凡一时止退，是为了避免徒劳无功，实则备之，难则图之，以退求进也，以达成最终目标。公元前632年，晋和楚战于城濮，晋军有意避开楚军主力，首先集中兵力，歼灭了楚军薄弱的右翼盟军；接着诱歼敌方弱些的左翼；最后把敌军主力赶回楚国。此系避实击虚、击弱削强、削枝弱干的策略。

"虚实在我，贵我能误敌，或虚而施之以实，或实而施之以需。"（明·黄之瑞，《草庐经略·虚实》）"惟无有者故称，未然者故托，不足者故盈，或设伪以疑之。"（《兵经百篇·张字》）"实而施之以虚"，孙膑减灶骄敌是其一例。"虚而施之以实"，没有力量要虚张声势，装作有，"无有者故称"；不打算动作要故作动态，"未然者故托"；没有力量要装得力量很足，"不足者故盈"；这些是"虚而实之"之术。公元431年，南朝宋将檀道济北伐北魏，打了一些胜仗，因粮草不济准备退兵，为魏兵所知。檀道济命士兵夜间以斗量沙，大声报数，让魏军听见，还在路上撒一些米，然后夜间撤兵。魏军天亮后见路上有米，联想夜晚听见量米声，以为宋军并不缺粮，撤退有诈，不敢追赶。宋军用"虚而实之"术得以安全撤退。

"虚而虚之，使敌转疑以我为实。""实而实之，使敌转疑以我为虚。"（明·黄之瑞，《草庐经略·虚实》）以反常手法使敌方产生错觉，视虚为实，视实为虚。诸葛亮的"空城计"是人人尽知的一例。赵云也有个"空营计"，他领数十骑兵和曹操大军相遇，自知不可抵抗，但不可示弱，于是主动进攻，且战且退至营寨，曹军追来，赵云突然下令打开城门，偃旗息鼓，曹军疑有伏兵，慌忙撤退。在紧急情况下用"虚而虚之"术避免了灾害。中国人民志愿军抗美援朝的第二战役，某军乘夜幕掩护，向敌之后方三所里实施战役穿插，天亮时抵达松洞，数十个敌机来上空，师首长命全师脱掉伪装，沿公路大模大样地纵队前行，用"实而实之"术骗了敌人，敌机误以为是前线撤下来的"南韩"军，我军如入无人之境，抢先占据了有利地形，成为战史的一大趣闻。

治军的虚实之用是项诈术，有其特殊性。但虚和实是治理行为中的普遍矛盾，需因应而行。为事快些好些省些，要寻求阻碍小些的空间去活动,是谓避实就虚;即使处实处,行动受些限制,但实中会有虚,用钻缝术开拓活动空间,是谓实中寻虚;即使处虚处,可施展手脚,但虚中也会有实,可能碰钉子,也需就虚避实;行动中各项资源的配置,各项行动的展开,也会有薄弱环节,需调整资源以充实,是谓以实补虚;当资源过度紧张、各项行动失调、影响全局时,需牺牲某些次要方面而保全局,是谓以虚促实。

唐高祖时财政困窘,刘义节提出建议:考虑到京城木材少,价高,而丝织品过剩,价跌,砍伐后宫和城内的树木,按市价换丝织品,按差价多得的丝织品,充实财政。这一措施来于《管子》的理财理论,利用市场的虚实矛盾,不足为虚,过剩为实,实则取之,虚则予之,贱买贵卖,赚差价以理财。利用市场虚(不足)实(过剩)即供求矛盾转化,贱者买,贵者卖,赚差价,既调节了市场,又可充实财政,减轻民负。利用市场虚实转化即供求矛盾转化,贱时买,贵时卖,人取我予,人弃我取,在中世纪不仅是私人经商术,而且是国家调节市场、安定民生、增加财政收入的主要策略之一。在现代市场经济中,国家指定机构以大买主、大卖主的身份出现在市场上,瞅准市场虚实变化,或购或销,可调节经济,同时可增加财政收入。

现在城市家电商品充实,竞争激烈,一些厂家将开拓重点转向农村或国外某些待开发的市场。沿海城市饮料市场竞争激烈,一些厂家将经营重点转向内地。广州亚洲汽水厂为避开"百事可乐"等名饮料的竞争,向本省内陆和昆明、洛阳等地进军,收益很高。这就是市场竞争中的避实就虚。现代中小企业营运有种"间隙理论",即钻缝术,不可和大企业正面抗衡,大企业覆盖面广,留下的市场空间不大,中小企业只能在缝隙中游刃,"都有"中创"独有","先进"中找"后进","热门"中寻"冷门","长线"中挑"短线","优势"中抓"弱点",用"实中击虚"术求得自身的发展。国际轴承市场竞争激烈,基本饱和,但有一种小轴承,费工利小,国外大厂不愿做,小厂做不了。洛阳轴承厂抓住这一空当,开发了这种产品,在饱和的国际市场中开拓了相当规模的空间。

国际市场有种情形,某企业推出高档品,以超乎寻常的高价(如一顶帽子标价 150 美元)引起时人注意,提高了企业知名度,增强了竞争力。或利用顾客"便宜没好货,价高质量高"心理,用高档货抬高身份,大赚其钱。这是"虚则虚之",在参与国际市场的竞争时也可一试。

关于长短,有"以长制短""弃短取长""扬长避短""扬长抑短"等不同用法。"夫物固有以贱理贵,以丑化好者矣。智者弃短取长,以致其功。"(《后汉书·王充王符仲长统列传》)"以长制短,则用力寡而见功多;以易敌难,则财不匮而事速就。"(《全唐文·陆贽十五》)"故明德之君,远度深惟,弃短就长,不苟革其政者也。"(《后汉书·孔融传》)"吾之所短,吾抗而暴之,使之疑而却;吾之所长,吾阴而养之,使之狎而坠其中。此用长短之术也。"(苏洵,《嘉祐集·心术》)苏洵所言类似对敌斗争中"实而虚之""虚而实之"的诈术。其实,此术在一般管理中都有效,总的指导思想是养己所长,以己所长,制彼之短;充分发挥自身优势,争取"用力省而见功多",使事业得以"致其功"和"速就"。韩信虏魏王,奸赵兵 20 余万,军威大振,欲鼓余威一举打下燕齐两国。李左车认为,汉军多胜,敌军惧怕,这是优势,但已显疲态,攻顽抗的燕齐军,则无必胜把握。不如先按兵不动,以现有威势为后盾,用怀柔法收服燕国,同时恢复战力,准备和齐国决战。韩信采纳了,从优势中看劣势,扬长避短,变劣为优,取得了成功。

一个管理单元,总是有所长有所短,有优势有劣势,长中有短,短中有长,长可变短,短可变长,可截长为短,也可续短为长,长短之术是相当丰富的,也是很实际的学问。不同地方、不同企业的协作联合,往往是优势互补,联合方的优势在不同方面,或资金,或技术,或人才,或资源,或营销网络,联合起来,形成整体优势。在国际竞争中,怎样在技术、资源、价格等方面发挥我之优势,避免在劣势方面和人家竞争,是个很重要的课题。即使在国内市场上,企业按自身的长短和竞争的态势,选择足以发挥自身优势的方向,也是重要的。优势有现实的,也有潜在的需要开拓。20 世纪末期,进口麻黄 T 恤衫,在我国市场上卖一百几十元一件,而国内同样产品只需二三十元成本,国内产品成本占优势,市场在一段时间内,却被外货垄断。原因是我国产品开发是个薄弱环节,使价格优势不起作用,短处制约了长处。浙江省江山市苎麻纺织厂针对这个问题,向各地制麻生产单位寄出上千封征求意见信,根据反馈信息,试制多颜色的含麻混纺纱和多规格的麻条,带样品走访了100多家麻制品厂,带上市场好销的含麻制品的样品和造新品的配套原材料。结果,100多家厂投入开发,很快生产出大批T恤衫,用优势价格占领国内市场,投入国际市场也十分抢手。江山厂也因服装厂原料需求激增而发达起来。这说明,优势是需要开发的,克服了短处,长处才有效用。

十、速缓、先后之用

速缓、先后之用,属于时机策略。"兵之情主速,乘人之不及,由不虞之道,攻其所不戒。"(《孙子兵法·九地》)"太祖将征袁尚及三郡乌丸……(郭)嘉言曰:兵贵神速。"(《三国志·郭嘉传》)"见而不决,人将先发;发而不敏,人将先收。难得者时,易失者机。迅而行之,速哉。"(《兵经百篇·速字》)"兵贵神速"就是抓紧时机,时机抓住了,事业就有把握了,故古人提倡一旦行动就应一鼓作气,以迅雷不及掩耳之势抢占先机。三国时,司马懿得知新城太守孟达谋反的情报,当时司马在外,上报魏王再出兵就晚了,并且魏军占优势,但粮食不足,待上报再出兵,就来不及了。而孟达有充足的时间备战。于是,司马立即讨伐,急行军抵达谋反处,孟达惊呼:"吾举事八日,而兵至城下,何其神速也。"司马以快制胜,一举平定了叛乱。

凡对抗性、竞争性的行为,都强调一个"快"字,"先发制人,后发制于人"。(《汉书·项籍传》)"先着不败""先声夺人""先下手为强",这些是有效的治理格言。战斗"后人发,先人至",抢先占据有利地形和制高点。经济治理,不待矛盾激化就着手处理,先比后好。市场竞争中的空当,捷足者先登。做广告要先声夺人。科技开发要只争朝夕,先申报者得专利。"货卖当令不违时",时令商品总要先一步备好。即使非时令商品,先投放市场也是有利的。总之,速度和抢先是市场成功的必要条件。

但在一定条件下,"缓"和"后"又是必要的。"势有不可即战者,在能用延;敌锋甚锐,少俟其怠;敌来甚众,少俟其解;征调未至,必待其集;新附未洽,必待其孚;计谋未就,必待其确;时未可战,姑勿与战,亦善计也。"(《兵经百篇·延字》)在不利条件下,缓兵待机,促使优劣势的改变,后发制人。勉强行动,反而欲速则不达。有时敌人不急于强攻,围而不打,已方也不急于打,待敌粮尽士气低落时再打。"敌远来气锐,利于速战。我深沟高垒,安守勿应,以待其敝。"(《百战奇略·安战》)公元238年,司马懿围公孙渊于襄平,守军多于魏军,但粮草不足。魏军攻坚准备不足,而粮食准备充足。且天下大雨,不利于攻城。于是司马懿围而不打,等城中粮尽、敌军弃城突围时,抓住战机,一举击败公孙渊。刘备带70万复仇大军攻吴,胜十余战,大有锐不可当之势。吴将陆逊改变正面抵抗战略,"乘高守险""以观其变",消耗了蜀军的锐气,乘机反击,取得了火烧连营七百里的大胜。